•经济管理学术文库•

本书承蒙广西民族大学国际贸易学硕士学位建设点经费资助

中国—东盟农业领域相互投资问题研究

A Study on China –ASEAN Mutual Agricultural Investment

廖东声／著

经济管理出版社
ECONOMY & MANAGEMENT PUBLISHING HOUSE

图书在版编目（CIP）数据

中国—东盟农业领域相互投资问题研究/廖东声著．—北京：经济管理出版社，2011.10

ISBN 978－7－5096－1624－6

Ⅰ.①中…　Ⅱ.①廖…　Ⅲ.①农业投资—国际合作：经济合作—研究—中国、东南亚国家联盟　Ⅳ.①F323.9

中国版本图书馆 CIP 数据核字(2011)第 204603 号

出版发行：经济管理出版社

北京市海淀区北蜂窝 8 号中雅大厦 11 层

电话：(010) 51915602　邮编：100038

印刷：北京银祥印刷厂　经销：新华书店

组稿编辑：曹　靖　责任编辑：张　马

技术编辑：杨国强　责任校对：陈　颖

720mm×1000mm/16　13.25 印张　252 千字

2011 年 12 月第 1 版　2011 年 12 月第 1 次印刷

定价：38.00 元

书号：ISBN 978－7－5096－1624－6

序

本书是廖东声同志在其博士后研究报告的基础上，经过修改、补充、拓展、深化而成，现此书经由经济管理出版社出版，作为他的合作导师，我感到欣慰，并乐于为之作序。

中国—东盟自由贸易区建议的提出，《中国与东盟全面经济合作框架协议》的签署，确定了农业作为十大重点合作领域之一，农业领域的相互投资对自贸区成员国的经济发展和社会进步有较大的影响，已引起了学术界、企业界、自贸区成员国政府有关部门的高度重视。在投资贸易全球化趋势日益明显的今天，特别是随着中国—东盟自由贸易区的如期建成，国内外学者对中国—东盟经济发展问题的研究兴趣越来越大，但从农业领域相互投资的角度来研究中国—东盟经济协调发展的文献并不多见。《中国—东盟农业领域相互投资问题研究》一书的出版，将此领域的研究往前推动了一大步。

廖东声同志的这一新作，从理论和实践的角度分析研究了中国—东盟的以下问题：一是中国与东盟国家的农业投资合作是自贸区成员国实施农业“引进来”与“走出去”相结合战略的重要举措，是解决成员国“三农”问题、增加农民收入的有效途径之一，也是成员国发展现代农业的重要内容。二是中国与东盟国家的农业投资合作是培育成员国新型农民的重要途径之一。通过农业领域的相互投资合作，带动成员国劳务的进出口，为自贸区成员国造就一大批具有国际化理念的新型农民，无疑会提高自贸区成员国的农民素质。三是中国与东盟国家的农业投资合作，能够较好地发挥各自的资源优势，可以构建和谐边疆、实现自贸区成员国睦邻友好，从而促进自贸区成员国的政治稳定，“双赢”效果显著。

廖东声同志的这一新作，具有以下四方面的新意：一是深入探讨中国—东盟相互扩大农业投资的内在机理，系统分析中国—东盟农业相互投资合作的重点领域，提出农业领域相互投资优先顺序安排的初步设想。研究的跨度大、难度大，对研究同类问题展示了一个新的视野、新的观念、新的研究角度和新的研究平台。二是对中国—东盟农业相互投资的现行制度绩效进行分析，特别是通过对中国—东盟农业相互投资对 CAFTA 贡献的定量和定性分析，深入剖析在一定环境特性下的农业投资与政策之间的互动关系，这种实证研究的思路可以为相关研究提供参考。三是构建促进中国—东盟农业领域相互投资政策支撑体系的具体构架，包括建立中国—东盟促进相互之间农业投资的财政、金融、税收、产业、贸易等协调政策的框架，并提出要建立促进中国—东盟农业领域相互投资服务体系的构想。这些框架和构想为建立中国—东盟自由贸易区的具体投资制度提供了借鉴意义。四是提出在中国—东盟自由贸易区内构建"中国—东盟农业投资特区"作为各国对外开放的"窗口"和"试验田"的初步设想，提出在中国—东盟农业投资特区内实行"两国一区、境内关外、自由贸易、封闭运作"的可能管理模式。这种设想为自贸区成员国政府有关部门的决策提供了重要参考。

在3年的博士后流动站工作期间，廖东声同志勤奋学习、刻苦钻研、勇于探索、求真务实的态度和谦虚谨慎、磊落坦诚、尊师敬友、善以待人的品格，给我留下了深刻的印象。尽管廖东声同志此书的出版对中国—东盟农业领域相互投资问题进行了很好的总结和展望，但存在的不足与瑕疵是在所难免的，我们欢迎社会与学术界的批评和指正，也感谢来自各方的呵护与支持，共同将中国—东盟农业投资合作推进到一个新的发展阶段。并希望作者在学术研究的道路上再接再厉，更上层楼，做出新的探索与贡献。

陈池波

2011年11月于武汉

摘　要

本研究是在经济全球化和区域经济一体化趋势日益加深、中国—东盟自由贸易区如期建成的背景下，对中国—东盟农业领域相互投资问题进行了深入研究，探讨如何促进相互之间的投资及顺利推进 CAFTA 进程，实现中国与东盟的“10+1”协议提出的投资自由化和便利化的目标，为建立中国—东盟自由贸易区的具体投资制度提供借鉴意义。

本研究主要采用理论研究与实践分析、定性分析与定量分析、实证研究与规范研究相统一的方法，综合运用农业经济学理论、国际直接投资理论、制度经济学理论对中国—东盟农业领域的相互投资问题进行分析研究。

本研究首先提出要研究的问题，对已有的中国—东盟农业领域相互投资的研究进行简要的回顾，确定进行研究的逻辑思路与研究方法。接着分析中国—东盟农业投资合作的资源基础、经济基础和社会基础，介绍当前中国—东盟农业领域相互投资发展的历程及总体情况。然后分析中国—东盟各国鼓励农业相互投资的制度变迁及现有制度安排，探讨现有制度安排的形成原因。接着分析中国—东盟农业领域相互投资的主体及其行为，分析中国—东盟农业领域相互投资的方向、重点领域及优先序。为了弄清现阶段中国—东盟农业相互投资的绩效，通过建立计量经济模型分析农业相互投资对投资国及东道国经济增长的贡献、就业的贡献、技术创新的贡献、产业结构升级的贡献以及贸易的贡献。在此基础上，分析影响中国—东盟农业领域相互投资扩大的主要障碍及问题，提出了促进中国—东盟之间农业领域相互投资的政策建议。同时，提出在中国—东盟自由贸易区内构建“中国—东盟农业投资特区”作为各国对外开放的“窗口”和“试验田”的初步设想。

研究表明，中国—东盟农业投资合作具有良好的资源基础，包括农业资源互补性、粮食种植产业的互补性、热带经济作物和果蔬上的互补性、海洋水产资源和渔业产业的互补性、农业生产人力资源上的互补性等方面。中国—东盟农业投资合作具有厚实的经济基础，包括经济发展水平的互补性、产业结构的互补性、技术互补性等方面。中国—东盟农业投资合作具有扎实的社会基础，包括农业生产及农业市场的需求、在 CAFTA 建立的背景下相关农业领域的文件签署、中国与东盟国家人文与地理上的邻近等方面。

研究表明，中国与东盟各国都签订有双边贸易协定、经济技术合作协议等经贸交往协议，跟许多国家订有《互相鼓励和保护投资协议》或《避免双重征税协定》，为相互投资提供了国家政策保障。中国与相邻的东盟国家都订有农业合作协议（或备忘录），与泰国、菲律宾、越南等国在农业技术合作上已有很好的基础，并与缅甸、老挝、柬埔寨等国在这方面大有发展余地。

研究表明，中国与东盟农业投资合作的重点主要集中在以下领域：粮食种植领域，经济作物种植领域，农村能源领域，林业和药用植物领域，养殖业领域，跨境动物疾病防控领域，农机、农药、化肥、饲料领域，农产品加工领域，批发市场、保鲜、仓储物流领域。中国—东盟农业领域相互投资的优先序的确定原则有两条：一是以合作协议为基础，优先考虑双方都鼓励投资的行业。二是以相互需求为导向，优先考虑双方资源互补性强的产品。

研究表明，中国与东盟农业领域的相互投资的主要问题和障碍，包括基础设施不配套、政治环境有待改善，金融对相互投资的支持力度不够，政府提供的服务有限、政治风险仍然存在等。促进中国—东盟之间农业领域相互投资的政策框架，包括建立中国—东盟相互之间促进农业投资的财政协调政策、金融协调政策（含贷款、外汇、投资保险服务的协调等）、税收协调政策（关税及非关税壁垒的协调）、产业协调政策、贸易协调政策等。促进中国—东盟农业领域相互投资服务体系的建立，包括投资规则、投资咨询服务体系、投资过程服务体系、跟踪服务体系及争端解决机制等方面。

研究表明，农业投资特区的主要问题有主权让渡的敏感性，跨境运作的复杂性，国家战略与地方推动之间的矛盾性，中国—东盟国家经济、法律制度和政策的差异性，基础设施建设的滞后性，服务体系的有限性等。在中国—东盟农业投资特区内将实行“两国一区、境内关外、自由贸易、封闭运作”的管理模式。

目　　录

第一章 导 论

一、选题背景和意义

1. 选题背景

20 世纪后期以来，世界形势已经发生和正在发生深刻而广泛的变革，兴起了经济全球化和区域一体化的浪潮，在投资贸易全球化趋势日益明显的今天，特别是随着中国—东盟自由贸易区如期建成，如何在合作与竞争中寻求发展，是自贸区各成员国面临的共同课题。中国与东盟国家地理位置邻近，山水相连，友好往来历史悠久。2000 年 9 月，在新加坡举行的第四次中国与东盟（10 +1）领导人会议上，中国国务院总理朱镕基提出了建立中国—东盟自由贸易区的建议，得到了东盟有关国家的赞同，接着便成立了研究建立中国—东盟自由贸易区可行性的专家小组。2002 年 11 月 4 日，在柬埔寨首都金边召开的第六次中国—东盟领导人会议上，中国与东盟国家签署了《中国与东盟全面经济合作框架协议》，双方一致同意 2010 年建成中国—东盟自由贸易区，并确定了农业、人力资源开发、相互投资、湄公河流域开发、交通、能源、文化、旅游和公共卫生等十大重点合作领域。随后，农业部根据党中央、国务院“与邻为善、以邻为伴”的外交方针与精神，在中国与东盟领导人召开的第六次会议上，与东盟秘书处签署了《中国—东盟农业合作谅解备忘录》，该备忘录明确了中国与东盟国家农业合作的领域、时间和机制，标志着中国与东盟各国的农业合作进入了新的发展阶段。

目前，中国与多数东盟国家还都以农业为主，我国与其开展农业投资合作具有得天独厚的优势。随着中国东盟自由贸易区合作进程的加快，农业走在了合作的最前端，如“10 +1”的“早期收获方案”、“中泰果蔬零关税协议”等，即在所有商品中部分农产品率先实现了零关税。在 2007 年 4 月召开的大湄公河次区域（GMS）六国农业部长会议上，通过了《大湄公河次区域农业合作战略框架与农业支持核心计划》，表明了 GMS 各成员国加强农业合作的共同愿望，对于大湄公河次区域农业合作具有里程碑意义。2009 年 8 月 15 日，第八次中国—东盟经贸部长会议在泰国曼谷举行，我国商务部陈德铭部长与东盟 10 国的经贸部长共同签署了《中华人民共和国与东南亚国家联盟成员国政府全面经济合作框架协议投资协议》，标志着双方成功地完成了中国—东盟自由贸易区的主要谈判任务，确保中国—东盟自由贸易区 2010 年全面建成。这样，通过签署一系列农业和投资合作的法律文件，使中国和东盟的农业投资合作走上了前所未有的制度化轨道，进一步加快了农业投资合作的步伐。因此，进行 CAFTA 建立背景下的中国—东盟农业领域相互投资合作问题的研究意义重大。

2. 研究的目的和意义

（1）根据《中国与东盟全面经济合作框架协议》，双方确定了农业是中国与东盟国家之间的十大重点合作领域之一。中国—东盟的农业投资合作是实施农业“引进来”与“走出去”相结合战略的重要措施，是增加我国农民收入、解决“三农”问题的有效途径，也是现代农业的重要内容。在中国—东盟自由贸易区的框架下，东盟将进一步放宽投资限制，提高投资保护和便利化程度，有助于我国实施“走出去”战略。中国—东盟自由贸易区的建立，也有助于我国涉农企业了解东南亚现状，有助于我国涉农企业“走出去”，发展与东南亚各国企业之间的经贸合作，促进中国涉农企业到东盟投资。中国的基本国情是劳动力资源丰富，而资本资源稀缺。利用外资意味着利用工业国的剩余资本，为中国的剩余劳动力创造更多的就业岗位。外商直接投资有助于农业领域就业机会的增加，FDI 流入对农村劳动力就业的贡献不仅体现在外商投资企业直接提供的就业机会，还包括通过刺激前后向关联产业发展而间接创造的就业机会。国际劳工组织的实证研究表明，外商投资企业为前后向关联产业创造的就业机会比其直接雇用的人数高2 ~ 3 倍①。跨国公司在当地投资设厂雇用当地的劳动力，直接为东道国创造就业机会。外资引入农业后，一方面通过资本存量的扩大而增加了农业部门的劳动力就业；另一方面由于外资引入通过关联效应诱发许多新的投资机会，从而扩大了其他非农业部门对农业剩余劳动力的需求。扩大就业效应和转移就业效应对安置大量城市待业人员、消化农村富余劳动力、减轻国家就业投资、缓解社会就业压力起着重要的作用。在中国，外商直接投资企业已成为创造新增就业的主要渠道之一。迄今为止，外商投资企业已经为中国创造了近 1800 万个新增就业岗位，仅广东一省就有近 1000 万个新增劳动就业岗位②。当外商对东道国当地，尤其是农村地区进行投资时，可能在所投资地区形成龙头企业。由于这些农业产业化龙

① 宋帕婉：《老挝吸引外资研究》，吉林大学硕士学位论文，2004 年 5 月。

② 陈宝森：《新世纪跨国公司的走势及其全球影响》，《世界经济与政治》，2002 年第 2 期，第 32－35 页。

头企业通过契约关系，与广大农民结成生产、加工、销售一体化的经济实体，组织农民按照市场需求进行生产，不但可以克服农业生产中存在的产、供、销相脱节的弊端，而且加强农业生产、加工、流通等环节的内在有机联系，延伸农业产业链，进而解决小农户分散生产与社会化大市场的对接过程中出现的诸多矛盾，可以通过农业龙头企业带动，增加当地农民收入。

（2）中国与东盟国家的农业投资合作是培育新型农民的重要途径。通过农业投资合作，带动劳务的输入和输出，为自贸区成员国造就一批具有国际化理念的能带动当地农民致富的新型农民，将会成为新农村建设的“排头兵”，提高自贸区成员国的农民素质。劳动力的素质是指一国在一定时期劳动力的平均受教育程度、工艺技术水平和工作态度的积极与否等。在我国，由于经济落后、部门间的结构扭曲、用于教育等方面的人力资源投资不足，且存在智力外流现象，因此劳动力的素质平均水平较低，符合现代化生产经营管理要求的熟练劳动力在全体劳动力中所占的比例较低。由于外资企业比较重视产品质量，在工人上岗之前，均要进行或长或短的培训，有些企业还把培训制度化、过一段时间重新培训一次；外商投资企业还培养和锻炼了一批从事对外经济合作的技术和管理人才，经过培训，不少人成为业务骨干，在各级领导岗位上任职。这种培训提高了职工的素质和劳动生产率，为实现企业现代化管理和加速技术进步起了很大的促进作用。外资引入农业部门所带来的先进技术与我国农村劳动力结合，还有助于农村劳动力素质的提高和农村人力资本的形成，进而为农业的进一步发展奠定了基础。

（3）中国与东盟国家的农业投资合作，通过优势互补，发挥各自的资源优势，对实现自贸区成员国睦邻友好，对稳定和构建和谐边疆，从而促进自贸区成员国的政治稳定起到巨大作用，实现“双赢”效果。中国—东盟自由贸易区的建立，政治上有利于中国与东盟保持友好传统关系，相互尊重。东盟国家都是我国的友好邻邦，有着久远的友好传统。改革开放以来，我国与东盟国家在政治、经济、贸易和文化领域的交流合作发展迅速，友好关系进一步加深。中国坚持“与邻为善，以邻为伴”的周边外交方针，以及“睦邻、安邻、富邻”，“和平、安全、合作、繁荣”的周边外交思想，与东盟将政治安全内容纳入中国—东盟自由自贸区协议，通过启动中国—东盟自由贸易区，与东盟国家建立战略伙伴关系，能为中国营造良好的区域政治环境，提高中国的国际政治地位，使中国在与世界对话中拥有更大的发言权，从而扩大中国的政治影响力。

随着中国—东盟自贸区建设步伐的加快，中国与东盟之间的相互投资不断扩大。据统计，截至2008年底，东盟国家来华实际投资达520亿美元，占我国吸引外资的6.08%。同时中国积极实施“走出去”战略，对东盟的投资也呈现快速增长态势。2008 年我国对东盟直接投资达 21.8 亿美元，同比增长 125%[①]，越来越多的中国企业把东盟国家作为主要投资目的地。截至 2010 年 6 月底，双方累计相互投资总额约 694 亿美元，其中东盟对华投资累计约 598 亿美元，中国对东盟非金融类投资累计约 96 亿美元[②]。但涉农投资所占份额不大。随着中国—东盟自由贸易区的建立，扩大相互之间的投资是大势所趋。尤其是当双方都将关税及非关税壁垒取消后，必将会掀起新一轮的投资热，这对于中国和东盟国家的深度合作而言，必将起到促进的作用。联合国贸发会的问卷调查结果显示，今后一段时期，国际产业转移有向农业倾斜的可能，农业将成为外商投资增长较快的领域，所占比重也将相应增加，发展中国家农业领域引资有望不断提高[③]。从目前中国与东盟各国鼓励相互投资的政策看，只在吸引外商投资的优惠政策中体现，但不完善、不配套、不够细、可操作性也不强，很多地方政策需要上升到国家层面才能解决，比如税收优惠政策等，没有形成合力，对促进相互投资的作用不明显。因而，缺乏相互投资的政策支撑体系成为阻碍中国—东盟之间扩大相互投资的“瓶颈”，尤其是在涉农领域。因此，本课题的研究对促进相互之间的投资及顺利推进 CAFTA 进程，实现中国与东盟的“10 + 1”协议提出的“为中国—东盟投资领域的自由化，建立一个自由、便利、透明并具有竞争力的投资机制”的目标，为建立中国—东盟自由贸易区的具体投资制度提供借鉴，意义重大。

二、文献回顾

任何研究都是建立在已有研究的基础上并吸收某些理论因子加以进一步系统发展的。为此，在对本研究的对象和特点作出明确界定和进一步说明之前，有必要回顾在这一领域的已有研究概况，作为本研究的理论背景和起点。

(1) 国外学者关于对外直接投资问题进行了深入的研究。弗农（Vernon，1966）的产品生命周期理论从经济发展不同阶段角度解释了企业对外直接投资的动因，揭示了企业对外投资所必需考虑东道国的区位优势。金德尔伯格（Kindleberger，1966）在瓦伊纳（Viner）的“贸易创造”和“贸易转移”的基础上，

---

① 广西新闻网，投资协议——中国和东盟投资者的“定心丸”，http：//www.gxrb.com.cn/html/2009 - 11/03/content_ 308359.htm。

② 中证网，中国对东盟投资合作进入快速发展期，http：//www.cs.com.cn/xwzx/03/201007/t20100727_ 2526738.htm。

③ 胡庆彬：《我国农业利用 FDI 主要方式及效应分析》，同济大学硕士学位论文，2007 年。

提出了“投资创造”和“投资转移”效应，并分析了区域经济一体化的静态投资效应。邓宁（Dunning, J. H., 1976）的国际生产折衷理论对所有权、内部化和区位三种优势进行了综合分析，创立了国际生产折衷理论以解释跨国公司的对外直接投资行为，可以说是到目前为止对国际直接投资的论述解释相对最全面的理论。日本一桥大学小岛清教授在20世纪70年代中期根据国际贸易比较成本及比较利润理论，以日本厂商20世纪50～70年代对外直接投资情况为背景提出了“边际产业扩张论”，该理论认为对外直接投资应该从本国（投资国）已经处于或趋于比较劣势的产业（又称边际产业）依次进行。美国经济学家刘易斯·威尔斯（Louis T. Wells, 1983）提出了“小规模技术理论”，被学术界认为是研究发展中国家跨国公司的开创性成果。在该理论中，威尔斯用相对竞争优势来解释发展中国家的对外直接投资，他从发展中国家经济特征出发，分析了发展中国家对外直接投资的优势来源。英国经济学家拉奥（Sanjaya Lall, 1983）在对印度跨国公司的竞争优势和投资动机进行了深入研究之后，提出了关于发展中国家跨国公司的技术地方化理论。该理论认为，发展中国家在进行对外直接投资时，对现有的技术和产品进行了消化、改造和创新，使他们的产品能够更好地适应当地消费者多样性的需求。国内学者也从不同角度对外商直接投资问题进行了大量研究。

（2）国内外学者近年来对中国对东盟的投资问题较为关注。Thitapha Wattanapruttipaisan（2003）在分析中国—东盟自由贸易区的优势、挑战时对中国东盟的投资问题进行了研究。张帆（2002）认为，建立CAFTA在扩大区外资金的流入以及促进区内国家的相互投资方面有巨大的促进作用。杨国川、黄寿生（2004）认为，中国—东盟自由贸易区的建立有利于双方相互投资，有利于推动东亚地区的合作，加快东亚地区经济一体化的进程。于立新、王佳佳（2004）认为，面对中国与日本、韩国、俄罗斯、东盟、中亚和南亚各国以及海峡两岸贸易和投资自由化进程不断加快的形势，我国应进一步明确目标，采取切实可行的措施推动区域经济合作。刘曙光、竺彩华（2004）探讨了中国—东盟双方相互投资的现状以及未来的发展前景，对中国东盟相互投资未来发展的总体判断是：相互投资将继续稳步增长，中国对东盟的投资会呈现明显加快势头，发展速度将高于东盟对中国的投资。周文贵、陈龙江（2005）认为，“中国—东盟自由贸易区”的建立与运行必将有助于推动全球多边体制框架下的贸易投资自由化进程。李雪侠（2006）分析了中国与东盟双方在国际直接投资方面的合作情况及其合作原因，即合作为双方带来的互惠，并提出一些相关建议。熊涓、马千里（2006）分析了中国与东盟国家利用外资与相互投资的情况，以及金融危机后东盟国家的经济发展及对外资政策的调整，为我国利用外资和对外投资提供了一些参考。刘增科、朱舜（2007）通过对中国企业投资东盟的SWOT分析，甄选出具体的SO投资战略，并从宏观、微观两个层面就SO战略的实施提出对策和建议。权巧（2007）分析了中国企业对东盟直接投资的动因及效应，她认为中国—东盟自由贸易区的建立、中国和东盟的战略伙伴关系、中国的“睦邻、安邻、富邻”外交政策、人民币升值以及开拓东盟市场的需要是中国对东盟直接投资的动因。李建伟（2008）分析了中国投资东盟的基本特征及其存在问题，提出了现阶段应实施以贸易带动投资为主的策略。许梅、陈炼（2008）认为，中国在越南的投资还处在投资金额少、项目整体水平低的起步阶段，越南加入WTO后，中国企业面临着更多的投资机遇。王修志、谭艳斌（2009）认为，要提升中国和东盟国家的合作层次，在良好的贸易合作基础上推动双方的相互投资，优化区域分工格局，提高区域资本配置效率，对自由贸易区的可持续发展具有深远意义。李慧英（2009）分析了东盟新四国直接投资环境的利弊因素以及中国企业投资过程中存在的一系列问题，进而提出优化并有效扩大中国企业对东盟新四国直接投资的综合对策。

（3）国内外学者对中国—东盟农业领域区域合作进行了研究，但对农业投资问题的研究不多。Had Soesastro 和 Chatib M Basri（2005）对印度尼西亚的经济贸易政策进行研究时，对农业合作的发展前景进行了分析。Thom 和 McDowell（2004）通过对中国与东盟农产品的比较优势分析，认为中国与东盟国家主要农产品的比较优势呈现互补关系。西里卢·玛斯威里耶军（2004）分析了中泰双方在大湄公河区域的发展战略并探讨了中泰基础设施发展合作计划，他认为这些基础设施的建设将有助于中泰农业合作的进一步开展。泰国发展研究院（Thailand Development Research Institute）Chalongphob Sussangkarn（2004）通过对中国与泰国的农产品进行对比分析，结论是中国与泰国在很多农产品上具有相似性的同时也具有极强的竞争性。郑一省（2002）提出，农业方面也将是中国与东盟国家经济合作的重要领域。其判断的主要依据是中国与大多数东盟国家是以农业为主的国家，双方都重视农业发展，相互之间互补性明显，合作潜力很大，但是没有做具体的分析研究。金春丽、李嘉、文萍（2003）对中国与东盟农业产业合作的前景进行了分析。潘金娥（2004）认为，“早期收获”方案的实施将为越南的农产品贸易带来巨大的利益，中国的农产品贸易将受到正反两方面的影响。但从长远看，中国农产品仍将有竞争力。孙林、李岳云（2004）对中国与东盟国家农产品的贸易和竞争关系进行了分析。刘稚（2004）对云南与东盟国家农业合作的前景与思路进行了探讨。吕玲丽（2004）则运用RCA指数分析了中国与东盟农产品的比较优势，认为中国与东盟国家主要农产品的比较优势呈现互补关系。朱允卫（2005）对中泰两国1996~2003年农产品产业内贸易的实证分析表明，中泰两国农产品贸易主要以产业间贸易为主，贸易结构呈现出很强的互补性。郭铁志

(2005) 通过对泰国投资行业进行的分析，认为我国应更好地利用泰国的自然资源，侧重于投资泰国的农业及农产品加工业。卢肖平 (2006) 对东盟十国的农业发展特点及合作重点进行了初步分析，但没有进行理论总结和深入探讨。王永春、王秀东 (2006) 认为，要推进中国—东盟农业合作。许宁宁 (2006) 认为，中国与东盟国家之间的相互投资，已由东盟企业在中国大量投资的单向投资，走向中国与东盟互为投资的双向投资。他们同时认为，中国和东盟实施农业零关税后，虽然给中国农业带来了很大挑战，但互补性也很强。吕玲丽、王娟 (2006) 对中国与东盟国家农业合作的模式进行了探讨。叶兴庆 (2007) 认为，中国企业投资东盟农业，竞争性强，互补性同样也很强。周雪春 (2007) 对中国—东盟农业合作进展与合作内容进行了较系统的分析，并结合现实情况综合分析了中国—东盟农业合作对双方产生的影响，认为加强农业合作有利于创造一个“双赢”的局面。唐盛尧 (2008) 分析了中国与东盟国家农业的区域合作战略、国家合作战略、贸易促进战略、产品战略及技术战略。陈前恒、吕之望 (2009) 认为，中国和东盟开展农业合作不仅是中国国家整体外交的需要，也是中国农业可持续发展、农业企业发展壮大的必然要求。并在分析中国与东盟农业合作现状和存在问题的基础上，提出了促进中国和东盟农业合作的政策建议。廖东声 (2009) 运用 SWOT 分析法对 CAFTA 背景下中国企业投资东盟农业所面临的优势、劣势、机遇、威胁进行了系统分析，在此基础上，从政府层面提出了要搞好服务平台建设、加大资金支持力度、构建企业对外投资风险保障体系，以及从企业层面提出要慎选投资国家及农业投资领域、做好可行性研究、利用华商资源、加大人才培养力度等对策建议。

(4) 国内学者对中国省区与东盟国家农业合作的问题进行了研究。郭宽 (2003) 分析了云南与东盟国家开展农业合作的基础和条件，提出了今后云南与东盟国家开展农业合作的重点和对策建议。李露、袁媛、王家银、钟利、李学林 (2004) 通过对云南与东盟各国在农业经济技术合作现状的研究，分析了云南与东盟各国在农业经济技术合作的互补性和存在的问题，并结合当前云南农业发展和农业结构调整实际，提出云南与东盟国家农业合作的重点领域和项目，以及深化合作的对策建议。胡佳佳 (2005) 认为，云南应在农业宏观调控、农产品流通、金融支持等方面作出进一步的改善，继续加强与周边国家的交流与沟通，从而在合作中实现“双赢”。蒲文彬 (2005) 分析了云南与东盟国家农业合作的互补性和竞争性，并提出了对策建议。杨武 (2006) 认为，广西与越南在农业技术、粮食、农副产品品种、农资产品、林业上有较强的互补性；利用互补性加强广西与越南的农业合作，最终实现“双赢”。黄凌军、何政 (2007) 分析了广西与东盟农业生产的现状及合作的展望。陈敏姬 (2007) 认为，由于与东盟国家为邻的特殊地理优势，广西农业的发展面临新的历史机遇和挑战。顾闽峰、郭军、祖艳侠、吴永成（2008）介绍了越南南定省与江苏沿海地区农业科学研究所合作开展农业科技合作和培训交流的情况，通过示范宣传，把江苏农业发展新成果、新技术向越南及东盟国家辐射，取得了良好效果。张建中（2009）探讨了发展广西与东盟农产品贸易的对策，促进广西与东盟农产品贸易进一步发展的关键是加强政府的宏观调控作用和从微观上提升农产品的出口竞争力。

从现有研究来看，多是对中国—东盟相互投资的现状进行分析，对未来发展趋势进行判断，对中国—东盟农业合作进行探讨，但对农业领域相互投资问题的研究较少，更没有从制度创新的角度来进行深入研究。因此，本研究可以为中国—东盟各国制定促进农业相互投资的政策提供重要参考。

三、研究思路与方法

（一）概念界定

（1）农业。本研究中的“农业”包括农业及涉农产业（Agri - industry）两部分，也就是把农业产前、产中和产后涉及产业包括在内。农业一般指的是农（种植业）、林、牧、渔各业及其服务业，即中国国家统计局产业分类法中第一产业所包括的全部内容。随着改革开放以来，农业生产的商品化、社会化和国际化，尤其是农业产业化发展，对农业的理解进行了新的拓展，提出了“十字形大农业”的概念。这不仅包括农、林、牧、副、渔业这五业的农业“产中”横向环节，还将为农业提供生产资料和良种等服务的行业称为农业的“产前”环节，把农产品的加工、储藏、运输、销售等过程称为农业的“产后”环节，这些纵向环节可理解为涉农产业，使农业的内涵大为拓展。具体来说，涉农产业主要包括与农业直接相关的农业生产资料行业，如种子、化肥、农药、农膜、农业机械等农业投入品行业或部门的生产和流通，以及农产品加工业，如食品制造业，食品加工业，饮料制造业，纺织业，服装及其他纤维制品制造业，烟草加工业，家具制造业，皮革、毛皮、羽绒及其制品业，木材加工及竹藤棕草制品业，造纸及纸制品业，橡胶制品业等行业或部门的生产和流通。

（2）农业 FDI。对外直接投资（Foreign Direct Investment，FDI），又称国际直接投资。联合国贸发会（UNCTAD）每年公布的世界投资报告（World Investment Report），将 FDI 分为 Inward FDI 和 Outward FDI 两部分。前者是流入一国的

来自国外的直接投资，即外商直接投资；而后者为一国向他国的直接投资，即通常所说的对外直接投资。农业 FDI 是指外国投资者通过转移垄断优势（包括无形资本）至受资国进行农业投资的活动，并获得对投资企业的经营控制权。直接利用外资包括合资经营、合作经营、外商独资经营、合作开发、BOT 项目融资等方式。由于 FDI 与直接生产经营活动相联系，外国资本进入可直接增加东道国的生产能力和出口创汇能力，其风险也由外方自负或由东道国企业自负，一般不构成受资国的外债。

（3）东南亚国家联盟（Association of Southeast Asian Nations），简称东盟（ASEAN），是东南亚地区的综合性国际组织，成立于 1967 年，最早由新加坡、马来西亚、泰国、印度尼西亚、菲律宾五个国家创建。随后成员国不断增加，文莱于 1984 年独立后加入，越南于 1995 年入盟，缅甸、老挝于 1997 年入盟，1999 年 4 月 30 日，随着柬埔寨的加盟，东盟正式拥有十个成员国。其中，由于新加坡、马来西亚、泰国、菲律宾、印度尼西亚、文莱首先加入东盟，所以习惯称为老东盟成员国；而柬埔寨、越南、老挝、缅甸由于后加入东盟，故称为新东盟成员国。到 2002 年，东盟已囊括了东南亚地区除东帝汶外的所有国家，成为拥有 450 万平方公里土地、5.3 亿人口和 7000 多亿美元国内生产总值的区域性国际组织，是国际舞台上的一支重要力量。

（二）逻辑思路

本研究试图构建一个从环境特性出发的逻辑分析思路，认为环境特性、制度安排与经济绩效之间存在内在的逻辑关系：环境特性与企业行为决定制度安排的内容，具有不同特征的环境资源与企业行为需要与之相适应的制度安排，不同的制度安排具有不同的激励功能，因而与不同环境特性相适应的制度安排具有不同的经济绩效，不同的制度安排可能会阻碍或促进相互投资的增加。本研究将农业经济学、国际经济学、新制度经济学、信息经济学相结合，构建一个关于农业相互投资绩效的“环境特性与企业行为—制度安排—经济绩效”的逻辑分析思路，并将其用于对中国—东盟农业领域相互投资的实证分析中。

本研究以进一步促进中国—东盟农业相互投资为研究主线，研究了中国—东盟农业投资合作的制度变迁及制度创新等问题，研究重点放在如何进一步扩大双方的农业投资上。本研究首先提出要研究的问题，对已有的中国—东盟农业领域相互投资的研究进行了简要的回顾与述评，确定进行研究的逻辑思路与研究方法。接着分析中国—东盟农业投资合作的资源基础、经济基础和社会基础，介绍当前中国—东盟农业领域相互投资发展的历程及总体情况。然后分析中国—东盟各国鼓励农业相互投资的制度变迁及现有制度安排，探讨现有制度安排的形成原因。接着分析中国—东盟农业领域相互投资的主体及其行为，分析中国—东盟农业领域相互投资的方向、重点领域及优先次序。为了弄清现阶段中国—东盟农业相互投资的绩效，通过建立计量经济模型分析农业相互投资对投资国及东道国经济增长的贡献、就业的贡献、技术创新的贡献、产业结构升级的贡献以及贸易的贡献。在此基础上，分析影响中国—东盟农业领域相互投资扩大的主要障碍及问题，提出了促进中国—东盟之间农业领域相互投资的政策建议。同时，提出在中国—东盟自由贸易区内构建“中国—东盟农业投资特区”作为各国对外开放的“窗口”和“试验田”的初步设想。

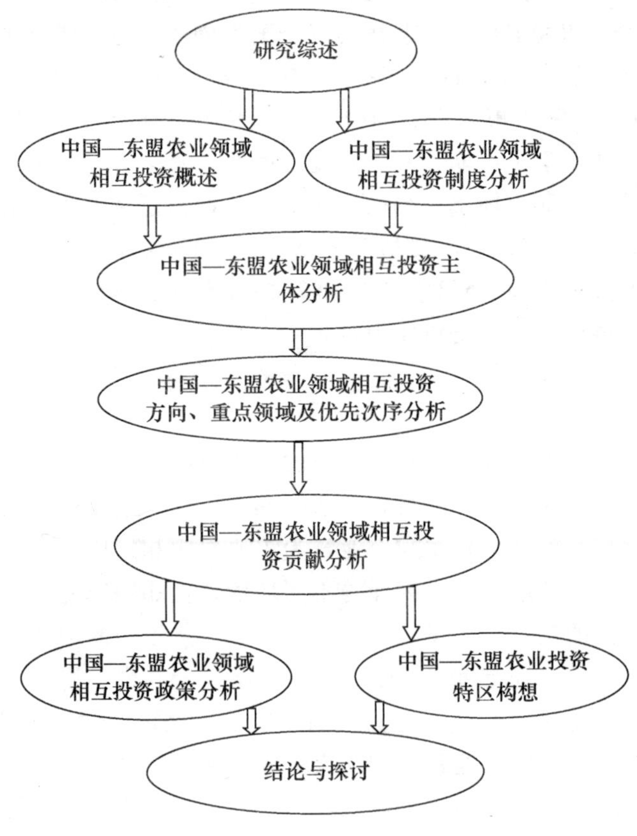

图 1.1　本研究的逻辑思路

（三）研究方法

采用理论研究与实践分析、定性分析与定量分析、实证研究与规范研究相统一等方法。具体如下：

（1）理论研究与实践分析相结合。通过理论研究与一般经验总结分析，从而找出正确的理论与方法思路是本研究的重要基础和特点。既运用相关的外商直接投资理论、区域经济理论及制度变迁理论进行分析，又要具体结合中国—东盟农业相互投资的具体实践，进行较广泛深入的研究。

（2）定性分析与定量分析相结合。本研究以中国—东盟的农业资源特性为出发点，分析和研究中国—东盟的农业领域相互投资的问题，从理论和实证的角度，运用大量翔实、可靠、新颖的统计数字和数据，揭示了中国—东盟农业投资变化的内在机理，在归纳、总结并借用、发展已有的理论观点及其结论基础上，提出一些新的理论观点，并用定性方法加以阐述。

（3）实证研究与规范研究相统一。本研究侧重于从制度的角度探讨中国—东盟农业领域的相互投资问题，既要通过实证分析，对中国—东盟农业领域相互投资的演变、现状和特征进行客观描述，又需要根据规范分析，对中国—东盟农业领域相互投资存在的问题作出理性判断，并在此基础上提出具有科学性和适用性的对策建议。在实证分析中，主要使用SWOT态势分析法、统计推理法和回归分析法，并配以相应的图表，通过动态反映促进相互投资所需条件，来揭示中国—东盟农业相互投资发展中各种经济变量之间的关系，为进一步规范分析提供基础。规范分析沿着这一路径，对实证分析的结果作出诊断、评价，为中国—东盟自由贸易区的顺利推进提供有价值的政策建议，为提高农业对CAFTA的贡献服务。

（四）技术路线

本研究的技术路线是：

（1）提出问题。科学研究过程总是从问题的提出开始的。本研究的问题是：中国—东盟农业投资的背景、必要性、可能性和可行性是什么？中国—东盟农业相互投资机理是什么？中国—东盟之间农业投资的历史、现状和发展趋势是怎样的？农业投资的制度安排是怎样的？促进中国—东盟农业相互投资的政策体系有哪些？

（2）资料搜集。通过报纸杂志调查、互联网调查和专家咨询掌握国内外有关研究成果。由于中国—东盟自由贸易区提出的时间不长，现有文献不是很丰富，但已有不少相关的研究。通过电脑检索有关的外文学术论著、期刊和国际会议文集，获取国外最新资料。国内资料及实证材料的获取主要依靠以下途径或渠道获得：历年的《中国统计年鉴》、《中国外经贸统计年鉴》、《中国东盟统计年鉴》、《中国农村统计年鉴》以及东盟各国的相关统计年鉴等；政府有关部门和研究机构，如世界银行、商务部外经贸司、农业部外经贸司、国家统计局、中国社科院、中国农科院，以及各有关部门及大学设立的东南亚研究所（中心）等；有关省市（主要是与东盟接壤的广西、云南等省区）的商务厅、农业厅、统计局，中国东盟博览局等；东盟在华投资的典型农业企业及相应投资区的调查。通过分析、回顾、评价国内外与本项目研究有关的文献、资料和数据，力求回答这样的问题：现有理论和方法能在多大程度上回答和解决本项目的研究问题，相关经济理论用于分析中国—东盟农业相互投资的解释程度有多少。

（3）开展研究。包括进行典型调查和实地调查，整理资料和比较分析，建立经济计量模型（回归模型）进行数据处理，以支撑本研究的结论。

（4）得出结果。通过对已取得的资料、数据进行研究，引出新的理念，得出经验性推论，并将研究结果进行实证性和正确性检验，获得科学、客观的研究结果。

（5）结论。回答这样的问题：本项目研究的主要结论和主要观点，影响中国—东盟农业相互投资的主要政策障碍有哪些，能否在中国—东盟自由贸易内通过农业相互投资发挥比较优势重新统一规划布局，如何设立“中国—东盟农业投资特区”，怎样才能促进中国—东盟农业领域加大相互投资力度，其国家层面的政策协调构架是怎样的。

四、研究内容和可能的贡献与创新

（一）研究内容

本研究的主要研究内容分为九章。

在第一章导论中，首先提出要研究的问题，对已有的中国—东盟农业领域相互投资的研究进行简要的回顾，确定进行研究的逻辑思路与研究方法，介绍本研究的内容安排，同时提出了本研究有可能创新的地方。

第二章是本研究的基础，对中国—东盟农业领域相互投资的情况进行概述。介绍当前中国—东盟农业领域相互投资发展的历程及总体情况，分析中国东盟农业投资合作的农业资源互补性、粮食种植产业方面的互补性、热带经济作物和果蔬上的互补性、海洋水产资源和渔业产业互补性、农业生产人力资源互补性等方面的资源基础，中国东盟农业投资合作的经济发展水平的互补性、产业结构的互补性、技术互补性等方面的经济基础，同时分析中国东盟农业投资合作的农业生产及农业市场的需求等方面的互补性。

第三章分析中国—东盟各国鼓励农业相互投资的制度变迁及现有制度安排，探讨现有制度安排（鼓励相互投资政策）的形成原因（包括投资成本比较优势、合作共赢、经济全球化等方面）。

第四章分析中国—东盟农业领域相互投资的主体及其行为特征，包括投资主体的分类、投资动机、投资方式、区位选择等方面的内容。

第五章分析中国—东盟农业领域相互投资的方向、重点领域及优先次序，提出了确定优先次序的两条原则，即以合作协议为基础、优先考虑双方都鼓励投资的行业和以相互需求为导向、优先考虑双方资源互补性强的产品。

第六章通过建立计量经济模型分析现阶段中国—东盟农业相互投资的绩效，包括对投资国及东道国经济增长的贡献、就业的贡献、技术创新的贡献、产业结构升级的贡献以及对贸易的贡献等。

第七章分析影响中国—东盟农业领域相互投资扩大的主要障碍及问题，提出了促进中国—东盟之间农业领域相互投资的政策建议，包括建立中国—东盟促进相互之间农业投资的财政和金融协调政策（含贷款、外汇、投资保险服务的协调等）、税收协调政策（关税及非关税壁垒的协调）、产业和贸易协调政策等。提出了构建促进中国—东盟农业领域相互投资服务体系设想，包括细化《投资协议》内容，完善法律法规建设和国际政策协调体系，培养和引进跨国经营人才，健全信息咨询和社会服务体系，建立公平、公正、高效的争端解决机制等。

第八章提出在中国—东盟自由贸易区内构建“中国—东盟农业投资特区”，分析试验特区的功能定位、管理体制和政策框架等，为中国—东盟开展全方位的农业投资合作提供宝贵经验。提出对投资特区将实行“两国一区、境内关外、自由贸易、封闭运作”的管理模式，将投资特区作为各国对外开放的“窗口”和“试验田”作用的设想。

第九章是结论与探讨。在经过以上八章的分析研究后，提出了本研究的主要研究结论和一些需要进一步研究和探讨的问题。

（二）可能的贡献与创新

本研究在搜集、整理、分析、总结国内外中国—东盟农业领域相互投资问题的主要研究成果的基础上，结合现代经济学的前沿理论和方法，对中国—东盟农业领域相互投资问题进行规范与实证研究。本研究可能的贡献与创新是：

（1）深入探讨中国—东盟相互扩大农业投资的内在机理，系统分析中国—东盟农业相互投资合作的重点领域，提出农业领域相互投资优先次序安排的初步设想。

（2）对中国—东盟农业相互投资的现行制度绩效进行分析，特别是通过对中国—东盟农业相互投资对 CAFTA 贡献的定量和定性分析，深入剖析在一定环境特性下的农业投资与政策之间的互动关系。

（3）构建促进中国—东盟农业领域相互投资政策支撑体系的具体构架，包括建立中国—东盟促进相互之间农业投资的财政协调政策、金融协调政策、税收协调政策、产业协调政策、贸易协调政策的框架。提出要建立促进中国—东盟农业领域相互投资服务体系的构想。

（4）提出在中国—东盟自由贸易区内构建“中国—东盟农业投资特区”作为各国对外开放的“窗口”和“试验田”的初步设想，提出在中国东盟农业投资特区内实行“两国一区、境内关外、自由贸易、封闭运作”的可能管理模式。

第二章 中国—东盟农业领域相互投资概述

一、农业相互投资的基础

（一）中国—东盟农业投资合作的资源基础

1. 农业资源互补性

东盟国家属热带气候，土地肥沃，高温多雨，生物资源丰富。柚木、橡胶、木棉、棕榈油、金鸡纳霜的产量和出口量居世界首位，大米、木材、椰产品、烟草、蔗糖、咖啡和麻的产量和出口量也处于世界前列。中国是一个地大物博，资源丰富的国家，尤其是中西部地区的各种资源极其丰富。同时，中国作为世界上人口第一大国，人力资源也是相当丰富的。也正是由于人口众多，人均资源拥有量相对来说就较为稀缺。东盟国家的种植业、养殖业和热带资源对中国这个人口众多的农业大国来说相当重要，特别是中国经济的快速发展使中国对各种原材料和能源的需求大幅度增长，国内能源的开发和利用无法满足中国工业现代化发展的需要。在农产品方面，东盟国家大多处于热带地区，而中国大部分地区处于温带，双方主要的农产品种类不同，具有较强的互补性，因此中国—东盟农业相互投资具有广阔的前景[①]。

森林资源和林业：东盟国家的林业资源相当丰富。东盟热带木材蓄量占世界总量的20%，占中国木材总需求量的28%，主要有龙脑香、红木类、花梨木、紫檀、柚木类、硬木类、岛松、南亚松等，仅柚木就占世界蓄积量的80%以上。虽然中国森林资源不如东盟国家，但在加工技术方面有优势，在合理开发森林资源的前提下，双方进行林产品加工和精深产品开发合作，有利于双方开展林业投

① 蒋兴红：《走向21世纪的中国与东盟经贸关系》，西南财经大学硕士学位毕业论文，2003年4月。

资。2008 年中国从东盟进口锯材量达 100.2 万平方米，进口量位居第三位，2009 年中国进口的锯材前三大市场中就有泰国。

耕地差异：主要表现为东盟耕地，特别是老挝、柬埔寨、缅甸等国，仍有大量未开发的可耕地，丰富的土地资源为中国与东盟进行林木和粮食产业相互投资提供了广阔空间。

中国—东盟气候资源的差异：中国地域辽阔，气候多样化。有寒温带到热带的复杂气候，从南到北，有热带、亚热带、温带、暖温带和寒温带五个温度带，而东盟国家都处于热带，使双方的优势产品有很大区别。

2. 粮食种植产业的互补性

在稻谷方面，中国进口需求在不断扩大，而东盟国家具有巨大的生产潜力，双方在粮食生产方面存在较强的互补性。中国人多地少的现实决定了中国粮食在一定程度上需要依赖进口，而泰国、越南、缅甸是世界著名的三大谷仓，目前都是世界上最重要的大米输出国，从 2007 年联合国粮农组织的数据显示，大米稻谷的产量，印度尼西亚以 5725 万吨，在世界排在第 3 位；越南 3594 万吨，排在第 5 位；缅甸 3145 万吨，排在第 7 位；菲律宾 1624 万吨，排在第 8 位。大米一直是泰国和越南的优势产品，2009 年泰国大米出口量和生产量均排在世界第一位；越南稻谷产量、出口量排在世界第二位。2009 年我国稻谷和大米进口前三大市场分别为泰国、老挝和越南这 3 个国家，分别为 33.6 万吨、1.7 万吨、28 万吨。此外，缅甸、柬埔寨也具有发展农业生产的良好条件。这几个国家未来的粮食资源可以成为中国今后进行粮食方面投资的一个重要方向。

在玉米、小麦方面，东盟国家是亚洲玉米饲料的主要消费区之一，年进口玉米总量稳定在 450 万吨。而中国是世界第二大玉米生产国，早在 2003 年出口数量就达到 1639 万吨，印度尼西亚和马来西亚两国多年来一直占中国玉米出口量的 30% ~35%。到 2007 年，我国玉米出口 491.8 万吨，出口前十大市场中就有马来西亚、越南、印度尼西亚。此外，新加坡和菲律宾也对中国玉米进口保持着年均数十万吨的数量，可见中国与东盟在玉米资源上存在很强的互补性。尽管中国小麦在世界上没有显示性比较优势，但与东盟各国相比，还是有比较优势的产品。东盟国家是中国小麦出口的主要市场之一，2007 年我国小麦出口 233.7 万吨，从我国进口小麦的前三大进口国家为印度尼西亚、马来西亚、菲律宾，而出口的企业大多数为国有企业和私营企业，外商投资企业几乎为零，因此可根据需要增加对东盟国家的粮食方面的投资①。

① 商务部外贸司网站，http：//wms. mofcom. gov. cn/aarticle/subject/ncp/subjectbb/200603/20060301783759. Html。

此外，中国每年也从东盟国家进口其他热带产品，如木薯及其制品、可可、咖啡、腰果、椰子及其制品等，因为东盟是世界热带农产品主要生产地区。由于东盟国家地处热带和亚热带地区，是以生产和出口热带和亚热带农产品为主，而中国除了东南部分边境省区具有与东盟相近的自然条件以外，多数省份地处温带，因此在相当多的农副产品上仍然具有较强的互补性。

3. 热带经济作物和果蔬上的互补性

在热带经济作物方面，东盟国家优势最为突出的是棕榈油和橡胶，而中国则是进口大国。在橡胶方面，从 2001 年起，中国已经成为世界上第一大天然橡胶消费国，每年进口的天然橡胶超过 120 万吨，2008 年中国进口橡胶达 171 万吨，金额超过 28 亿美元，出口国中排前三名的分别是泰国、印度尼西亚和马来西亚①。在食用油料、油脂方面，2009 年的世界粗棕油数据显示，从 2006 年开始，印度尼西亚粗棕油产量居世界首位，居次的是马来西亚②。而中国油脂的自给率为 60% ~70%，有 1/3 要从国外进口，棕榈油是三大植物油中唯一不能由中国国内大量生产的，每年都要从国外进口，已经成为进口油料、油脂的大国。2008 年中国进口棕榈油为 511 万吨，主要是从马来西亚和印度尼西亚进口，今后东南亚仍是中国主要的棕榈油供应地区③。

而果蔬方面，中国是水果和蔬菜生产大国，水果产量占世界总量的 13%，而且连续 10 年产量排行世界第一，蔬菜产量也是连续 5 年位居世界之冠；而东盟国家的热带果蔬具有较强的优势。一方面，中国需要进口一些只有东南亚地区生产的热带水果；另一方面，东南亚国家需要苹果、梨等产地在中国北方的水果，因此双方具有较强的互补性。泰国、越南和菲律宾是中国热带水果主要进口来源，2008 年我国主要从泰国和越南两个东盟国家进口鲜柑水果和坚果，分别占该类水果进口量的 11.6% 和 28.0%。而中国的柑橘属类水果、苹果、雪梨等亚热带、温带水果主要出口国是泰国、印度尼西亚与越南等国。同时在蔬菜方面，泰国等东盟国家需要进口大量的胡萝卜、辣椒、大蒜等温带蔬菜，因此在蔬菜上，中国和东盟各国也存在较强的互补性。从 2003 年 10 月开始，中国和泰国已有 188 种水果与蔬菜开始实行零关税贸易，这是双方发挥互补性的成功运作。

由于东盟国家地处热带和亚热带地区，主要生产与出口热带和亚热带农产品，而我国除了东南部分省区与东盟国家具有相近的自然条件以外，多数省份地处温带，因此在各类农产品上具有很强的互补性。即使是同一种产品在品种和收获季节上，双方也会存在一定的互补性。例如，荔枝、龙眼这两种水果，从品种

① 商务部外贸司，http：//wms. mofcom. gov. cn/aarticle/subject/ncp/subjectbb/。

② 《2009 年印度尼西亚粗棕榈油产量将达 2080 万吨》，印度尼西亚星洲日报，2009 -3 -28。

③ 商务部统计数据。

上看，我国的广西地区和泰国质量较优，越南逊之；从收获季节看，广西龙眼为8月上旬到下旬，十分短暂，而泰国从7月上旬到10月上旬，长达3个月，而越南龙眼则全年均可收获。因此，热带经济作物和果蔬存在的互补性也将成为潜在的农业相互投资领域，可创造更大的经济效益①。

4. 海洋水产资源和渔业产业

东盟国家地处中南半岛与东南亚群岛，除内陆国家老挝外，其他9国都有很长的海岸线。此外，东盟国家还有众多的江河、湖泊和水库，具有很好的发展渔业生产的潜力。但中国在水产养殖技术以及水产品种苗培育、水产品加工方面，相对于多数东盟国家来说，是有较大优势的，双方有条件开展海洋渔业捕捞、海产品加工及湖泊和水库淡水养殖等方面的投资合作。

5. 农业生产人力资源互补

东盟10国间经济发展水平相差悬殊，从事农业的人口也差异很大。新加坡和文莱两个国家从事农业的人非常少，在新加坡，2006年农业就业人口仅占总就业人口的0.3%，农业从业人员仅有0.5万人。文莱农业劳工和技术工人匮乏，劳动力成本较高，且文莱国民大都不喜欢从事农业生产。新兴工业国家马来西亚从事农业的劳动力也较少，占总就业人口的比例为14.8%，约为152.1万人，且大量的农村人口进入城市和工业，也造成了农业劳动力的短缺，需要从周边国家引进劳动力。印度尼西亚和泰国仍以农业为主，农业就业人口占总就业人口分别为44%和42.6%，农业就业人口分别为4187.9万人和1548.0万人。菲律宾的农业就业人口约为1228万人，占总就业人口的37.4%。其他国家相对落后，大部分人都靠农业为生，从事农业生产，如2006年柬埔寨的农业就业人口占总人口的60.3%。中国也是农业大国，农业劳动力资源丰富。而2006年中国从事农、林、牧、渔为32519.3万人口，约占总就业人口的44.1%。中国和东盟农业劳动力资源具体情况见表2.1②。

中国农业人口相对较多，但耕地较少，存在着大量的富余农村劳动力资源，尤其是有一定农林牧业开发专长的专门人才，而东盟国家还有一定的土地等资源潜力可挖，但是这些国家人力资源相对不足，尤其是缺乏农业技术人员。因此，中国可以利用农村剩余劳动力丰富的优势，以向外输送农业劳工的形式促进农村劳动力出口。这样一方面可以缓解中国农村过多剩余劳动力的就业压力，另一方面又可促进当地经济发展。此外，中国农业高科技人才相对东盟国家较多，将这些人才输送到东盟国家则可以大范围地带动所在国的农业技术水平的提高，做到“授人以渔”，所取得的成果也将大大高于“授人以鱼”③。

① 彭茵：《中国东盟农产品贸易问题研究》，华东师范大学硕士学位毕业论文，2006年9月。

② 唐盛尧：《中国—东盟农业比较优势与合作战略研究》，中国农业科学院博士学位毕业论文，2008年12月。

③ 彭茵：《中国东盟农产品贸易问题研究》，华东师范大学硕士学位毕业论文，2006年9月。

表 2.1　中国和东盟国家的农业劳动力资源　　单位：万人

	2006 年经济活动人口	2006 年就业人数	2006 年农业就业人口	2006 年农业人口占总就业人数比例（%）
文莱	—	—	—	1.41①
柬埔寨	702	656②	395.5	60.3②
印度尼西亚	10922	9518	4187.9	44
老挝	231	274③	—	—
马来西亚	1128	1028	152.1	14.8
缅甸	2792	1522	—	—
菲律宾	3833	3319	1228.0	37.4
新加坡	225	180	0.5	0.3
泰国	3610	3634	1548.0	42.6
越南	4498	4232②	1802.8	42.6
中国	78250	73740.0	32519.3	44.1

资料来源：《国际统计年鉴》以及作者依据数据关系推算；这里经济活动人口指在特定参考期内，可供劳动的人员，泰国的就业人数是指 13 岁以上，标注①②③分别为 2001 年、2004 年、2005 年的数据。

（二）中国—东盟农业投资合作的经济基础

1. 经济发展水平的互补性

中国与东盟国家经济发展的总体水平相近，但内部都存在多层次性的特点，为双方的经济合作提供了较好的条件。东盟各国经济发展程度、经济规模等方面的差距还是较大的。如果将这 10 个国家的国内生产总值、总人口等反映经济规模的要素综合起来考虑，东盟国家的经济发展水平可分为三个层次：第一层次为新加坡和文莱这两个国家，他们的国土面积和人口很少（两国的人口占东南亚总人口的 0.84%，国土面积则仅占 0.14%），但他们的经济发展水平却位居世界前列。2009 年，新加坡的人均国内生产总值为 51392.2 美元，是世界上最富裕的国家之一，文莱的人均国内生产总值也达到了 45816.6 美元的较高水平。第二层次为马来西亚、泰国、菲律宾、印度尼西亚这 4 个国家，2009 年，其人均国内生产总值分别为 12258.1 美元、7940.8 美元、3587.2 美元和 4365.4 美元。其中马来西亚和泰国这两个国家处于世界经济发展的中等偏上水平，菲律宾和印度尼西亚则是比较偏后的。第三层次为越南、老挝、柬埔寨、缅甸，这 4 个国家的人均国内生产总值2009年分别为3080.7美元、2396.1美元、1789.2美元和1094.9美元①，可以说是属于世界上最为贫穷落后的国家。中国的整体经济发展水平落后于新加坡和文莱，与马来西亚、印度尼西亚和泰国相近，而比其他国家又领先了许多。同时，中国内部的经济发展水平可分为东部、中部和西部三个层次，并且各层次之间的差距也是相当明显的。这种经济发展水平层次上的相互交错，构成了较强的互补格局。在这种互补格局中，中国与东盟国家从整体到各个国家（地区）都可以找到相互开展经济技术合作的空间，可以较好地发挥各自比较优势，扬长避短，互惠互利，协同发展。

2. 产业结构的互补性

中国的产业结构存在着多层次阶梯状的特点，在比较优势方面也呈现为综合性和多样性，既有劳动密集型与资源密集型为主的低层次产业，又有技术密集型和资金密集型的高科技产业。在化肥、饲料、食品、机械制造、水电设施等方面具有相对优势。在东盟国家中，越南、柬埔寨、老挝、缅甸基本上是以农业为主，现代工业为数较少，劳动密集型、资源加工型产业所占比重较大；泰国、马来西亚、印度尼西亚、菲律宾主要是椰子、橡胶、木材加工以及矿产开采与冶炼为主的传统劳动密集型与资源密集型产业，生物技术等高新技术产业也取得了突飞猛进的发展；新加坡的产业层次更高，主要以技术与资金密集型产业为主。总体说来，与中国相比，东盟国家的产业优势主要体现在资源性产品及其制品等领域。这种产业结构的差异性使中国与东盟国家能够在农业方面开展广泛的贸易与投资合作，从而实现各自产业结构的不断升级与优化。如泰国、新加坡、马来西亚等国家通过对外投资，向中国输入先进的农业和生物技术，同样，中国企业也通过到东盟国家进行投资，开发中国亟须的资源或利用当地的资源生产面向出口的农业及其加工产品。

3. 技术互补性

在技术方面，相对东盟来说，中国的农业技术较为先进，尤其是对越南、老挝、柬埔寨、缅甸等国家而言，这些国家经济发展水平低、农业机械装备差、农业技术水平低。中国农业技术如种植、农业生物开发、良种繁育、农业病虫害综合防治、农机具生产加工、养殖、畜牧业检测防疫、农业科技培训推广、饲料、化肥、农药生产等方面具有较强的优势，比如杂交水稻和抗虫棉研究就深受东盟国家的欢迎。中国一些领域的农业科技水平已达到世界先进水平，尤其是农作物优良品种、农业机械成套设备及技术等。由于双方农业经营模式相似，都属于小型家庭经营模式，中国的技术在东盟国家具有较好的市场前景，他们希望借鉴、

① 东盟官方网站数据提供，http：//www.aseansec.org/22122.htm。

利用中国的先进经验与技术服务于本国农业，双方的农业投资合作与交流成为一种必然。目前越南、老挝、泰国、缅甸和柬埔寨等国都普遍存在着农业机械化程度较低的状况，而我国在化肥、农药、农业机械、稻种以及果苗等农资产品方面也具有一定的优势，可以向泰国、越南等国家大量出口。东盟国家在热带经济植物的种植和农产品加工方面也具有相当优势，如新加坡、菲律宾、泰国在农副产品加工、食品工业方面有技术优势，双方可加强合作、实现优势互补[①]。

此外，尽管我国和东盟国家的农产品出口占本国出口较大比例，但是，在农业技术、管理和经营方面，与美国、澳大利亚、日本等发达国家还存在比较大的差距；我国和东盟国家的农产品由于质量低、包装技术和保鲜技术落后，均成为西方国家绿色贸易壁垒的牺牲品。因此，外部市场压力客观上要求双方在农业技术方面加强合作。

无论是中国还是东盟，内部都存在着明显的差异性。东盟各国之间的差别非常大，文莱、新加坡等属于高收入国家，农业在国民生产总值中所占比重非常小；菲律宾、泰国、马来西亚、印度尼西亚等国家则属于中等收入国家，但农业在国民生产总值中的比重仍然较高；而越南、老挝、缅甸、柬埔寨等国则属于农业国家，农业仍然是这些国家的第一大产业。东盟内部这些国家间的差异在某种程度上类似于中国东中西部的差异。中国可以充分利用国内东中西部合作的经验，分别采取不同的战略和措施，加强与东盟各国的合作与联系，从而进一步促进双边的农业投资。

（三）中国—东盟农业投资合作的社会基础

中国—东盟农业合作有很多特殊的、有利的社会基础，表现为双方市场规模较大，有利于相互吸收对方的产品。东盟作为东亚发展程度相对较低的地区，内部市场潜力较小，对外部市场的依赖较为严重。中国是13亿人口的大国，对热带农产品有着非常巨大的市场需求，尤其是随着人们生活水平的提高、消费结构的改善，将会加大对热带农产品的需求，这无疑是给东盟国家提供了一个巨大的市场，同时，也将会给东盟国家带来相当大的利益。而东盟各国虽然较小，但作为一个整体，也有5.3亿人口的市场规模，也会给中国农产品出口带来较大的机遇。

1. 农业生产及农业市场的需求

我国是个人口大国，人多地少的现实决定了我国粮食一定程度上需要依赖进口。随着人口的不断增加、城市化进程的日益加快和退耕还林、还草等改善生态

① 周雪春：《中国东盟农业合作研究》，广西大学硕士学位论文，2006年5月。

举措的实施，中国农业用地不足的矛盾将会变得越来越突出，而未来我国的粮食需求还会大幅度提高。根据国务院发展研究中心的预测，我国粮食净进口量将由1997年的416万吨增加到2010年的976万吨和2020年的2224万吨[①]。泰国和越南都是目前世界上最重要的大米输出国，老挝、缅甸、柬埔寨也有着发展农业的良好条件。这几个国家未来的粮食出口能力预计可达2000万吨以上，可以成为中国今后粮食进口的一个重要来源地，而这些东盟国家由此获得稳定的外汇收入，可谓互惠互利。

2. 在CAFTA建立的背景下相关农业领域的文件签署

自中国和东盟各国领导人于2002年11月签署了《中国与东盟全面经济合作框架协议》和《中国与东盟农业合作的谅解备忘录》这些文件以来，中国和东盟双方从2004年开始下调农产品关税，到2006年中国与东盟10国中的老成员国农产品实行零关税，取消非关税壁垒，实现了贸易自由化[②]。在2010年自贸区如期建成后，中国和东盟国家就形成一个统一的大市场，自贸区建成所带来的投资创造效应将进一步促进世界各国来华投资的增加，到中国投资生产就可以方便地进入东盟市场，而且中国投资的软硬环境与大部分东盟国家相比有优势，投资中国要比投资东盟国家更容易取得成效，因此中国在吸引外来投资的竞争中处于更为有利的位置。同时，中国东盟自由贸易区的启动将使中国农业企业赴东盟投资更加便利，不但可以享受到区内的农产品关税优惠政策，还可以规避发达国家专门针对中国农产品设置的部分贸易壁垒所带来的出口风险，从而扩大对国际市场出口。这些必将促进中国农业企业对外投资增长，以及双方农业投资合作的进一步发展[③]。

（1）2002年11月4日，标志着中国—东盟自由贸易区建设正式启动的《中华人民共和国与东南亚国家联盟全面经济合作框架协议》在柬埔寨金边签署，在该协议中，双方确定作为重要内容的农业合作分成两个阶段进行：2004~2006年为第一阶段，大约600种产品关税要逐步减免为零，这一阶段也被称作“早期收获”计划，减税范围以农产品为主。第二阶段则是到2010年，中国与东盟之间建立自由贸易区。

（2）《中泰加速取消果蔬关税协议》的签署，加快推动了计划的提前实施。为加快中国—东盟自由贸易区的建立，早在2003年初，泰国和中国就开始启动

---

① 刘稚：《云南与东盟国家农业合作的前景与思路》，《东南亚》，2004年第1期，第26-31页。

② Framework Agreementon Comprehensive Economic Co-operation Between The Associationof South East Asian Nations and The People's Republic of China, Phnom Penh, 04 November, 2002.

③ 中国东盟博览会官方网，CAFTA降税对中国农业带来的影响，http://www.caexpo.org/gb/e-magazine/33rd/jiangshui/t20051126_54205.html。

中国—东盟自由贸易区框架下的“早期收获”计划。所谓“早期收获”计划是指在《中华人民共和国与东南亚国家联盟全面经济合作框架协议》下，提前实施部分协议内容，实施零关税的产品主要包括木薯、甜菜根等植物块茎和食用蔬菜及龙眼、荔枝、柑橘、苹果等水果和坚果类产品。在此之前，两国对这些产品征收的平均关税为30%。泰国和中国在“早期收获”框架之内，两国官员正式签署了关于加速取消两国蔬菜和水果关税的协议。根据协议从2003年10月开始，两国间的蔬菜、水果、坚果产品（共188种产品）的贸易实行零关税。这是“中国—东盟自由贸易区”的最早成果，从而使这个“早期收获”计划出现了早期收获。后来，新加坡在2004年6月也加入了水果蔬菜零关税协议。这一政策实施以来，中国的蔬菜水果进出口均出现快速增长，水果贸易实现顺差，尤其是苹果和梨的出口增势较好。零关税为中国此类产品进入泰国并进一步扩大中国到东盟各国进行农业投资铺平道路。到2005年1月，果蔬“零关税”安排扩展至泰国、新加坡、马来西亚、菲律宾、印度尼西亚、文莱东盟6国。

（3）中国与东盟国家于2004年11月29日签署了《货物贸易协议》，对于没有列入“早期收获”计划包括农产品在内的原产于中国和东盟的产品互相给予优惠关税待遇，产品分正常类和敏感类，这两类产品按不同时间表进行减税，以自由贸易区的税率实现彼此货物通关，并从2005年7月20日起对7000个税目产品实施降税，对双方农业投资的发展又迎来了新的一轮发展机遇。

（4）《中华人民共和国农业部与东南亚国家联盟秘书处农业合作谅解备忘录》。中国与东盟第五次领导人会议在2001年11月召开，双方把农业确定为面向21世纪合作的重点领域之一；农业部与东盟国家在2002年11月正式签署了这一备忘录，成为中国与东盟的农业合作进入全新的发展阶段的标志。备忘录具体提出了农业合作的主要领域，包括人才培训、农业技术的试验示范、技术交流和促进商业合作。并将杂交水稻种植、生物工艺、水产养殖、农场产品和机械等方面列为中国与东盟在农业科技方面长期合作的重点。中国将在杂交水稻、生物科技、畜牧业、渔业和农产品加工等领域向东盟国家提供培训。

中国与东盟国家领导人于2003年10月8日在印度尼西亚巴厘岛签署并发表了《中国与东盟面向和平与繁荣的战略伙伴关系联合宣言》。为积极应对新千年的机遇和挑战，巩固中国—东盟战略伙伴关系，促进本地区和平、发展和繁荣，双方特别制定了《落实中国—东盟面向和平与繁荣的战略伙伴关系联合宣言的行动计划》，作为2005~2010年的“总体计划”，全面深化和拓展双方关系与互利合作。该行动计划在农业合作的多方面对双方今后采取的行动和措施作出一系列规定①。

---

①　周雪春：《中国东盟农业合作研究》，广西大学硕士学位论文，2006年5月。

（5）中国—东盟自由贸易区投资协定的签署。温家宝总理在2007年1月14日在宿务召开的东盟峰会中表示中国愿意与东盟国家讨论促进相互投资问题，尽快商讨设立中国与东盟的贸易、投资和旅游促进中心，签署有关谅解备忘录，CAFTA建设进程将很快在货物贸易以及服务贸易自由化的基础上向投资自由化方向推进，进一步为中国涉农企业“走进东盟”的道路扫清阻碍。随着自贸区货物、服务和投资协议的签署实施，中国—东盟自贸区在2010年如期建成，这为中国—东盟双方进行农业投资降低了门槛，为CAFTA背景下建立一个自由、便利、透明及公平的投资体制，通过双方相互给予投资者国民待遇、最惠国待遇和投资公平公正待遇，提高促进投资相关法律法规的透明度，为双方创造良好的投资环境和更为有利的投资条件，并为双方的投资者提供充分的法律保护，从而进一步促进双方投资便利化和逐步自由化，为中国东盟双方的农业投资提供了更加有利的社会环境①。

这一系列协议的签订，使中国与东盟的农业投资合作走上了前所未有的制度化轨道，特别是双方关于降低关税的协议为中国与东盟将来共同农业政策的建立提供了前提条件，为中国的农业企业走进东盟，如泰国、越南、老挝、菲律宾等农业比重较大的国家进行农业投资提供了便利②。

3. 中国与东盟国家人文与地理上的临近

中国与东盟各国经贸交往可以追溯到十七八世纪，双方人员往来也是非常密切的，广西、云南、广东、贵州的华侨遍布东南亚。东南亚地区是海外华人、华侨最为集中的地区，大约有8成华人居住在东盟地区的6个国家里，对当地经济的控制力在5成以上。尤其是在新加坡，华人约占76.8%，华文、华语是官方四种语言之一，在社会上广泛使用。东盟国家在生活习惯、语言、教育、传统等方面与中国有着广泛的共同点，可谓“文化相通”，这主要得益于华侨在为东盟经济发展作出贡献的同时，也把中华民族文化带去，使东盟深受中国文化的影响。华人网络与文化相通为中国企业实施走出去战略提供了便利条件和独特优势，中国企业可以更好更快地融入当地市场并可以大大降低交易成本。因此，东盟是中国涉农企业的理想投资对象，同时中国企业还可将东盟作为自己国际化战略的跳板，在东盟市场提高自身的竞争力后，再进入发达国家参与更高水平的竞争。而且东盟国家庞大的华人消费群体有着相同的消费习惯，这将更有利于农产品相互贸易和投资。

---

① 商务部官员就中国—东盟自贸区投资协议答问：“中国与东盟政府高度重视相互投资领域”，http：//news.qq.com/a/20090815/001011.htm。

② 黄书权、刘忠群、刘莉娜、肖海斌：《中国东盟10+1框架内实行公共农业政策的思考》，《新疆农垦经济》，2007年第11期。

中国和东盟在地理位置上比较接近，特别是西南边境省区与东盟的越南、老挝、缅甸等多国毗邻，也是中国走向东盟的重要通道。中国与东盟有着漫长的陆地边界线和海岸边界线。以广西为例，广西与东盟陆上边界线长 1020 公里，海岸线长 1595 公里，其中有 8 个县（市）与越南接壤，现在已有边境口岸 12 个，各边境口岸和边贸点都有公路相通。从凭祥市友谊关至越南首都河内市 180 公里，距越南谅山市仅 18 公里。在铁路方面，湘桂铁路与越南铁路连接，火车可直达河内市。东盟也早已充分利用了这一优势，在中国进行了大量的投资，相信东盟也将成为中国大规模对外投资的首选对象。由于农产品具有易腐烂、长途运输不易保鲜的特殊性，导致很多农产品更倾向于销往邻近地区，因此地理条件优越还更有利于农业合作；而中国和东盟作为毗邻的周边国家就具有这一区位优势，经过多年的发展，目前交通运输较为便捷。在云南与越南、老挝、缅甸三国接壤的边境上，口岸就有 20 多个，各类通道有 90 多条，这些口岸和通道都具备良好的外联条件。由此可见中国—东盟互补的自然资源和特殊的社会基础是双方开展农业合作的先天有利条件。

二、中国—东盟相互投资及农业投资的发展进程

（一）东盟对中国的直接投资

虽然东南亚在华投资额不多，但呈现出逐年增长的趋势。东南亚国家的对华投资始于 1984 年，其中东南亚国家的投资，大部分为华商资本。据官方统计，1984 年东南亚华人在大陆的对华总投资额达 1 亿美元。其中新加坡投资额像往年一样位居榜首，投资 8414 万美元，几乎相当于 1984 年东盟 5 国投资大陆的总额。泰国 1268 万美元、菲律宾 152 万美元、印度尼西亚 137 万美元、马来西亚 40 万美元①。

1. 初步发展阶段（1979～1991 年）

1984 年前东南亚华商主要在经济特区进行尝试性投资，随后将投资区域扩展到整个沿海开放地区乃至内陆地区。东盟在华投资的规模相对较小，每年外资项目数只有 200 个左右，实际利用外资额不足 1 亿美元（1989 年除外），实际投

① 欧志雄：《新中国引用海外华资政策研究 1949～2003 年》，暨南大学博士学位论文，2005 年 4 月。

资额在中国实际利用外商直接投资总额中所占的比重由 1984 年的 0.70% 稳步上升到 1990 年的 1.73%，见图 2.1①。

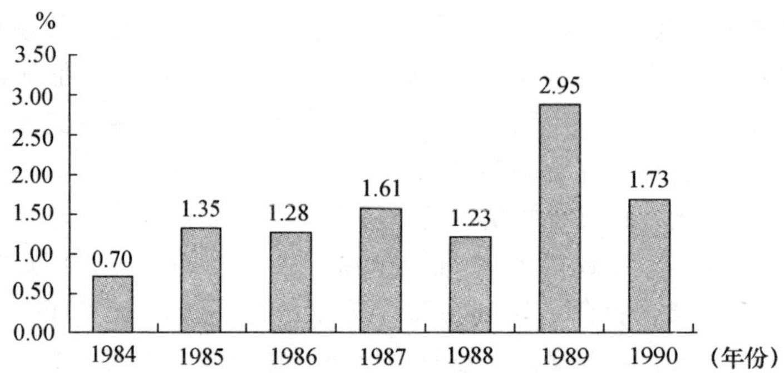

图 2.1　东盟对华直接投资占全国 FDI 的比重（1984～1990 年）

资料来源：根据 1984～1991 年《中国统计年鉴》数据绘制。

这一阶段东盟的对华投资全部来源于新加坡、马来西亚、菲律宾、印度尼西亚和泰国，如表 2.2 所示。其中新加坡对华投资占整个东盟对华投资的 90% 以上。

表 2.2　东盟 5 国的对华直接投资（1985～1990 年）　　单位：万美元

国家＼年份	1985	1986	1987	1988	1989	1990
印度尼西亚	8	49	—	32	137	100
马来西亚	25	41	13	130	40	64
泰国	884	910	1124	722	1268	752
菲律宾	311	108	380	363	152	167
新加坡	1013	1362	2163	2782	8414	5043

资料来源：根据 1984～1991 年《中国统计年鉴》数据绘制。

这一时期，菲律宾华人在福建泉州、厦门故乡的投资，印度尼西亚华人在福建福清故乡的投资，以及泰国华人在广东潮汕故乡和海南岛的投资均比较典型。如 1980 年 11 月菲律宾永兴实业公司即在泉州市投资成立泉州食品厂有限公司，1983 年泰国合利有限公司在海南岛投资设立南利建材有限公司和友利饮料有限

① 王修志、谭艳斌：《CAFTA 框架下中国—东盟相互投资的新进展与推进策略》，《国际经贸探索》，2008 年第 6 期。

公司等，都是东南亚国家在中国投资的案例①。20 世纪 80 年代后期，泰国的华商在潮汕地区的投资已有饲料厂、地毯厂、蛇岛宾馆和梭子蟹罐头加工厂等成功的例子，这些例子都有涉及与农业相关的行业。

1990 年以前，东南亚投资主要以华商为主，在中国的投资以第三产业（宾馆服务业）为主，其次为能源项目，再次为第二产业（轻工、原材料工业、电子机械等），第一产业（农渔牧业）投资比例最少。

2. 快速发展阶段（1991～1998 年）

中国社会主义市场的初步形成提高了东盟对华投资的兴趣，一些著名的跨国公司和外籍华人纷纷到中国投资。从项目数看，在这一阶段中每年东盟 5 国对华的投资项目都超过 500 个。实际投资金额从 1991 年的 0.88 亿美元上升为 1998 年的 41.98 亿美元，年均增长率为 73.70%，占外商投资总额的比重由 1991 年的 2.01% 上升到 1998 年的 9.23%，见图 2.2。

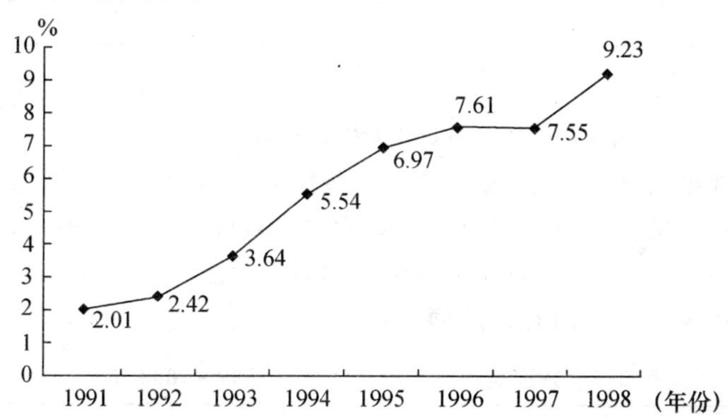

图 2.2　东盟对华直接投资占全国 FDI 的比重（1991～1998 年）

资料来源：根据 1992～1999 年《中国统计年鉴》数据绘制。

20 世纪 90 年代后，中国政府调整产业政策和投资导向，鼓励华商外商投资生产型企业项目，而控制对“无烟工业”的投资，因而生产型项目的投资大幅度增加，其中有一批土地开发和高科技项目。1992 年后，国家鼓励投资基础建设（包括能源、交通等）项目，使其成为海外华人投资的又一个热点。外商直接投资结构有了改善，投资方向趋于合理。工业、农渔牧业、交通、邮电等生产性项目增多，旅馆、出租汽车等一般性服务项目相对减少②。

① 《对外经济贸易年鉴》编辑委员会：《中国对外经济贸易年鉴 1984》，中国对外经济贸易出版社，1984 年版，第 188－192 页。

② 王望波：《改革开放以来东南亚华商在中国大陆的投资研究》，厦门大学博士学位论文，2004 年 4 月。

从1992年开始，除原有的东盟5国外，缅甸、柬埔寨、老挝、越南、文莱也开始陆续对中国进行投资。但这些国家的投资金额都很少，与原来东盟5国的直接投资金额相去甚远，以印度尼西亚与越南为例，见表2.3。1998年，印度尼西亚对华的直接投资额为6879万美元，而越南仅有1414万美元，不足印度尼西亚对华投资的1/4。

表2.3 印度尼西亚与越南对华投资比较（1992～1998年） 单位：万美元

年份	越南	印度尼西亚
1992	962	2017
1993	1161	6575
1994	1849	11570
1995	2830	11163
1996	145	9354
1997	154	7998
1998	1414	6879

资料来源：根据1993～1999年《中国统计年鉴》绘制。

3. 东盟对华投资的调整阶段（1999年至今）

由于东南亚金融危机的影响，导致这些国家和地区的对外投资能力大大下降，削弱了对中国的直接投资能力，东盟的对华直接投资停滞不前，投资额一直在30亿美元左右徘徊，占外商在华实际投资比重也逐渐下降，2008年东盟五国对中国大陆直接投资开始回升，总额突破50亿美元，见表2.4。

表2.4 东盟对华直接投资统计（1999～2008年） 单位：百万美元

国家＼年份	1999	2000	2001	2002	2003	2004	2005	2006	2007	2008
文莱	18	—	10	1736	5260	9605	16039	29421	37688	34042
缅甸	1101	230	226	1676	351	878	374	736	326	330
柬埔寨	248	194	930	1374	1252	2069	276	212	634	292
印度尼西亚	12917	4694	15964	12164	15013	10452	8676	10068	13441	16725
老挝	—	307	104	515	40	425	—	—	300	670
马来西亚	23771	20288	26298	36786	25103	38504	36139	39348	39725	24696
泰国	14832	20357	19421	18772	17352	17868	9590	14482	8948	12921
菲律宾	11728	11112	20939	18600	22001	23324	18890	13434	19532	12687
越南	13	56	148	251	331	114	127	1366	73	207
新加坡	264249	217220	214355	233720	205840	200814	220432	226046	318457	443529
总计	328877	284458	298395	325594	292543	304053	310543	335113	400103	546099

资料来源：1999～2008年数据来自《中国统计年鉴》（2000～2009年）。

（二）东盟对中国的农业投资

虽然中国与东盟国家目前的相互投资规模还比较小，但是在农业资源和需求的互补方面存在巨大的优势，决定了相互投资作为中国与东盟农业合作的一个重要方式，必然会优化中国—东盟自由贸易区的出口分工，推动区内各国农业生产的发展。在1992年加速改革开放之后，东盟的企业也加快了投资的步伐，在中国与东盟相互投资的发展过程中，东盟的华商起着举足轻重的作用。

新加坡和文莱的经济发展水平较高，企业的融资能力较强，但缺乏发展农业的自然条件，因此近年来，两国加强了对风险较小的劳动密集型农产品的投资，并逐渐提高投资的技术含量，从而形成了两国资本依托中国市场，建设农业园区，开展农业合作的模式。这些农业园和开发项目集中了果菜种植、葡萄园、酿酒厂、度假村等项目，不仅可以利用当地的廉价劳动力发展劳动密集型农产品，同时还成为当地新的生态旅游景点。新加坡企业在中国西部的投资主要集中在云南、四川、陕西及重庆4个省市，在这些地方的累积合同投资额达到9.71亿美元。新加坡到中国投资农业的最早的一家是中华总商会名誉会长陈共同牵头的投资海南油棕种植项目。成立于2000年的国家杂交水稻与转基因植物海南研究开发基地（HRDB，简称863海南基地），已经被初步确定为中国与东盟农业生物技术合作项目的重点基地，在超级杂交水稻育种、新种质创建、新组合试验示范、转基因植物研究和杂交水稻等方面取得了一定成绩①。新加坡威尔玛公司、中国粮油进出口集团有限公司、世界500强之一的ADM公司选择在紧靠东南亚市场的广西防城港共同投资组建了“防城港大海粮油工业有限公司”。

泰国是东南亚国家中对华投资最早的国家。自我国改革开放以来泰国来华投资势头一直较好，1996年底以前泰国对华投资项目累计2337个，合同外资额39.57亿美元，实际投入12.41亿美元，泰国企业集团对华投资一般是与该集团在泰国国内产业相关联的项目，其中以农产品综合经营的投资最为突出。如正大卜蜂集团、顺和成集团、波·乍仑攀集团等泰国最为著名的农商集团在中国都有较大规模的投资。比如在广西南宁市与泰国正大集团合作投资建设正大生态农业示范村；在海南的热带经济作物和花卉栽培、水产养殖。

印度尼西亚企业和菲律宾企业对华农业投资相对比较少，主要集中在福建等地，这些投资利用两国在农副产品加工和食品加工方面的技术优势，从事相应的生产经营活动。在苏州，由菲律宾投资的上好佳食品公司每年可消化当地农民生产的大豆6000多吨、大米1600吨，带动了全镇40%以上的农民种植这些作物。

① 周雪春：《中国东盟农业合作研究》，广西大学硕士学位论文，2006年5月。

云南省很早就利用其特殊的地理位置开展与东盟国家的各种形式的农业合作。目前，泰国、新加坡、印度尼西亚在昆明、思茅两地市投资兴办的农业企业已有15家，协议外资已达3亿多美元。新加坡最大的花卉批发商远东花卉在昆明投资设立花卉加工企业。而维信集团则通过美国子公司Speedling公司在中国种植蔬菜、水果和烟草等，并于近年在昆明成立子公司，准备通过特许经营的方式在全中国开展业务。

马来西亚在华投资始于1984年，其对华投资企业大多分布在广东、福建等沿海地区，投资的行业主要有橡胶、食品、饲料及机械制造等，项目规模较小，且多为加工工业。

在东盟国家的华商企业对中国农业领域的投资当中，比较有代表性的企业有印度尼西亚三林集团、金光集团，马来西亚的郭氏兄弟集团、丰隆集团，泰国的正大卜蜂集团，等等。

三林集团：印度尼西亚三林集团在中国投资于工业、地产、金融、酒店业等项目超过15亿美元，其中在福建省的投资就将近8亿美元。1984年7月，三林集团注资福建清华糖厂，一次性投资1000万美元，列为当时全国吸收外资最大的一个合资项目。该集团还于1993年1月在厦门与台湾东帝士集团合作创办翔鹭涤纶纺纤（厦门）有限公司，投资2.7亿美元，生产能力居世界同行业首位。2007年三林万业集团则与蒙牛乳业合资兴建了中国最大的示范牧场之后，同年8月所属子公司三林万业（上海）企业集团有限公司又和上海光明食品集团签约，在食糖生产基地、奶牛场与乳业、高效生态农业园区和品牌食品双向采购销售等领域携手合作。三林万业一期已投资金额达3.5亿美元，1万头奶牛场近期将在江苏大丰农场建立①。三林集团还开设了棕榈油加工厂，利用印度尼西亚的原材料，加工下游产品，以利于印度尼西亚棕榈油产品对中国的出口。

印度尼西亚金光集团对中国的投资主要由两部分组成。一部分投资是通过黄奕聪的次子黄鸿年负责经营的香港中策投资公司进行，另一部分投资则由金光集团属下的新加坡亚洲浆纸业有限公司（Asia Pulp & PaPer Co.，APP）进行投资。金光集团在中国众多领域包括农业领域进行广泛的投资。涉及的主要业务有纸浆和纸品、粮油食品和农林业等。自1992年起，金光集团属下的新加坡亚洲浆纸业有限公司开始投资中国，是最早斥巨资进入中国的国际造纸业巨头。1992年开始投资50亿元建设中国工业用纸龙头企业——宁波中华纸业；1993～1996年投资近2亿美元，在江苏、广东分别改扩建和新建6家中型纸厂；1996年又投资近20亿美元，在苏州建立中国办公及文化用纸、生活用纸两大领域的龙头企

① 中国投资指南，http：//www.fdi.gov.cn/pub/FDI/tzdt/dt/t20070809_81769.htm？fclose=1。

业——金华盛纸业、金红叶纸业；同年投资2亿多美元，在昆山建立中国办公用纸龙头企业——亚龙纸制品厂；就在1996年一年金光集团在中国各地已立项和计划的项目金额达30亿~50亿美元，主要项目包括在镇江、宁波和海南岛发展大型纸浆和纸品及相关的林木业，新的造纸厂的建成，为中国提供了30%~40%的纸浆与纸品需求量①。1997年起陆续投资21亿美元，在镇江建设堪称世界顶尖的铜版纸企业——金东纸业；1998年投资近1亿美元，在上海、宁波建立两家纸品加工厂；2003年对宁波中华追加投资58.9亿元，扩建的新厂为宁波亚洲浆纸；2004年在上海合资组建金奉源纸业；同年投资102亿元，在海南建成国内最大的木浆生产企业——金海浆纸②。在中国投资的这十多年中，APP在华实力迅速成长，目前在中国已经拥有13家全资或控股企业、5家大型林场、16家销售公司，总注册资本约22亿美元，总投资达45亿美元，在中国造纸行业具有领先优势。APP目前在中国造纸业的领先地位无人能及，2002年销售额131亿元，是第二位晨鸣纸业的3倍多，纳税10.5亿元，占中国2002年度税收总额的万分之六。APP从1995年起开始在中国种植造纸速生专业林，已在广东、广西、海南三省兴建了五大林业基地，其中广东、广西80多万亩，海南70多万亩，合计种植150多万亩，计划或在建的还有100多万亩③。2003年8月，金光集团在云南文山壮族苗族自治州投资292亿美元，新建50万亩速生丰产林原料林基地。2007年已建设年产60万~120万吨化学纸浆厂和年产50万吨纸厂，协议总投资18亿美元。基地建设达到规模后，随着浆厂、纸厂项目的建设，既促进了当地农林业的发展，还解决了1.2万人的就业④。

马来西亚郭氏兄弟集团：从1983年进入中国市场后，就一直积极地投资中国大陆的粮油业。1992年，投资26亿美元在广西北海市兴建炼油500万吨、年产乙烯45万吨的北海嘉里炼油化工联合企业；在防城投资棕榈油厂等⑤。还在厦门参与投资创办厦门中鹭植物油有限公司；在重庆投资染料厂等⑥。在粮油业方面，嘉里粮油（中国）有限公司自1988年进入中国以来，陆续建立了9家大型油脂生产企业，分别位于深圳、上海、营口、青岛、防城港、西安、成都、厦门等，并在深圳建立了一家市场管理公司——嘉里粮油商务拓展（深圳）有限公

① 许丽卿：《印度尼西亚金光集团三五年内将在中国投资30到50亿美元》，［新］《联合早报》，1996年12月1日第27版。

② 《世界纸业十强金光集团APP》，《中国包装工业》，2009年第z1期。

③ 蔡锋："40亿美元布局中国APP做强纸业龙头"，《国际金融报》，2003年7月4日第1版。

④ 蒋桂斌：《印度尼西亚金光集团在华投资频频势头强劲》，http：//www.cppi.cn/china/news/11/20031230162239.html.2003-12-29。

⑤ 广州市经济研究院：《华侨简史与华人经济》，中国经济出版社，1999年版，第213页。

⑥ 张学惠："马来西亚郭氏兄弟集团"，《华侨华人与侨务》，1998年专辑，第19-24页。

司，旗下有多个小包装食用油品牌，其“金龙鱼”食用油在中国已家喻户晓，市场占有率高居同行业首位。2003年初，嘉里粮油又投资6000多万美元，在上海高东工业园组建四家大型油脂企业，即南海特种油脂工业（上海）有限公司、上海嘉里食品工业有限公司、嘉里油脂化学工业（上海）有限公司和嘉里油脂公共设施（上海）有限公司，以此为集团未来发展建立新的增长点。由于马来西亚是世界最大的棕油生产国，郭氏兄弟集团长期从事棕油贸易及期货交易，该集团成为目前中国大陆最大的棕油供应商①。

正大卜蜂集团是泰国最大的农牧业企业集团，是第一个赴中国投资的东南亚华人企业集团，也是在华投资项目最多、投资额最大的外国公司之一。正大集团于1980年投资1000万美元与美国大陆谷物公司合作，在深圳创办一个现代化的饲料养鸡场——正大康地（深圳）有限公司，领取了深圳市外商投资001号营业执照，从此揭开了正大集团大举投资中国的序幕。自20世纪80年代以来，正大集团已在中国兴建了213家合资和独资企业，总投资额近40亿美元，投资区域遍及除青海、西藏外的各省、区、市。投资领域也涉及农牧业、水产养殖等方面②，该集团在14个国家投资建立的众多企业中，在华经营企业效益较优，尤其是农牧业企业，效益比在泰国本土和在美国的企业还好。如正大集团投资的上海大江有限公司，引进了包括肉鸡饲养、屠宰加工、防疫与收购等配套的正大成功经验，不仅打破了上海一带传统的农业经济格局，而且带动了中国养殖业的迅速发展。由于经营有方，该公司投资一年零三个月就开始盈利。又如1993年投产的中泰合资昆明正大有限公司1995年销售总值超过2亿元，利润3150万元，成为正大集团在华投资企业中效益最好的单位之一。1996年，正大集团又追加投资700万美元，扩大生产规模③。2005年正大集团在重庆投资了一系列生物项目，主要生产食品保鲜剂和饲料，保鲜剂年产量约1万吨，包括出口及国内食品行业消化，年产值达到10亿元。2008～2009年，正大集团相继斥巨资在河北、河南、湖南、山东、云南、安徽、重庆等省市建立了多个养殖场、屠宰场、食品深加工厂和合作农业产业化深加工基地，并在当地建成了完整的农业产业化链条，发展了当地农业经济。在2010年，正大集团还投资100亿元，在世博会举办之前以独资和合资的方式在上海建成三座现代化养殖基地④。正大的农牧业被中国政府称为对“菜篮子工程”有突出贡献的外资企业。正大集团为中国的农

---

① 杨联民：《郭氏兄弟看好上海，嘉里粮油投资再建四大油脂企业》，《中华工商时报》，2003年1月28日A3版。

② 正大集团简介，http：//www. cpgroup. cn/web/ctbrief. asp. 2003－12－01。

③ 荣平、柯银斌：《华人跨国公司成长论》，国防大学出版社，2001年版。

④ 正大集团在华“种粮”30年，http：//www. chinairn. com/doc/70290/255368. html。

牧业带来了丰富的管理经验和先进的技术，带动了一大批国内企业的成长。中国著名的民营企业希望集团就是在与正大集团的竞争、借鉴学习中逐渐发展壮大起来的。表 2.5 则表明了东盟企业集团在华投资的农业情况[①]。

表 2.5 东盟主要企业集团在华投资农业情况

集团名称	集团所属国家	投资项目
三林集团	印度尼西亚	元洪面粉、冠旺化纤、翔鹭涤纶
金光集团	印度尼西亚	宁波中华纸业、金东（江苏）纸业、金红叶纸业、华盛纸业、浆纸一体化联合工厂、金华林业、金海浆纸业、金桂浆纸业、金钦州林业、速生丰产林基地（广东）、速生丰产林基地（文山）
郭氏兄弟集团	马来西亚	南海特种油脂工业（上海）有限公司、上海嘉里食品有限公司、嘉里油脂化学工业（上海）有限公司、嘉里油脂公共设施（上海）有限公司、厦门中鹭植物油有限公司、深圳南海粮食工业有限公司、南海油脂工业（赤湾）有限公司、嘉里粮油商务拓展（深圳）有限公司、防城棕榈油厂、嘉里油脂饲料公司、辽阳东方饲料有限公司
正大集团	泰国	北京大发正大、北京家禽育种、正大（中国）投资、天津正大饲料科技、正大集团（天津）实业、天津正大农牧、香河正大、石家庄正大、邯郸正大饲料、秦皇岛正大、阮阳亿万饲料科技、葫芦岛正大、大连正大、沈阳正大畜牧、沈阳正大畜禽、正大食品企业（上海）、正大生化区（上海）国际贸易代表处、上海正大食品、江苏正大种子、江苏正大天晴药业股份、南京正大天晴制药、南通正大饲料、江苏淮阴正大、泰州正大饲料、连云港正大饲料、徐州正大、南通正大科技饲料、南京正大畜牧、南通正大、宁波正大粮油实业、宁波正大农业、杭州亿万饲料科技、浙江富大饲料有限公司桐乡厂、正大青春宝药业、南阳正大、浦城正大生化、泉州大泉氨基酸、厦门正大农牧、九江亿万饲料科技、山东正大饲料、南昌正大畜牧、青岛正大、潍坊亿万饲料科技、山东正大福瑞达制药、南阳正大、上蔡亿万饲料科技、河南东方正大、西平正大农业开发、西平正大生态示范村、平顶山正大、襄樊农业开发、宜昌正大畜牧、宜昌正大、襄樊正大、柳州亿万饲料科技、南宁正大畜禽、安康正大制药、西安正大制药、海南正大畜牧、海南萱华制药、乌鲁木齐正大畜牧

资料来源：笔者根据各种资料整理而成。

---

① 王望波：《改革开放以来东南亚华商在中国大陆的投资研究》，厦门大学博士学位论文，2004 年 4 月。

（三）中国对东盟的直接投资

在过去很长的一段时间内，中国和东盟之间的直接投资都是单方面的，即主要由东盟向中国进行投资。随着中国开始实行“走出去”的经济策略和本身经济实力的不断增强，中国在东盟的投资已经呈现出不断增加的趋势。尤其是20世纪90年代中期以来，中国对东盟国家的直接投资总额迅速增长①。

随着中国与东盟经济的发展，双方经贸往来越来越密切，中国对东盟投资逐步提高，据商务部统计，中国对东盟的投资年平均增长速度很快，达到60%以上。尤其是在20世纪90年代中期以后，投资的增势非常明显。1999年中国政府批准对东盟投资总额约为7200万美元，而到2000年，新批准的投资价值上升到1.08亿美元，增长幅度超过50%。到2001年底中国企业在东盟投资项目有740个，总投资达到6.55亿美元，占中国对外直接投资总额的7.7%。2002年，我国企业在东盟的投资项目有52个，投资额达6633万美元②。截至2006年，经商务部备案赴东盟投资的企业投资额累计达12.8亿美元。2008年，中国大陆对东盟10国投资流量为24.84亿美元，同比增长156%。从投资国家来看，中国对东盟投资的国别分布主要集中在泰国、印度尼西亚和柬埔寨，3国合计超过中国对东盟投资总额的50%。此外，中国对新加坡和越南的投资额也较多，都超出了1亿美元，尤其是2004年以来中国对越南投资增长迅速。泰国、印度尼西亚、柬埔寨、越南、新加坡和缅甸在世界范围中都已进入中国在海外投资最多的20个国家和地区之列。由于菲律宾政局的不稳定，中国对菲律宾的投资规模依然不大，2008年中国对菲律宾的实际投资额仅为0.2万美元③。

如今中国企业已经把东盟作为对外投资的首选地和重点地区之一。由于东盟大多数成员国的产业结构与中国差异不大，中国的企业在那里能较快适应东盟国家的环境，技术应用困难较小。此外，由于地理上相近，中国企业输出设备、零部件和派出人员的费用相对便宜，能以较低的成本进入国际市场。另外，东盟成员国之间的关税已降至3.5%的低水平，中国企业在东盟任何一国投资设厂，其产品可以通行东盟各国市场。近年来，不少中国企业经过奋力开拓和努力经营，在东盟已站稳了脚跟，并取得了很好的社会和经济效益。如包括力帆摩托、华旗资讯、海尔、华为技术、夏新手机、中兴通信等在内的一批知名企业已经在东盟国家市场占得先机，取得较好业绩。中国对东盟直接投资具有比较鲜明的特点。

---

① 周瑾瑜：《中国—东盟自由贸易区的建立对相互投资的影响分析》，复旦大学硕士毕业论文，2008年5月。

② 江莹风：《中国对东盟直接投资研究》，广西大学硕士学位论文，2007年5月。

③ ASEAN Yearbook 2008。

1. 投资总额迅速增长但总体规模偏小

中国赴东盟国家投资起步相对比较晚，在过去相当长一段时间内，中国与东盟国家的投资基本上是东盟资金流向中国。随着中国经济实力的日益增强，中国在东盟的投资已呈现出稳步增加的趋势，近年来中国对东盟的直接投资也以每年60%以上的速度增长。2002年11月4日签署的《中国东盟全面经济合作框架协议》启动了中国与东盟建立自由贸易区的进程，同时也给中国企业在东盟地区注入了一针强心剂。如表2.6和图2.3所示，2002年后中国对东盟投资额迅速增长。

表2.6　中国对东盟投资变化情况（1995~2008年）　　单位：亿美元

年份	1995	1996	1997	1998	1999	2000	2001	2002	2003	2004	2005	2006	2007	2008
金额	1.37	1.18	0.62	2.91	0.63	1.33	1.47	0.81	1.89	2.26	5.02	9.37	9.68	24.84

资料来源：1995~2006年数据来自东盟秘书处，2008年统计公报，2008年数据来自《2008年中国对外直接投资统计公报》。

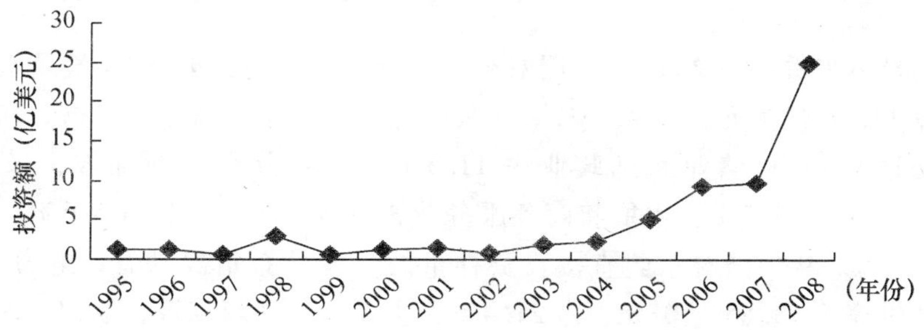

图2.3　中国对东盟投资变化情况（1995~2008年）

资料来源：1995~2007年数据来自东盟秘书处，2008年统计公报；2008年数据来自《2008年中国对外直接投资统计公报》。

2008年中国对东盟的直接投资占其对外直接投资的4.4%，2008年年末对东盟直接投资存量达64.87亿美元，占中国对外直接投资年末存量的3.5%。虽然中国对东盟的直接投资与前些年相比增长较为迅速，但与美国、欧盟和日本对该地区的投资相比，中国对东盟的投资水平较低，总体规模不高。

2. 投资行业和投资形式不断拓宽

在20世纪90年代以前，中国在东盟国家的投资以加工、装配和生产性的项目为主。此后，中国企业已涉及东盟国家的建筑、化工、能源开发、电气、纺织、医药、运输和金融等行业，投资领域非常广泛，见图2.4。投资形式也从直接投资发展到包括技术投资、BOT等多种形式①。

① 吴崇伯：《中国对东盟国家投资分析》，《南洋问题研究》，2006年第1期。

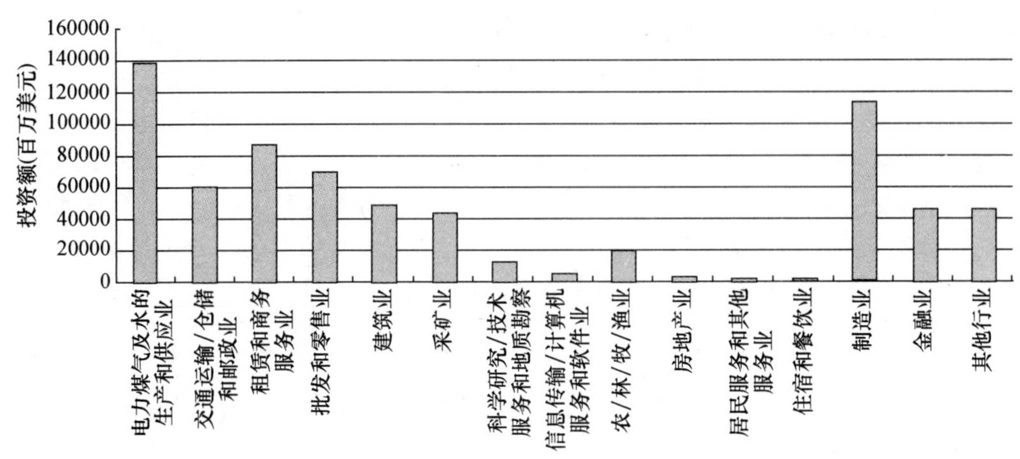

图 2.4 中国对东盟分行业投资情况（1999～2008 年）

资料来源：《2008 年中国对外直接投资统计公报》。

我们具体来看一下 2008 年中国对东盟投资主要流向：电力/煤气及水的生产和供应业 11.76 亿美元，占 47.3%，主要分布在新加坡、缅甸、老挝、印度尼西亚等；交通运输/仓储业和邮政业占 11.3%，主要分布在新加坡；采矿业占 9.7%；制造业占 9.5%；租赁和商务服务业占 6.5%；建筑业占 6.6%；批发零售业占 3.7%。从中国对东盟直接投资存量的行业分布情况来看，电力/煤气及水的生产供应业 13.85 亿美元，占 21.4%，主要分布在新加坡、缅甸、印度尼西亚等国家；其次为制造业 11.41 亿美元，占 17.5%，主要分布在越南、泰国、柬埔寨、马来西亚、老挝等国家；租赁和商务服务业占 13.4%，主要分布在新加坡、马来西亚等国家；批发零售业占 10.9%，主要分布在新加坡、越南、泰国等国家；交通运输/仓储和邮政业占 9.3%，主要分布在新加坡；金融业占 6.9%，主要分布在新加坡、马来西亚、泰国、越南、菲律宾等国家；农林牧渔业占 3%，主要分布在越南、老挝、泰国、柬埔寨、缅甸、印度尼西亚、菲律宾等国家；科学研究/技术服务和地质勘察业占 1.9%；信息传输/计算机服务和软件业占 0.5%；房地产业占 0.4%；居民服务和其他服务业及住宿和餐饮业各占 0.2%；其他行业占 6.9%①。

但从中国对东盟的农业投资来看，中国对东盟投资相对于东盟对中国的投资量来说就很少；而在中国对东盟农业投资则更少，投资农林牧渔业只占到了中国对东盟投资的 3%。因此，中国对东盟国家的农业投资仍然具有巨大的潜力。

① 2008 年中国对外直接投资统计公报。

表 2.7　中国对东盟分行业投资情况（1999～2008 年）　　单位：万美元

行业	流量	所占比重/%	存量	所占比重/%
电力/煤气及水的生产和供应业	117571	47.3	138546	21.4
交通运输/仓储和邮政业	27975	11.3	60058	9.3
租赁和商务服务业	16132	6.5	86726	13.4
批发和零售业	9207	3.7	70430	10.9
建筑业	16286	6.6	48988	7.6
采矿业	24175	9.7	43838	6.7
科学研究/技术服务和地质勘察业	2307	0.9	12060	1.9
信息传输/计算机服务和软件业	2169	0.9	3521	0.5
农/林/牧/渔业	4224	1.7	19143	3
房地产业	59		2445	0.4
居民服务和其他服务业	513	0.2	1344	0.2
住宿和餐饮业	2	0	1244	0.2
制造业	23715	9.5	114148	17.5
金融业	4100	1.7	45400	6.9
其他行业	0	1.7	45400	6.9
总计	248435	100	648699	100

资料来源：《2008 年中国对外直接投资统计公报》。

3. 投资在东盟各国分布极不均衡

中国对东盟的投资主要集中在泰国、印度尼西亚、柬埔寨、新加坡和越南，占投资总额的 85%，见表 2.8。这当然与这几个国家的经济和投资环境以及与中国大陆长年的经贸往来密不可分。而对文莱、缅甸、老挝等国的投资较少，但近几年来中国对文莱、缅甸、老挝的直接投资不论是流量还是存量增长都很迅速[①]。详细情况见表 2.8、表 2.9、表 2.10。

如表 2.9 所示，2003 年中国对文莱、缅甸、老挝直接投资存量分别为 13 万美元、1022 万美元和 911 万美元，而 2008 年中国在这三国的投资存量为 651 万美元、49.9 亿美元和 30.5 亿美元，增长幅度分别为 50.1 倍、48.9 倍和 33.5 倍[②]。

① 聂槟：《试析东南亚各国的投资环境及中国企业对东南亚的投资》，《东南亚纵横》，2009 年第 2 期。

② 马艳芳：《中国大陆、台湾与东盟之间投资相关性研究》，厦门大学硕士学位论文，2009 年 4 月。

表 2.8　中国对东盟直接投资流量（2003 ~ 2008 年）　　单位：万美元

国家＼年份	2003	2004	2005	2006	2007	2008
文莱	—	—	150	—	118	182
缅甸	—	409	1154	1264	9231	23253
柬埔寨	2195	2952	515	981	6445	20464
印度尼西亚	2680	6196	1184	5694	9909	17398
老挝	80	356	2058	4804	15435	8700
马来西亚	197	812	5672	751	-3282	3443
泰国	5731	2343	477	1584	7641	4547
菲律宾	95	5	451	930	450	3369
越南	1275	1185	2077	4352	11088	11984
新加坡	-321	4789	2033	13215	39773	155095

注：2003 ~ 2006 年为非金融类直接投资数据。

资料来源：商务部合作司 http：//hzs. mofcom. gov. cn. date/date. html。

表 2.9　中国对东盟直接投资存量（2003 ~ 2008 年）　　单位：万美元

国家＼年份	2003	2004	2005	2006	2007	2008
文莱	13	13	190	190	438	651
缅甸	1022	2018	2359	16312	26177	49971
柬埔寨	5949	8989	7684	10366	16811	39066
印度尼西亚	5426	12175	14093	22551	67948	54333
老挝	911	1542	3287	9607	30222	30519
马来西亚	10066	12324	18683	19696	27463	36120
泰国	15077	18188	21918	23267	37862	43716
菲律宾	875	980	1935	2185	4304	8673
越南	2873	16032	22918	25363	39699	52173
新加坡	16483	23309	32548	46801	144393	333477

注：2003 ~ 2006 年为非金融类直接投资数据。

资料来源：《2008 年中国对外直接投资统计公报》。

如表 2.10 所示，随着“走出去”战略的深入实施，越来越多的中国企业走出国门，到东南亚投资。目前中国对东南亚各国均有投资。主要的农业投资则集中在越南、老挝、柬埔寨、缅甸、泰国、菲律宾、印度尼西亚这些东盟国家中，农业分布的行业主要为食品加工、饲料加工、烟草和医药行业、农业机械设施等。

表 2.10　中国对东南亚各国投资情况明细

国家	具体情况
越南	截至 2008 年底，中国累计在越南直接投资 5.9 亿美元。其中，2008 年新增直接投资金额 2 亿美元，在东盟国家排名第三。目前，中国对越南投资主要集中在工业园区建设、汽车摩托车零部件生产、饲料加工、矿产开发、电力等领域
老挝	截至 2007 年底，中国累计在老挝直接投资 3.0222 亿美元。在老挝投资合作的重要项目包括：南立 1~2 水电站，南俄 5 水电站，甘蒙省他克水泥厂，第 25 届东南亚运动会场馆，中寮钾盐矿等
柬埔寨	截至 2008 年 6 月 30 日，中国累计在柬埔寨直接投资 2.53 亿美元。投资企业共 133 家。投资产业主要分布在水电站、电网、通信、服务业、纺织业、农业、烟草、医药、能源矿产等
缅甸	截至 2007 年底，中国累计在缅甸直接投资 2.6177 亿美元。投资主要集中在矿产、电力、油气等领域
泰国	截至 2007 年底，中国累计在泰国直接投资 3.7862 亿美元。投资企业约 30 家
菲律宾	截至 2007 年底，中国累计在菲律宾直接投资 4304 万美元。投资涉及农业、矿业、纺织、机电加工等领域
马来西亚	截至 2007 年底，中国累计在马来西亚直接投资 2.7463 亿美元。投资合作的重点项目有槟城二桥、巴贡水电站、沐胶燃煤电站、华为公司通信项目以及济南钢铁公司轧钢项目等
印度尼西亚	截至 2007 年底，中国累计在印度尼西亚直接投资 6.7948 亿美元。投资合作的主要项目有泗马大桥、加迪哥蒂大坝以及巨港电站、风港电站等一大批电站建设项目
新加坡	截至 2008 年底，中国累计在新加坡直接投资 27.5 亿美元。投资企业近 300 家。投资主要分布于海洋运输、航空运输、建筑与房地产、金融、能源、贸易、科技、法律与会计、新闻出版、旅游与酒店餐饮、教育咨询等十几个领域
文莱	截至 2007 年底，中国累计在文莱直接投资 438 万美元

资料来源：中国商务部网站，http://www.mofcom.gov.cn/。

（四）中国对东盟的农业投资

东南亚地区资源比较丰富，加工制造业相对落后，劳动力成本低，投资空间很大，东南亚各国政府制定了吸引外资的优惠政策，为中资企业营造了良好的政治氛围和外部环境。独特的区位优势，各具不同的需求和比较优势，使中国的企业开始到东南亚进行投资与开发，东盟已成为中国涉农企业“走出去”投资办厂的首选目的地。近年来，中国对东盟的投资以每年60%的速度增长。

中国对东南亚投资重点集中在农资产品的生产、农产品加工、农业种植等方面。由于国内市场趋于饱和，竞争激烈，在饲料、化肥、农机生产方面，中国的农资生产企业具有优势。企业将资金转移到泰国、菲律宾、柬埔寨等国家从事农机产品的生产、组装和维修等方面的投资，取得了可观的效益。

从历年中国对东盟投资存量的行业分布情况看，农、林、牧、渔业的投资数量较少，主要分布在越南、老挝、泰国、柬埔寨、缅甸、印度尼西亚、菲律宾等国家。而由于这些国家大多数为农业国家，且如老挝、越南、柬埔寨、缅甸等这些国家的农业科技水平不高，并且农业机械化水平低，这就促进了我国加大对这几个国家的农业投资。而且随着GMS国家市场的逐步开放，以及我国企业“走出去”的内在动力不断加强，我国到GMS国家直接投资的领域也在不断拓宽，目前主要投资的农业产业情况是：以农业资源开发为主，如“金三角”地区的柠檬、柑橘、香蕉、腰果等经济作物的种植及相关产品的深加工，以及杂交稻的推广等替代种植和食品加工制造业、批发零售业为主。其中替代种植产业的发展，是我国到东盟国家直接投资的一个“亮点”，它的发展不仅是消除毒源地、根除毒品对人类社会造成的危害的有效途径，而且为我国利用“金三角”肥沃而辽阔的土地资源以及当地廉价劳动力资源提供了良好的契机。表2.11是我国到东盟部分国家近年来的投资项目简表，从中我们可以看出我国到东盟国家直接投资涉及的农业产业有烟草、医药、农机电制造业、食品加工业等①。

表2.11 我国到东盟部分国家主要农业投资项目

产业	项目名称	合作对象	合作内容
烟草产业	卷烟生产厂	柬埔寨、老挝、缅甸等国	针对柬埔寨、老挝、缅甸等国当地消费水平及口味合资或独资建立卷烟生产厂，并进行混合型卷烟的技术改良
医药产业	中成药开发合作	越南	到越南投资办药厂，生产天麻、三七系列产品，以及排毒养颜胶囊、灯盏花等滋补品、保健品。用当地资源进行加工，带动国内药材加工设备
农机电制造业	农用汽车组装	越南、缅甸	利用国内农用汽车零配件在越南、缅甸组装农用汽车
食品加工业	柠檬深加工	缅甸	通过替代种植业发展柠檬深加工
	白酒制造	缅甸	向缅甸转让白酒制造技术并带动酿酒设备的出口

资料来源：聂元飞、茶洪旺等，云南省院省校合作项目，《云南参与东南亚工业合作研究》，第185-192页。

① 梅园芝：《中国企业到GMS国家直接投资的途径选择研究》，昆明理工大学硕士学位论文，2007年10月。

自从中国—东盟自由贸易区正成立以来，双方投资不断增长的同时，在农业领域方面的投资也不断增长，特别是中国与东盟国家接壤的省份，如广西、云南等。截至2008年7月底，广西共有27家农业企业到东盟进行投资，投资总额达5亿元，投资国主要集中在GMS国家。重庆市到东盟投资农业的企业有6家，主要从事农畜产品加工、土地开发、桑蚕养殖及丝绸加工，投资总额1586万美元，其中中方投资为1486万美元①。中国广西已分别与泰国、越南、菲律宾、马来西亚等国在热带经济作物和水稻种植资源引进、优良品种选育和推广等方面开展了投资与合作。目前，广西的杂交水稻已经在越南大面积推广。2004年3月，广西农业厅分别与来访的越南和老挝农业代表团签署了合作协议，进一步加强了与两国的农业科技合作，建立了各方合作的制度化机制。其中，广西分别向越南和老挝提供杂交水稻和水果等优良农作物的新品种，并且还为两国培训农业技术人员和农业管理人员；越南和老挝也向广西提供本国的优良水果和水稻品种。广西农业企业还到越南、柬埔寨、老挝、印度尼西亚、菲律宾、马来西亚等东盟国家参与承担各种农业项目的规划和建设。崇左市的多个边境县（市）与越南签订了甘蔗、剑麻合作种植协议，由中方提供优质种苗、技术、化肥等，越方提供土地和劳动力，发展跨国农业。2007年，凭祥、龙州、大新3个边境县（市）首次与越南谅山、高平省开展合作甘蔗种植6230亩，2007/2008榨季运回崇左市制糖企业的原料蔗有11706吨，2008年合作甘蔗种植面积则达到了12553亩，同比增长101.5%。广西农垦企业集团积极拓展对东盟的农业跨国经营，在越南、菲律宾、柬埔寨、老挝、印度尼西亚实施了木薯种植与加工项目；与印度尼西亚、越南合作建设甘蔗种植基地和并购糖厂的项目已基本完成；独立建设的中国—印度尼西亚经济贸易合作区项目，是国家批准的中国首批10个境外经济贸易合作区之一②。

近几年，我国面向东南亚的农产品加工业也迅速发展，位于广西的“凭祥市越香猪发展有限公司”，从越南引进优良“越香猪”种母猪，采取“公司+基地+农户”的经营模式，通过广东出口大本营销往港澳地区及新加坡等东南亚国家，公司年设计加工能力达到220万头。中国民营企业新希望集团在越南成立“越南新希望有限公司”，利用当地的市场和农业、人力资源以及中方的技术、地缘、亲缘优势投资生产饲料，在与泰国正大、美国加积、法国鹤牌等企业的竞争中得到壮大。云南的国际经济技术合作公司、云南省土产进出口公司、昆明神犁拖拉机有限责任公司、云南农垦集团等企业也在缅甸、越南、老挝、泰国、柬

① 陈前恒：《中国—东盟农业合作状况调研报告》，《东南亚纵横》，2009年第2期。

② 李世泽、李焕：《面向东盟的广西农业跨国经营》，《广西经济管理干部学院学报》，2009年第4期。

埔寨和菲律宾等东盟国家投资农业，主要项目有水稻种植、蔬菜种植、肉牛养殖、小型拖拉机装配、橡胶种植加工、海产品加工等。

在柬埔寨，农业是政府最优先考虑的领域。柬王国政府提出一系列发展农业的政策，包括鼓励外国投资者投资农业和养殖业、大力吸引外资发展农村电力等，引来不少中国涉农企业投资。考虑到柬埔寨等国在气候、资源和生活习惯方面与广西相似，2004 年上半年，中国农业部决定由广西承担同柬埔寨农户开展关于沼气示范项目的农业合作，帮助柬埔寨建设 8～10 立方米的用户沼气池 30 座，并进行相应的实用技术培训。

在老挝，中国公司于 1990 年开始赴老投资办厂，截至 1999 年底，协议投资总额约 8700 万美元，投资领域涉及种植养殖、森林采伐等领域。2004 年建成的"中国重庆（老挝）农业综合园区"，主要从事水稻、蔬菜、水果种植；畜牧、水产、桑蚕养殖；农副产品加工，以及农业机具加工装配项目[①]。

近年来，中缅两国政府和企业在农机、杂交水稻、热带作物、渔业等方面都已有不同程度的合作：①政府援助。2001 年对外经济贸易部投资 1.48 亿元帮助缅甸建立一座年产 1 万台手扶拖拉机及配套柴油机、农机具的生产线。两国还在农作物品种交换、育种和栽培技术的交流、农业科研技术人员培训等方面开展了一系列的合作项目。②企业合作。一些中国农机生产企业和农业企业已经开始在缅甸从事有关农机制造、作物育种、渔业捕捞和橡胶作物种植等商业开发活动。如浙江四方集团向缅甸农业部输出两条手扶拖拉机、柴油机总装线及 3 条零部件加工生产线，独立承接了缅甸政府 600 万美元的大型水利灌溉工程，为缅甸建立 105 个大型泵站；四川的公司在缅甸开展杂交水稻试验、示范推广、销售；云南农垦在中缅边界已经开发种植数百公顷天然橡胶；中水等一些公司在海洋渔业捕捞方面开展的商业合作等。③贸易合作。国内部分企业已通过多种贸易形式将农机、种子、化肥、农药等一些农用生产资料出口到缅甸，特别是手扶拖拉机及其散件，在缅甸市场占有率已超过 70%。缅甸也向中国出口包括天然橡胶、木材在内的众多农产品[②]。

---

① 覃芸：《中国对东南亚的农业与农业技术贸易问题研究》，华中农业大学硕士论文，2004 年 5 月。

② 中缅农业合作的现状与前景，http：//www.caexpo.com/special/economy/cropper/6.html1。

第三章　中国—东盟农业领域相互投资制度分析

中国与东盟各国山水相连，拥有上千年的传统友谊和贸易往来的悠久历史，随着2010年中国—东盟自由贸易区的正式建成，中国与东盟的经贸关系更加密切、活跃，而这一黄金发展时期进一步证明，这是双方共同发展的需要，将惠及东亚经济乃至世界经济的增长。

一、制度环境与制度变迁

我国与东盟各国都签订有双边贸易协定、经济技术合作协议等经贸交往协议，跟许多国家订有《互相鼓励和保护投资协议》或《避免双重征税协定》，为相互投资提供了国家政策保障。从1985年开始，中国陆续与10个东盟国家分别达成了关于相互投资的双边安排。中国与泰国于1985年签订《关于促进和保护投资协定》；中国与新加坡于1985年签订《关于促进和保护投资协定》；中国与马来西亚于1988年签订《关于相互鼓励和保护投资协定》；中国与菲律宾于1992年签订《关于相互鼓励和保护投资协定》；中国与越南于1992年签订《关于鼓励和相互保护投资协定》；中国与老挝于1993年签订《关于鼓励和相互保护投资协定》；中国与印度尼西亚于1994年签订《关于促进和保护投资协定》；中国与柬埔寨于1996年签订《关于促进和保护投资协定》；中国与文莱于2000年签订《关于鼓励和相互保护投资协定》；中国与缅甸于2001年签订《关于鼓励、促进和保护投资协定》[①]。以上10个协议的名称和内容略有差别，但总体上具有一致性。它们分别是中国与东盟某国之间确立和协调相互投资关系的基本准则。东盟国家立足于保护国家经济主权，有目的地引导外资为本国经济服务，逐步放宽限制、扩大开放，形成了一系列专门的和相关的涉外投资方面的法律制度。例

① 呼书秀：《中国与东盟发展相互投资的法律机制研究》，北京大学出版社，2005年版，第8－9页。

如菲律宾的《外国投资法》、泰国的《投资促进法》、《外商经营企业法》、越南的《外国投资法》等。我国与相邻的东盟国家都订有农业合作协议（或备忘录），与泰国、菲律宾、越南等国在农业技术合作上已有很好的基础，并与缅甸、老挝、柬埔寨在这方面大有发展余地。

（一）我国农业利用外资政策的演变

在我国，农业是国民经济的基础。改革开放30年来，国家一直将农业作为重点鼓励外商投资的领域之一。2006年，我国农业协议利用外资约32亿美元，实际利用外资6亿美元，约为1979年的65倍。据不完全统计，1978～2007年，我国累计批准外商投资农、林、牧、渔生产加工企业1.8万家，合同金额330亿美元[①]。农业利用外资从无到有、从小到大、从点到面地逐步发展，已经成为我国筹措农业资金的重要来源。

（1）起步阶段的农业外资利用（1979～1992年）：自改革开放以来，为了吸引外商直接投资，我国对外商投资企业一直实行超国民待遇政策，具体如下：①销售。除对特定国家和地区有出口配额的产品外，外资农业企业产品可自行出口，对国内市场的销售又没有比例限制，产品可全部内销。②土地。为了吸引外商投资，土地的使用期限长，租金或使用费较为便宜。③税收。从事农林业的外商投资企业在5年期满后可继续申请减税。经主管部门批准，在以后的10年内可继续按照应纳税额减征15%～30%的企业所得税。④亲属照顾。福建等省及一些市县针对海外华人投资家乡照顾亲属的特点，规定外商投资一定数额可在投资地城市办理一名常住户口。

（2）推进阶段的农业外资利用（1993～2001年）：此阶段利用外资的主要政策有：①投资政策。我国重新颁布《外商投资产业指导目录》，明确规定了外商投资的领域。除了现金投资外，还可以进行设备、技术的投资。②进出口政策。外商投资企业的出口产品可享受出口退税政策。③税收。除了关税方面的优惠，城市生产经营的机构、场所的所得税为33%；对生产性外商投资企业经营期在10年以上的，实行“两免三减”的优惠政策；在中西部地区从事农业和基础设施建设的项目，在享受免税、减税待遇期满后，可享受减征15%的企业所得税的待遇。④外汇管理政策。准许外商将在中国境内获得的合法收入和企业利润汇出境外，如果企业自身不创汇，也可以通过银行兑换成外币汇出境外。外籍职工在中国获得的正常收入，在依法纳税后余额可以全部汇出。⑤国民待遇政策。在华外籍人员享受中华人民共和国公民待遇。

① 刘合光：《中国农业利用外资现状与展望》，《农业展望》，2009年第11期，第35－36页。

（3）一体化阶段的农业外资利用（2002 年至今）：农业利用外资的重点从引进资金转向先进技术、现代化管理和专门人才，政府对利用外资的管理从行政审批为主转向依法规范、引导、监督。这是由于随着中国加入世界贸易组织，中国减少了对外国投资者的市场准入限制（除特定行业外）和非国民待遇，改善综合投资环境，促进市场公平竞争。鼓励外商投资农、林、牧、渔产业，主要包括中低产田改造、蔬菜（食用菌）、水果、茶叶、无公害栽培技术及产品系列化开发等。限制外商投资的产业包括粮（马铃薯）、棉、油、种子开发生产等。禁止外商投资的产业包括稀有的珍贵优良品种的养殖种植、转基因植物种子生产开发等①。

（二）东盟国家农业利用外资政策的演变

随着投资环境的改善，东盟再次成为外国资本投资的热点地区。据统计，2006 年东盟国家吸引的外国直接投资（FDI）达 514.8 亿美元，是亚洲金融危机以来吸引外资最多的年份，也创下 1997 年吸引外资的历史新记录。其中，新加坡吸引的外国直接投资为 242.07 亿美元，马来西亚为 60.6 亿美元，泰国为 97.51 亿美元，印度尼西亚为 55.56 亿美元，越南为 23.15 亿美元，菲律宾为 23.45 亿美元。同时，东盟国家服务外包市场保持强劲的发展势头，新加坡、马来西亚、泰国、菲律宾、越南已经逐渐成为跨国公司服务外包的目的地。2007 年，菲律宾、马来西亚承担的服务外包额分别达 41 亿美元和 36 亿美元，分别占全球服务外包的 1.4% 和 1.2%②。

马来西亚：马来西亚的《投资奖励法》（1960 年），后经多次修正（1986 年、1992 年等）。1997～1998 年亚洲金融危机过后，马来西亚对吸收外商投资政策作了相应调整，放宽外商投资的领域、股权比例、股东构成、内外销比例等限制，放宽外资管制。为吸引外资投资农业，马来西亚政府专门制定了《促进行动及产品列表》，投资农业可获得新兴工业地位和投资税赋抵减的优惠，包括土地的开垦、农作物种植、农用道路开辟、农用建筑建造等方面的费用。马来西亚政府还规定，在大型综合农业投资项目中，农产品加工或制造过程产生的资本支出可享受 5 年单独的投资税赋抵减。具体政策有：①对投资于粮食生产的企业，可享受与投资额相等的扣税额或 10 年内农业投资收入 100% 的免税，而且免税期间的亏损可转至免税期后，由免税收入产生的股息，被视为股东的免税收入。②以

① 郝利、类淑霞、姜凤宝：《改革以来我国农业利用外资的状况分析》，《财贸研究》，2006 年第 6 期。

② 新华网，2008 年东盟经济展望，http：//www.gx.xinhuanet.com/newscenter/2008－01/09/content_12188422.htm。

本地资源为基础的农业再投资奖励。扩充计划的再投资项目可享受新一轮的新兴工业地位和投资赋税抵减。③对种植橡胶树的农业税赋抵减。种植至少 10% 的橡胶树的非橡胶种植公司可以享受加速农业税赋抵减，投入的资本支出可以从 2 年减至 1 年内注销[①]。

菲律宾：菲律宾的《外国企业管理法》（1968 年）、《综合投资法》（1981 年）、《外国投资法》（1987 年），几经修正，发展到现在，已更趋开放。现行《外国投资法》（1991 年）实行放开外商投资限制。菲律宾政府不断开放外商投资领域，积极改善投资环境，如允许外国投资者拥有 100% 股权，对出口导向型企业实行投资优先计划等。为促进吸收外资，菲律宾政府每年制定《投资优先计划》，列出了当年度受菲律宾政府鼓励的投资领域，并根据《菲律宾投资法典》所规定的一系列优惠政策，为投资相关领域的企业提供税收、信贷和其他方面的优惠。

文莱：文莱的《鼓励投资法》（1975 年），后经修正（2001 年），以优惠政策鼓励国内投资和外来投资。2009 年初，文莱政府出台激励措施以提高农业产出，调动国内农业生产积极性，鼓励外国企业家进行投资，强调要实现食物自给并让国民享用安全食品。具体政策有：①为加快引进和推广新技术，提高农业产量，文莱政府鼓励在农业领域与外国企业开展合资合作；政府在土地、基础设施及病虫害控制等领域加大投入。②对农业物资继续提供价格补贴，种子、化肥、杀虫剂、除草剂、农业机械等基本农业物资均可获得政府 50% 的价格补贴。③根据第 5 个“五年发展规划”中的“水稻价格扶持计划”，继续采用补贴价收购国产水稻；对商业化蔬菜种植农户提供设备支持；由农业发展服务部门为企业提供技术服务，包括兽医服务、食品卫生及安全服务等。④推动农产品的国内销售和对外出口，指导农户科学安排生产计划，合理利用市场工具。⑤对为国家农业发展作出贡献的企业进行鼓励和支持，包括增拨用地、改善基础设施等[②]。

泰国：泰国的《外商经营法》（1972 年制定，1998 年修改，1999 年实施）、《鼓励投资法》（1977 年制定，1987 年、1993 年作了较大修改）等规定了利用外资的基本政策。进入 21 世纪后，泰国又进一步调整了投资政策，包括鼓励外商投资、给予优惠待遇的区域政策和产业政策，为外来投资者提供更多的机会。泰国农业在利用外商直接投资方面最为典型，早在 20 世纪 60 年代初期，就颁布了《工业投资促进法》，拟定了以吸引外商直接投资为主、利用国外贷款为辅的外

① 广西商务厅东盟二处，马来西亚投资环境，http：//dm2c. guangxi. mofcom. gov. cn/aarticle/ztfenxi/tjxm/200904/20090406175531. html。

② 广西商务厅东盟二处，文莱投资环境，http：//dm2c. guangxi. mofcom. gov. cn/aarticle/ztfenxi/tjxm/200904/20090406175546. html。

资政策，将农业和与农业有关的工业作为重点，鼓励外商投资，积极引进外资，并提供一系列的优惠政策。对投资于政府鼓励发展的行业的外资企业，自营业日起免征法人税和红利税 5 ~ 8 年，免征公司税 3 ~ 8 年。经投资促进委员会同意，可免交专利和技术费用的预扣税等 5 年。1977 年泰国投资局又公布了《投资奖励法案》，将以农作物或自然资源为原料的产业及传统工艺产业等作为国家鼓励投资的重点部门，其中与农业有关的部门有：提供原料的大规模种植园（如香蕉、油棕、椰子等）、渔业、鱼产品加工、畜牧业等部门。

新加坡：新加坡以积极利用外资推进工业化为基本国策，营造自由竞争的经济环境。其《经济发展奖励法》（1967 年）亦经多次修正，现已形成产业政策、税收措施、投资鼓励与管理等一系列专门的和相关的外商投资的制度安排。新加坡长期奉行外资主导的战略，整个国民经济的发展吸收了大量的外国直接投资，并使其在主要的制造业部门起先导作用。新加坡对外资企业进入持高度自由化立场，除少数部门外，外资可拥有 100% 的股权，资本红利、利润可自由汇出，并且规定了税收优惠、贷款优惠、加速折旧、提高津贴等措施以更好地吸收外资。此外，政府特别重视基础设施建设和人力资本投资，在出口部门，甚至出现了外资支配的局面。1970 年外资企业出口额占新加坡总出口额 66.5%，1980 年高达 92.9%。外资在国民经济中居支配地位，在国内产业中，本国资本占 25%，外国资本占 75%。这种状况并没有威胁到新加坡国民经济整体的发展，相反，在政府的指导下，外商直接投资使新加坡的产业结构更加合理、民族企业的技术水平大大提高。新加坡对进口商品检验检疫的标准和程序十分严格。只有经过农粮兽医局（Agri - Food and Veterinary Authority，简称农粮局或 AVA）检验检疫的进口食品、动植物才可以进口，只有经过卫生科学局（Health Science Authority，HAS）进行检验的药品、化妆品等商品才可以进口。新加坡国小地少，大多数农产品依靠进口以满足内需①。

印度尼西亚：印度尼西亚在独立之后很重视利用外资来发展本国农业。为了鼓励外商对印度尼西亚农业以及农业相关产业进行投资，1968 年印度尼西亚农业部出台了一份专门针对外商投资农业的政策，外商可以进行独资或者合资生产，政府对吸引外资的农业基础部门加以指导。20 世纪 70 年代中期以来，印度尼西亚积极鼓励外国投资者对印度尼西亚农业进行投资，颁布了《外国投资法》，主要的鼓励措施包括：鼓励外国投资者在人口稀疏地区投资开发稻米和玉米种植的新农业；鼓励外国投资者在人口稠密地区投资生产肥料、农药、农用机具以及包装材料等；鼓励投资林业生产和森林产品加工，特别是硬质纤维板、胶

① 广西商务厅东盟二处，新加坡投资环境，http：//dm2c. guangxi. mofcom. gov. cn/aarticle/ztfenxi/tjxm/200904/20090406175572. html。

合板、纸浆等林业产品加工，同时实施了服务于林业部门的相关措施，包括重新造林、森林研究调查等。鼓励投资于内陆渔业，包括鱼类保藏和加工单位[①]。1998 年以后，特别是进入 21 世纪后，为了进一步吸引外国投资，以加速振兴经济的步伐，大幅度地修改了已实行了 30 多年的有关外国投资与国内投资法规。总的趋向是放宽限制，扩大开放。印度尼西亚外资法规定，外国投资者可成立独资企业，投入资本不受限制，但自投产和商业运营 15 年后，至少须象征性地将部分股权转让给印度尼西亚公民。外企的外籍人员仅限于管理人员和当地不能提供的技术人员，要求外企必须雇用一定数量的当地人员并对当地雇员进行培训。

印度尼西亚的外资公司要申请土地使用权，必须向县或市政府土地事务局提出申请，在评估通过之后，县、市长将为投资者签发土地批准书，外资公司据此开始其购置土地的计划。外资的土地使用权可达 95 年，建筑使用权也可达 80 年。印度尼西亚对外汇没有管制，印度尼西亚货币可自由兑换外币，外国投资所得利润完税后可以自由汇出。

老挝：老挝的《外商投资法》于 1988 年制定，1994 年通过一部新法，2001 年颁布该法实施细则。老挝经济以农业为主，工业基础薄弱。农业是老挝政府鼓励外国投资的项目之一，农业是老挝经济发展的主要产业，占全国 90% 的劳动力，农产品加工及销售几乎占 GDP 的 50%。1988 年以来，老挝推行革新开放路线以调整经济结构，对外实行开放，颁布外资法，改善投资环境；扩大对外经济关系，争取引进更多的资金、先进技术和管理方式。2004 年老挝第二次修订了《外国投资法》，进一步完善投资法规，简化投资审批程序，缩短审批时间，并专门规定了对外国投资者的优惠待遇。老挝政府对投资者的优惠政策主要是减免进口生产原料、设备和交通工具的关税及利润所得税，满足投资者在土地和自然资源使用以及国内劳务使用的需求，同时在居住和进出境方面给予便利。老挝鼓励外商投资项目包括农林业和手工业产品加工项目，利用先进技术的加工制造业、工业项目，科学研究与开发项目，环境保护和生物多样性项目等。鼓励外商投资的领域主要包括：农林商品生产和加工、养殖加工业、手工业、矿产业和服务业等，鼓励主要使用当地资源和劳动力。重点扶持的三个产业是大米、谷类和食品生产，国内替代进口的日用品生产和出口商品生产。

缅甸：缅甸的《外国投资法》于 1988 年制定，后来也作了修改。缅甸自然条件优越，资源丰富，适宜植物生长，尤其是热带作物。农业是缅甸的国民经济基础，农业产值占国内生产总值的 1/3，农产品出口占出口总量的 1/4。缅甸政府非常重视农业的发展，积极吸引外商投资农业，同时促进橡胶、豆类和稻米等

① 田佳妮：《中国农业利用外资研究》，中国农业科学院硕士学位论文，2009 年 7 月。

农产品出口世界。

柬埔寨：1994 年 8 月柬埔寨颁布的《柬埔寨王国投资法》，以法律形式规定了为投资者提供的优惠条件，外商投资方式可以采取独资、合资、合作和租赁 4 种方式，明确生产性企业可由外商独资，但是贸易性企业不允许外商独资。经 1997 年、1999 年两度修订后规定，柬埔寨王国政府鼓励在如下重点领域投资：基础设施建设及能源生产，先锋产业或高科技工业，增加出口的产业，旅游工业，能创造就业机会的产业，农用工业产品的生产加工工业，发展各省和农村及环保产业以及在依法建立的特别开发区投资。2000 年 1 月 25 日，柬埔寨王国签署了关于允许外籍人士申请独资经营进出口公司的 017 通告，该通告明确规定，所有到商业部门注册申领营业执照的柬籍或外籍人士，都有权自由申请注册进出口公司，并规定所有进出口贸易活动应按规定缴纳税金。

越南：越南自 1986 年实行革新开放以来，始终将吸引外国投资作为发展本国经济的重要途径。1987 年，越南为大力吸引外资、促进经济发展，制定了第一部外资法——《外国在越南投资法》。为了改造越南的传统农业，越南政府积极引进外资和技术，对外商投资法修改补充，使外资法更加完善，扩大越南各种经济成分与国外合作经营的范围。自 1993 年以来，外资在农业方面的投入以 30% 的速度增加，为农业发展注入了新的活力。越南农业生产发展较快，除奉行积极的革新政策外，越南政府重视国际合作，大力引进国外新品种和新技术。其中，越南引进推广广西的杂交稻，在北方 24 个省内成功种植，加快越南的水稻生产发展。为了引进更多的优良品种，越南政府开放了种子市场，外国人可在越南本土成立公司，在当地租赁土地制种出售；也可委托越南代理人经营从国外引进的种子；还可以通过产权转让的方式进入，如瑞典某公司就是将其品种的产权转让给越南某公司，由该公司生产出售，瑞典公司再按比例提成。另外，越南对种子经营是免税的。

二、中国与东盟农业相互投资的现有制度安排

所谓制度安排，主要是指把双方的各种关系与合作建立在制度与规则的基础上，制度安排的建立和发展是双方相互依赖程度不断加深的结果，反过来又会增强双方的相互依赖。中国与东盟合作的制度安排始于 20 世纪 90 年代，经过多年的努力双方关系已基本实现规则化、制度化，为双方在各领域的合作提供了制度保证。

中国与东盟关系的制度安排包括四个层次：

（1）政府首脑非正式会议。东盟国家每年都会举行首脑非正式会议，然后举行“10+3”和“10+1”会议。中国—东盟合作的最高决策机构是“10+1”会议，涉及双边关系的很多问题都由这个会议决策。

（2）部长级会议。东盟国家在每年七八月份都会举行一次外交部长会议。自1996年中国正式成为东盟的对话伙伴国后，每年都参加这个会议。此外双方每年还举行经济部长会议、交通部长会议、环境部长会议等。

（3）五个平行的对话机构。其中包括中国—东盟高官会议、中国—东盟科技联合委员会、中国—东盟经贸委员会、中国—东盟合作联合委员会、东盟北京委员会。

（4）双边和多边的协议、协定、条约及联合声明。其中包括《中华人民共和国与东南亚国家联盟全面经济合作框架协议》、《东南亚友好合作条约》等，这些协议、协定、条约、联合声明，为双边经贸合作的健康发展提供了法律保证。

2009年8月15日，第八次中国—东盟经贸部长会议在泰国曼谷举行，我国商务部部长陈德铭与东盟10国的经贸部长共同签署了《中华人民共和国与东南亚国家联盟成员国政府全面经济合作框架协议投资协议》（以下简称《投资协议》）。《投资协议》的签署标志着双方成功地完成了中国—东盟自由贸易区的主要谈判任务，确保中国—东盟自由贸易区2010年全面建成。

从农业投资的角度分，可以分为三个层次：第一层次为有能力对外投资的国家，包括新加坡、马来西亚；第二层次是既引进外资也对外投资的国家，即泰国；第三层次是以吸引农业外资为主的国家，菲律宾和印度尼西亚，经济转型国家包括越南、老挝、柬埔寨和缅甸。在合作对象方面，柬埔寨、越南、老挝等国家的农业处于粗放经营状态，而我国的种植技术比他们略胜一筹，可以通过劳务输出的形式“走出去”；新加坡、马来西亚、菲律宾和泰国等东盟第一阶梯国家，则可以依托原有的农产品优势，以“请进来”为主，让他们到中国来投资办厂，实现多方共赢。

（一）投资准入制度

东道国接受投资时，首先需要考虑的问题是，它允许接受什么样的投资，同意外国投资者向哪些行业领域投资，这就涉及外资准入领域的规定问题。外资准入领域一般是指外资企业在符合法律规定的条件下，经过有关部门的审批，允许其进入某领域从事生产经营活动。

一般情况下，每个国家都会根据本国的利益和实际情况作出关于外商投资的规定，即明确宣布列为鼓励、允许、限制、禁止的领域、项目。所不同的是，管得严些，还是放得宽些；或者在某一个时期，对某些领域、项目加以控制；到了另一个时期，又逐步发生松动。一般来说，发达国家要求发展中国家尽可能放开，但发展中国家不能无条件地给予承诺。

在中国，根据新的《指导外商投资方向规定》及《外商投资产业指导目录》，为使外商投资方向与中国国民经济和社会发展规划相适应，并有利于保护投资者的合法权益，外商在中国的投资项目可分为四类：属于下列情形之一的，列为鼓励类外商投资项目：①属于农业新技术、农业综合开发和能源、交通、重要原材料工业的；②属于新技术、新设备，能够节约能源和原材料、综合利用资源和再生资源以及防治环境污染的；③属于高新技术、先进适用技术，能够改进产品性能、提高企业技术经济效益或者生产国内生产能力不足的新设备、新材料的；④能够发挥中西部地区的人力和资源优势，并符合国家产业政策的；⑤适应市场需求，能够提高产品档次、开拓新兴市场或者增加产品国际竞争能力的；⑥法律、行政法规规定的其他情形。

泰国于2000年8月修订了7年前的《鼓励投资法》，目前泰国鼓励投资的行业部门分为以下六个领域：农产品，矿物、金属及陶器，化学药品及化学工业制品，机械及电气设备，其他的工业产品，服务业。从这里可以看到，农产品及一些涉农产业是属于泰国鼓励投资的行业。但是，泰国并非什么经济行业都放开。根据2003年3月公布的《外资企业活动限制法》，投资范围的限制分为三类情况：第一类为9种行业，绝对禁止外商投资经营，包括报纸发行、无线电广播、电视广播、农业、果园、畜牧业、林业、木材加工（天然木材加工）、渔业（指泰国海域、泰国特别经济海域内的渔业）。这也许因为泰国政府认为他们的这些行业竞争力不强，需要加以保护。第二类为13种行业，禁止外商投资经营，但取得泰国政府当局同意参与经营的除外，包括安全保障，传统文化与工艺的保护，环境、资源保护等领域。第三类为21种行业，禁止外商投资经营，但取得泰国政府当局同意参与经营的除外，包括农产品加工产品的国内交易等属于本国资本竞争力低下的行业。

进入21世纪以来，印度尼西亚在鼓励外商投资的同时，也作出了限制性甚至是禁止性的规定。其做法分为四类情况：具备一定条件，允许外商投资的行业；允许外商与内资合资经营的行业；禁止外商投资的行业；既禁止外商，也禁止内资投资的行业，即只能由政府垄断经营。

马来西亚对外资开放的范围有制造业、综合农业、饭店和旅游业项目等。1998年亚洲金融风暴过后，马来西亚放宽了外资准入的范围，例如，停止以往不鼓励劳动密集型工业的政策，鼓励外商投资于出口导向型的工业，并允许出口导向型的劳动密集型企业增聘外国劳工。

在越南，根据2000年6月修订的《外资投资法》及其《实施细则》，对外商投资的领域，也作了鼓励、允许、限制、禁止的规定。鼓励类有：①领域：生产出口商品领域；饲养、种植和农、林、水产加工领域；使用高工艺、现代技术、保护生态环境和投资于研究和发展领域；使用密集劳动力、原料加工和有效使用越南自然资源的领域；基础设施建设和重要工业生产领域。②地区：社会经济条件困难的地区；社会经济条件特别困难的地区。限制类有：越方属本领域专营单位，合作各方只许以合作经营合同方式投资领域；只许以合作经营合同或联营方式投资领域；加工与投资开发原料相联系的领域；从事进口业务、在国内营销业务及远海海产品捕捞、开发的投资项目。禁止类有：对国家安全、国防及公共利益有害的投资项目；对越南历史古迹、文化、淳风美俗有害的投资项目；对自然环境生态有害的投资项目及处理从国外输入有毒废料的投资项目；生产毒性化学品投资项目，或使用国际条约禁止的毒素的投资项目。除鼓励、限制、禁止的之外，其余领域均属允许外资进入的行业和产业。

缅甸的《外国投资法》明确宣布，外国投资必须本着下述基本原则进行：①促进和扩大商品出口；②开发需要大量投资的自然资源；③发展高科技技术；④有助于需要较大资金的生产和服务业的开展；⑤创造更多的劳动就业机会；⑥建造一些能源消耗低的经济项目；⑦发展各地区的经济。可以看出，缅甸作为一个经济落后的国家，立足本国实际，提出上述要求以引导外商投资方向；只要相关措施能跟上，对外商是有吸引力的。缅甸政府希望外商投资的经济作物包括橡胶、黄麻、棕榈（油棕）、腰果、优质水稻、鲜花、水果、棉花和豆类等，并希望这些经济作物能够进入国际市场。投资于农业生产，特别是农业装备、农产品加工有关的工业行业，引进资金和技术进行四轮拖拉机和其他配套农机具的生产，还有像复合化肥、农药（包括兽药）生产、水果和蔬菜加工、橡胶制品加工等。同时，提高缅甸农业生产水平的技术合作，如水稻育种、栽培技术，蔬菜、水果的品种改良与栽培、加工技术，畜牧水产养殖品种和饲养技术，橡胶品种、种植和加工技术等。

菲律宾在1992年颁布了优先投资计划，规定对投资于优先发展行业的外商给予优惠，其中与粮食计划有关的农业、林业被列为优先发展行业，此类企业称为先锋企业。农业类先锋企业包括：培育良种企业，进行植物种植技术、牲畜和家禽优选技术、农产品和畜产品初级加工技术开发的企业。林业和渔业类先锋企业主要有：家居和建筑材料加工企业、100吨以上的捕鱼船建造企业、淡水和海水养殖技术开发企业等。

其他东盟国家大体上也是从本国的利益考虑，分别对投资范围进行了相关规定。

（二）投资待遇与优惠

在中国—东盟相互投资关系中，对个人投资作出界定的，除各国国内法之外，更突出地表现在10个双边投资协定之中。作为外国投资者个人，他们的投资活动，一方面必须遵守东道国的法律，另一方面又受到东道国法律的保护，这是一个问题的两个方面。2009年8月，第八次中国—东盟经贸部长会议共同签署了中国—东盟自由贸易区《投资协议》，该协议通过双方相互给予投资者国民待遇、最惠国待遇和投资公平公正待遇，提高投资双方法律法规的透明度，为双方投资者创造一个自由、便利、透明及公平的投资环境，并为双方的投资者提供充分的法律保护，从而进一步促进双方投资便利化和逐步自由化。

1. 国民待遇

国民待遇（外国投资者与我国投资者之间待遇比较问题）是国家投资中的一项重要的待遇制度。在外国投资领域给予国民待遇，意味着外国投资者在一国的投资，能够与本国人在同等经济条件下进行竞争和取得利益。在国际投资中，国民待遇体现着"内、外平等"的精神。但人们对"内、外平等"的理解也不尽一致，有认为不得低于本国的，有认为不得高于本国的，也有认为既不能低于、又不能高于本国的。一般的认识是：在国际投资法中，国民待遇是要求东道国给予外国投资者的投资和与投资有关的活动以不低于或等同于国内投资者的投资和与投资有关的活动的待遇。

中国—东盟自贸区《投资协议》第四条规定了中国与东盟国家间投资国民待遇的适用范围和国民待遇标准。其适用范围，包括投资主体、投资类别和投资活动等范围。首先是对投资者的定义。根据该协议，能够享受国民待遇的投资主体为中国与东盟国家间的投资者。投资者包括缔约各国的自然人和法人。其法人范围包括私营和政府经营。其次是对投资的定义。其投资具体形式有：动产、不动产及抵押、留置、质押等其他财产权利；股份、股票、法人债券及此类法人财产的利息等。《投资协议》明确了其适用国民待遇投资活动的具体范围，包括投资的管理、经营、运营、维护、使用、销售、清算或此类投资其他形式的处置等方面。由上述列举的适用国民待遇的范围主要为投资的运营和最后清理等。

目前，中国与东盟确定了农业、人力资源开发、相互投资、湄公河流域开发、交通、能源、文化、旅游和公共卫生等十大重点合作领域；在执法、青年交流、非传统安全等20多个领域也开展了广泛合作；中国与东盟签署了农业、信息通信、非传统安全领域、大湄公河次区域信息高速公路、交通、文化6个领域的合作谅解备忘录；双方设立了中国—东盟投资合作基金和中国—东盟卫生合作基金，用于支持中国—东盟相关领域的合作。这些合作都离不开双方投资环境的不断改善以及双方战略合作伙伴意识的不断增强。而对于投资者来说，最大的鼓励莫过于能在异国不受歧视，享受国民待遇。

2. 最惠国待遇

最惠国待遇，又称“无歧视待遇”（外国投资者之间待遇比较问题）。在国际投资中，最惠国待遇体现着“外、外平等”的精神。最惠国待遇是指东道国给予外国投资者的待遇不低于其已经给予或者将要给予第三国投资者的待遇。发达国家之间、发展中国家之间、发达国家与发展中国家之间的双边投资协定，都规定了最惠国待遇条款。《投资协议》第五条对自贸区内外国投资的最惠国待遇问题进行了规定。规定内容包括：最惠国待遇适用的范围及例外情况。自贸区有关最惠国待遇适用的事项范围为，各缔约方在准入、设立、获得、扩大、管理、经营、运营、维护、使用、清算、出售或对投资其他形式的处置等。其给予最惠国待遇的比照国家，包括自贸区内的其他缔约国或其他第三国投资者，即接受外国投资的东道国，应当给予另一缔约方投资者及其相关投资，不低于其在同等条件下给予任何其他缔约方或第三国投资者，及其投资的待遇。

最惠国待遇和国民待遇是国际投资中并行的两种不同待遇制度。这两个核心条款在确保给予双方投资者公平公正的非歧视待遇方面起着关键作用。

3. 公正和公平的待遇

分析中国与东盟国家的双边投资协定，分别规定了“公平的”、“公正和公平的”或“公正与平等”的待遇。其中，在中国与泰国的协定中，规定“公平的”待遇；在中国与新加坡、越南、马来西亚、菲律宾、老挝、印度尼西亚、柬埔寨、文莱的协定中，规定了“公正和公平的待遇”。在中国与缅甸的协定中，规定了“公正与平等的待遇”。即是说，10 个协定均有相同或类似的规定。《投资协议》第七条指出：各缔约方应给予另一方投资者的投资公平和公正待遇提供全面保护和安全。公平和公正待遇是指各方在任何法定或行政程序中有义务不拒绝给予公正待遇。全面保护与安全要求各方采取合理的必要措施确保另一缔约方投资者投资的保护与安全。

当“一缔约方的行为是肆意、极不公正、不正义或异常、具有歧视性的，并带有对业务领域的偏见或对种族的偏见，抑或欠缺对妨碍司法公正的行为进行引导的正确程序”时，认定该缔约方违反公平公正义务的基准。公平与公正待遇标准是一缔约国给予外资的绝对待遇标准，目的是更好地平衡投资者的利益和主权国家管理公共事务的权力，但是该标准的运用必须根据具体情况及该缔约国的经济发展水平而定。总之，公平公正待遇义务意味着一旦签订了《双边投资协议》，缔约国就不得采取违反投资者的“不合理”做法，可以说公正待遇义务大幅提高了协议的效果。

随着我国产业结构调整步伐的加快，我国在日用品、基础机电产品、农机器械、电力设备等方面的生产能力相对过剩。在建立自由贸易区后，我国对于国内涉农企业向东盟国家投资的限制会大大放宽，必将促进这些行业向东盟各国特别是经济相对落后的国家如越南、老挝、柬埔寨等国进行投资转移。有了《投资协议》及相关政策的扶持，我国涉农企业在东盟国家的投资将会顺利开展。

《投资协议》是投资保护方面的主要法律依据，《投资协议》中对外国投资保护的主要条款必然会涉及公平公正待遇条款，因为公平与公正待遇标准是国际投资条约中普遍采纳的一项投资待遇标准，而我国和大多数国家签订的双边投资保护协定大多规定给予外国投资者公平公正待遇，基于以上良好的基础，我国与东盟之间的公平公正投资待遇指日可待。

（三）投资监管

投资监管，即对投资活动的监督管理，以营造适宜的投资环境，维护正常的投资秩序。外商投资监督管理涉及许多方面，从外资进入到运营到退出，形成一个系统工程。尤其是在现代公共管理、公共服务理念下，往往将“监管”与“服务”并提，并且有些措施兼具监管与服务双重意义。

对外来投资进行监管是有必要的。外国投资既有积极的一面，也有消极的一面，如果对其采取放任的态度或疏于管理，就会对资本输入国的经济发展乃至世界经济的发展带来不利影响。如民族工业受损，经济畸形发展，经济命脉受到控制，资源遭到破坏，环境受到污染，等等。因此，国际投资法的任务或作用之一，就是管理外国投资。东道国对外来投资的管辖权是一国主权的体现。

在行政方面。按照中国的法律规定，设立中外合资企业，要“经中国政府批准”；“审批机构和登记管理机构对合营企业合同、章程的执行负有监督检查的责任”。又如，规定“国家有关机关依法对合作企业实行监督”。再如，规定“工商行政管理机关对外资企业的投资情况进行检查和监督”。

东盟国家作为东道国，同样对外来投资坚持行政监管、立法管辖和司法管辖。它们对外资的态度相当务实，注重将优厚的鼓励和适当的限制相结合。比如在越南，设国家合作和投资委员会，对外资进入的批准权分别由中央和地方行使。国家对外国投资管理的范围为：①颁布关于外国投资活动的法律、法规；②制定外国投资的发展策略、总体规划、计划和政策；③颁发和收回投资许可证；④对管理外国投资活动的各部门和地方政府提供指导；⑤确定对外国投资活动进行管理的国家机关之间的协调；⑥检查和监督外国投资活动。政府对外国在越南的投资实行统一管理，并对计划投资部、其他各部门、各地方政府在管理外资过程中的权力与职责作出了划分。

在泰国，设投资委员会，管理外来投资。菲律宾贸工部及下设的投资署负责外资管理事宜。规定外商比例占30%以上的新投资项目以及在已有的外资比例占30%以上的企业所作的扩大和增加投资需经审批。新加坡设经济发展局，对申请取得优惠的外国投资项目需经政府批准。马来西亚由几个政府部门分别管理外商投资事宜，对申请获得优惠的通信、公益事业、运输业部门等服务业投资项目实行政府审批。文莱引进外资事宜由工业和初级资源部发展局管理。印度尼西亚设投资协调委员会，发放投资许可证。缅甸设外国投资委员会，管理外来投资。老挝设外资管理委员会，负责外商投资管理事宜。

（四）税收政策

马来西亚政府规定，投资于环保产业领域，5年内公司营业利润的70%免缴所得税，但对于从事植树造林的，10年内免缴企业所得税。对于投资于财政部核定的粮食生产（包括槿麻、蔬菜、水果、药用植物、香料、水产物及牛羊等牲畜饲养）的企业，10年内免缴企业所得税。对于出口鲜果和干果、鲜花与干花、观赏植物和观赏鱼的，可免缴相当于其营业利润10%的所得税。

菲律宾政府通过推进税收管理而不是增加公司税率来加强财政收入。菲公司税率平均为32%。除税收协定外，外国公司在菲分支机构支付15%的利润汇出税。本地外资公司在开业后第四年根据总收入支付2%最低公司收入税（如果最低公司收入税高于正常公司收入税）。具体如下：①在不发达地区投资，一律免征6年所得税。在税收优惠期截止以后，企业可以要求延长。但任何情况下，免税期限不得超过8年。②进口育种牲畜和基因物质免除进口关税及其他一切税务；如在国内采购，减免相当于进口应享受的税收优惠的国内税务。该项优惠期为企业注册日或营业日起10年。先锋企业可以拥有企业的全额股份；对于新建先锋企业来说，可免交6年收入税；如果达到政府规定的3个条件，即使用当地原料、符合投资署征订的资本设备和雇工条例等，还可以在原免税期限的基础上再延长1年；对于农业生产者，在其注册后或营业后的10年内繁殖种畜和遗传物质的进口，可享受免征各种赋税的优惠；使用本国繁殖种畜和遗传物质的农业生产者，在注册后或营业后10年内，可以享受税收信贷优惠①。

在文莱，没有个人所得税，也没有出口税、薪工税和销售税、生产税。独资和合资的商行无需交纳所得税，只有公司需交纳所得税，其数额也是同地区中最低的。文莱注册公司有义务对其从文莱境外所获的收入交纳所得税。非本地注册

① 苗珊珊：《我国农业利用外资问题研究》，西北农林科技大学硕士学位论文，2006年6月。

公司只需对其在文莱获得的收入纳税。非本地公司的债券、贷款等的利息收入按20%比例交纳所得税。工业用的食品和其他产品免交进口税。电器产品、木材、照相设备和耗材、家具、汽车及零件的进出口税率为20%，化妆品和香水进口税率为30%[①]。

根据泰国的目前经济情况，全国分为3个区，根据不同区域有不同的税务优惠，无论设在何区，对于泰国特别重视的行业，均可获免缴机器进口税；对于泰国特别重视的行业，无论设在何区，均可获免缴法人所得税8年；给与边远地区或收入低的地区和设施未完备的地区提供特别优惠待遇，税务优惠权益最高。

新加坡以属地原则征税。任何人（包括公司和个人）在新加坡发生或来源于新加坡的收入，或在新加坡收到或视为在新加坡收到的收入，都属于新加坡的应税收入，需要在新加坡纳税。新加坡为城市国家，全国实行统一的税收制度。此外，对引进外国劳工的新加坡公司征收劳工税。

印度尼西亚对外资企业用于研究开发、奖学金、教育和培训以及废物处理的开支可列入成本并从毛收入中抵扣；对政府鼓励的重点领域，可提供8~10年亏损结转或提高设备及建筑物折旧率；开创性行业的投资，企业所得税可由政府承担10~12年。为发展某些区域的经济建设，如印度尼西亚东部地区或者偏远地区，印度尼西亚政府已开辟几个综合经济发展区，在这些区域的投资者，可获得以下优惠措施：给予30%的投资补助；加速折旧和摊提；亏损结转可延长10年；关于红利10%的所得税，若双方在税务协议上取得一致，则还可再降低。此外，印度尼西亚对外资的所得税优惠措施有：①企业所得税税率为30%，可以在6年之内付清；②加速偿还和折旧；③在分红时，外资企业所缴的所得税税率是10%，或根据现行的有关避免双重征税协议，采用较低的税率缴税；④给予5年以上的亏损补偿期，但最多不超过10年[②]。

印度尼西亚对大部分进口产品征收从价税，但对大米和糖类等产品征收从量税。印度尼西亚将进口产品的关税分为最惠国税率和优惠税率两种。2004年11月，根据《中国—东盟全面经济合作框架协议货物贸易协议》，印度尼西亚已从2005年起对中国进口产品开始降低税率。最惠国税率为20%以上的产品2005年税率降为20%；最惠国税率为15%的产品2005年不降税，2007年降至8%；最惠国税率为10%的产品2005年不降税，2007年降至8%；最惠国税率为5%的产品2005年及2007年都不降税，2009年降为零。中国与印度尼西亚在2010年

① 使馆资信网，文莱投资环境及政策法令简介，http：//www.lookwe.com/touziInfo.asp？id=138。

② 广西国际科技合作网，印度尼西亚外资税收优惠解读，http：//www.gxistc.net/home/dmhz/dmgcs/6657.asp。

前对绝大多数产品的关税已削减至零①。

老挝实行单一税率，征收利润的20%。国外雇员征收10%的收入税。政府对出口货物的加工品征收零关税，成品免征出口税。对于给经济发展带来突出贡献以及位于边远地区的投资项目给予降低关税。

缅甸政府规定，任何生产型或服务型的企业，从开业的第1年起，连续3年免征所得税。如果对国家有贡献，根据投资项目的效益，还可继续适当地减免税收。企业将所得利润在一年内进行再投资，对其所得的经营利润，给予减免税收；为加强所得税的管理，委员会可按原值比例，从利润中扣除机械、设备、建筑场地及企业设施折旧费后进行征收。

柬埔寨政府鼓励外商投资农业、环保、高科技、出口型工业、旅游业、劳动密集型工业、基础设施和能源等重要领域，其鼓励投资的优惠政策主要是全部或部分免征关税税务。免征投资生产企业的建筑材料、生产设备、零配件和原材料等的进口关税；企业投资后可享受3～8年的免税期，免税期后按税法交纳税率为9%的所得税；如把利润用于再投资，免征所得税；分配红利不征税；产品出口，免征出口税。目前主要有以下的税种和税率，分别是：所得税9%或20%、增值税10%、营业税2%。

越南法律规定，外资企业或合作经营企业进出口商品须根据进出口税法缴税。外资企业和合作经营企业进口的固定资产免征进口税。特别鼓励的投资领域或社会经济条件极其艰苦的地区的项目生产所需进口的原料或材料及零件从生产开始之日起5年内免征进口税。政府对鼓励投资所需的其他特殊商品给予免、减进出口税待遇。同时规定，凡是加工量和出口量占其生产总量一半以上的农林水产领域的投资项目、生产新品种的项目、在山区和半山区投资的项目等，可在土地租金、企业收入税等方面享有最高的优惠②。

（五）土地使用

菲律宾宪法规定，外国人在菲律宾不允许拥有土地所有权，如投资建厂所需，可向菲律宾政府或私人业主租赁，租赁期限为25年，期满后可续租25年。因此最长租赁期限为50年。

在泰国一般来说禁止外国人拥有土地，但如果从事泰国投资促进委员会鼓励的行业，外国投资者则可以根据《投资促进法》购买土地。《民商法典》是规范泰国法人企业和商业经营活动的法律。泰国法人有权购买土地和建筑物。房地产的租期

---

① 中国商品网，印度尼西亚贸易投资管理体制，http：//ccn. mofcom. gov. cn/spbg/show. php? id = 4997&ids = 。

② 南博网，可享受的优惠税收政策，http：//www. caexpo. com/special/invest/dbp/1. html 01。

不超过3年，租约双方可自行签订租赁契约，超过3年则需到土地厅办理备案登记手续。一个租期最长不得超过30年，但到期时可办理续租手续，再续30年[①]。

新加坡国土小，且大多数土地均属国有，故私人土地原已不多，而私人土地供工业用途数量更少，且须获得政府的核准。一般工业用地的租期为30年，期满可延长20～30年。

在印度尼西亚，外国投资公司要申请土地使用权必须向县或市政府土地事务局提出申请，在评估通过之后，县、市长将对投资者签发土地准字，其副本签发给各有关部门。外国投资公司将依据土地准字，开始其购置土地的计划。

缅甸有关土地使用法规定，外国对缅农业投资可一次性租赁5000英亩的土地，如种植多年生经济林木后，可一次性再租赁5000英亩土地，最多可租赁土地面积达50000英亩，租期一次性最长可达30年。如果需要还可续租，续租期限最多可达60年。年租金每英亩平均为8美元。

柬埔寨政府规定，用于投资的土地所有权，必须交由柬籍的自然人或法人（柬籍法人是指柬籍个人或法人在投资总额中占51%以上股份的法人）投资者所有。外国投资者在使用土地方面可通过长期租赁的方式，最长租期为99年，期满可申请续租。投资者对项目土地上的不动产和个人财产依法享有所有权。

越南政府在对待外资机构的土地使用权上规定：外资企业和合作经营企业使用土地、水面和海面必须缴纳租金。外资企业可以以土地和土地使用权作为抵押向允许在越南进行经营活动的信贷机构贷款。政府规定土地使用权抵押的条件和手续。给予投资优惠的领域为：生产出口商品领域；饲养、种植和农林水产加工领域；使用高工艺、现代技术、保护生态环境和投资于研究和发展领域；使用密集劳动力、原料加工和有效使用越南自然资源的领域；基础设施建设和重要工业生产领域[②]。

三、相互投资的制度安排形成原因分析

根据《中国与东盟全面经济合作框架协议》，中国和东盟各缔约方同意在农业、信息及通信技术、人力资源开发、投资以及湄公河盆地的开发五个领域优先加强合作。同时所有成员达成共识，将各方的经贸合作扩展到银行、金融、旅

① 上海境外投资网，我国企业对泰投资领域分析及建议，http：//www.coicsh.com/jwtz/policy_read.asp？countryid＝84&continent＝1。

② 南博网，越南鼓励或限制投资的领域以及外资机构的国土使用权，http：//www.caexpo.org/gb/news/special/touzi/guiding/t20051118_53985.html。

游、工业合作、交通、电信、知识产权、中小企业、环境、生物技术、渔业、林业及林业产品、矿业、能源以及次区域开发等领域。东盟国家投资环境的不断优化为开拓东盟市场铺平了道路。

（一）投资成本比较优势

东盟市场相对于其他国际市场而言在原材料、劳动力、房地产、租税、公共收费等方面具有比较优势，东盟市场中的绝大部分国家整体国民经济水平在当前以及未来较长时期仍然处于发展中国家的行列，中国与东盟双边贸易的快速发展有其必然性，其中与双方在自然资源禀赋方面各有所长是分不开的。这类主要以自然资源禀赋的差异为基础而具有明显互补性的商品，约占双方贸易额的一半。

东盟具有优势的商品反映了东盟多数国家在森林、矿藏和热带作物等自然资源方面的比较优势，比如一些热带资源——棕榈油、天然橡胶，矿物燃料，大量的木材等。中国一直是东盟初级产品的重要出口国。总体来说，东盟国家自然资源丰富，其中矿产能源如石油、天然气、铜、铝、钾盐等都是我国国民经济建设短缺的资源，从其获得的运输成本相对较低。中国对原材料和一些工业制成品的进口需求将会越来越大，中国与东盟在这一方面的贸易合作前景还是很广阔的。

东盟劳动力资源丰富，除了新加坡、文莱等较富裕的地区，其他地区的劳动力成本较低廉。东盟大部分地区的地价和租税相对中国来说还比较低。东盟各国政府都在致力于发展经济，市场体系逐渐完善，政府的工作效率都比较高，这对于中国企业来说公共费用支出相对较低。总体来说，成本因素是中国涉农企业直接投资东盟市场选择的重要外在诱因。

中国对东盟市场的直接投资可以为中国涉农企业的产品出口提供服务，增强出口产品的竞争力。同时对东盟市场直接投资生产企业可以更好地了解东盟市场需求，降低运输成本，扩大市场占有率。在经济全球化的今天，越来越多的大企业已不满足在本国的发展，纷纷走出去寻求更大的市场。尤其是在东盟市场中的中下游国家，中国涉农企业在资金、技术、管理等方面具有显著的比较优势，而这些国家也比较容易吸收相近的高新技术和支持相应产品的消费。

中国经济的快速增长使中国成为“世界工厂”，大量具有价格优势的商品出口，使欧美一些国家对中国出口的产品变得敏感，贸易摩擦时有发生。越来越多的国家采取了提高关税等非贸易壁垒措施来阻碍中国商品的出口。在这种背景下，通过对东盟直接投资带动出口，鼓励涉农企业到东盟投资，就地生产就地销售，可以带动国产设备、原材料以及半成品的出口，有效实现进一步拓展出口的目的，从而减少与一些发达国家的贸易摩擦。

我国与东盟国家在农业方面的合作已有一定基础。如泰国的糖业公司早在前几年就与广西崇左市合作，建立了东亚糖业集团；新加坡威尔玛公司选择广西防城港共同投资组建了“防城港大海粮油工业有限公司”。广西与越南、老挝等国农业部门签署了双边农业合作备忘录，与菲律宾建立了农业战略合作伙伴关系，广西农业部门到越南、柬埔寨、老挝、印度尼西亚、菲律宾、马来西亚等国参与承担各种农业项目的规划和建设。在2006年第三届中国—东盟博览会期间，广西分别与泰国、马来西亚、印度尼西亚、新加坡等国签订了近3亿美元的农业合作项目。目前，广西的杂交水稻已在越南大面积推广种植。这些说明广西农业对接东盟处于不断提升的态势，相信在双方不断积极深化投资合作，不断完善投资促进和服务体系的大背景下，定将加快推进投资便利化进程。中国政府将落实好提出的50亿美元优惠贷款，积极支持中国企业尤其是涉农企业赴东盟国家投资兴业，鼓励它们在东盟国家建立一批基础设施完善、产业链完整、关联程度高、带动和辐射能力强的经济贸易合作区。中国欢迎东盟各国扩大对华投资，积极参与中国的经济建设。

（二）合作共赢

中国和东盟多数国家同属发展中国家，农业是国民经济的基础，农村发展和农民增收是共同面临的问题。越南、老挝、柬埔寨、缅甸、菲律宾、印度尼西亚等国有大量可供开发利用的土地，农业发展前景广阔，但目前这些国家的粮食还不能自给。如菲律宾具有丰富的土地资源和适宜农作物生长的气候条件，但目前菲律宾包括粮食在内的许多农产品处于短缺状况。柬埔寨农业资源较丰富，土地肥沃，水资源和热量均较为充足，农、林、牧、渔业发展具备一定的条件，全国共有670万公顷可耕地，但目前耕种面积仅为260万公顷，约2/3的可耕地未得到利用。越南经过革新开放已从粮食进口国一跃成为粮食出口国，但越南的粮食生产条件落后，农业基础极不稳定，品种和技术需要更新。缅甸近年来农作物获得较好收成，大米、玉米、橡胶等农作物产量有较大增长，但缅甸目前还是一个“自然”的农业国，大量原始土地有待开发利用。老挝一些少数民族地区目前还处于刀耕火种状态，粮食还是国民生存的第一需要。经济较发达的新加坡95%农产品依赖进口，文莱80%的农产品需要外援。

东盟10国人均占有耕地、森林、草地和淡水资源均高于我国。这些国家土地肥沃、雨量充沛、光热充足，土地资源的利用和生物资源的开发还处于初级阶段，可利用和开发的资源相当丰富。东盟国家的主要农作物水稻和玉米的产量偏低，我国先进的农业科技和高产农作物品种普遍受到他们的欢迎，双方在农业新品种和新技术开发、无公害农业、大棚技术、沼气能源综合利用等方面的合作大有可为，甘蔗、木薯、水果、茶叶、桑蚕等经济作物合作的前景更加广阔。

近年来，我国与世界农产品贸易呈下降趋势，而与东盟国家的农产品贸易不断增长。据统计，2002～2006年，我国对东盟的农产品出口值从18.65亿美元增加到30.67亿美元，增长了67%。2006年，中国与东盟双边贸易额已达1608亿美元，同比增长23.4%，农业贸易总额达80.2亿美元，增长31%。2005年广西与东盟农产品贸易总额为2.67亿美元，2006年增加到3.83亿美元。中国已经与柬埔寨、印度尼西亚、老挝、缅甸、菲律宾、泰国、越南和马来西亚8个国家签订了双边农业合作协定或谅解备忘录。截至2005年底，中国已在东盟国家实施了13个小型农业技术示范推广项目，包括杂交水稻种植示范、坡改梯示范基地建设、畜禽饲料成套设备示范等，均收到很好的效果①。

我国农机行业先行的一批企业投资东南亚的实证经验表明，我国有比较适合东南亚的产品、技术和管理经验，而东南亚有丰富的资源和广阔的市场，双方互补性很强。因此，我国应积极与东盟国家开展多种形式的农业合作，紧紧围绕农业经济活动，增加对东盟国家的农业投资，派遣农业专家和技术工人带动我国优良农畜产品、农业机械和农业技术出口。印度尼西亚、菲律宾两国20世纪90年代以后重新变为粮食进口国，中国在杂交水稻方面取得的巨大成功使得两国都希望中方给予资金和技术帮助。中国杂交水稻在印度尼西亚、菲律宾已试种成功，并在大面积推广，得到两国政府的高度评价。马来西亚地处热带，农产、水产资源丰富，但种植、养殖技术相对落后，我国企业可利用本身先进的水产养殖和水稻种植技术在马来西亚承包种植或养殖园；马来西亚是世界最大的棕榈油生产、出口国，我国有实力的企业还可与马方合作从事棕榈油的种植、生产、加工、进口，弥补我国食用油的不足。泰国是世界最大橡胶生产和出口国，橡胶作为一种重要的战略资源，在泰投资进行橡胶的种植和开发也是不错的投资项目②。

（三）经济全球化

东盟国家在自然条件和社会状况等方面比较接近，经济发展战略也相似。20世纪50～60年代，为改变单一的经济结构，建立本国的工业体系，实施进口替代型经济发展战略。70年代，狭小的国内市场不足以支持进口替代战略，工业所需设备和原材料投入的大量进口造成国际收支失衡，东盟各国转向资源加工型出口导向发展战略。80年代初，由于东盟出口产品严重依赖国际市场，国内经济受外界冲击较大。为改变经济的脆弱性和不稳定性，东盟国家实施第二次进口替代发展战略。80年代中期，经历了严重的经济衰退以后，东盟各国政府逐步

① 中国投资指南，加快农业合作步伐农业对接东盟大有可为，http：//www.fdi.gov.cn/pub/FDI/wzyj/ztyj/zcqyj/t20070921_84866.htm。

② ［日］北原淳等著：《东南亚的经济》，刘晓明译，厦门大学出版社，2004年版。

放松对经济的直接干预，以多种措施鼓励劳动密集型出口工业和新技术产业的发展，转向第二次出口导向发展战略。90年代，东盟国家的经济发展受到基础设施滞后的制约，为解决“瓶颈”问题，大力加强能源、交通、通信和电力等工业部门和基础设施的建设成为各国经济战略的核心内容。同时，面对美国信息技术产业和新经济的快速发展，东盟国家也致力于实现产业结构的升级，发展知识密集型产业和服务业，从更长远的角度出发调整经济结构。从另外一个角度看，中国在30年的改革开放中发展壮大，所经历的战略调整与其非常相似。

东盟国家作为中国的重要邻居，具有很强的市场接近性。东盟市场拥有5.3亿人口的市场规模，陆地总面积为450万平方公里，东盟已经成为对环太平洋区域及至世界的经济发展有着重要影响的不可低估的力量。从世界范围看，东盟吸收的海外投资在2005年创纪录增长48%，在达到380亿美元的基础上2006年继续扩大。可以说，外国直接投资流入东盟地区的规模已恢复到1997年亚洲金融危机前的最好水平。从行业来看，主要来自制造业，2004年东盟制造业外商直接投资增加到208亿美元，比上年增长13.4%，在1999~2004年间制造业所占的比例为33.9%，2004年占44.8%。从地区来看，主要来自欧盟、美国、日本，在1995~2004年欧盟、美国、日本占东盟外来投资的比重分别为29.3%、17.3%、13.7%，东盟已经成为外国直接投资在发展地区的新热点。中国与东盟双方合作的潜力巨大，前景广阔①。

此外，东盟国家正与部分发达国家进行FTA谈判，通过在东盟的投资，还可发挥地缘优势，突破发达国家对我国实施的贸易保护壁垒，扩大中国商品的出口。各种情况都表明东盟国家的投资制度环境正趋向优化，从而为中国涉农企业开拓东盟市场铺平了道路。东盟是亚太地区重要的经济组织，它不仅在内部建立了投资、贸易和经济技术合作机制，而且还得到了包括日本、韩国乃至美国等国的关注。东盟将在商品、服务和投资等方面形成一个吸引外来直接投资的重要的制度自由化的区域性市场。

商务部政策研究室姜荣春指出，开放型经济与以前外向型经济的提法有所不同，外向型经济以出口导向为主，总体上是一种政策性开放；而开放型经济则以降低关税壁垒和提高资本自由流动程度为主，实行中性化政策，是一种制度性开放。《货物贸易协议》和《服务贸易协议》相继实施，《投资协议》的签署，标志着中国—东盟自由贸易区建设取得了显著进展，自贸区建设已形成了稳定的、多层次的合作框架，向着贸易投资自由化、便利化、机制化的发展方向迈出了坚实的一步。2010年1月1日中国—东盟自由贸易区的建立，为发展中国家“南

① 吴明革：《中国企业直接投资东盟市场的机会分析》，《当代经济》，2007年第8期，第83－85页。

南合作”注入崭新的活力。越南社会科学院的杜进森博士认为，东盟10国领导人与中国领导人以远见卓识提出自由贸易区的设想有三大创新之处：一是通过建立区域合作的模式，有利于实现参与国之间最优化的资源和劳动要素配置；二是有利于睦邻友好，解决争端，实现“多赢”的局面；三是有利于提升区域整体经济发展水平，更好地参与全球经济竞争。

在以往南南型区域经济一体化的实践中，很多发展中国家因自身缺陷导致其努力成果不理想。中国的经济学专家杨正伟博士说：“相比之下，中国—东盟自由贸易区具有经济的开放性、双边贸易额大、产业内贸易比重较高、新兴市场经济市场规模较大、对外资有较大的吸引力等独特优势，强有力地推动了自由贸易区的进程并呈现出多赢的局面。”中国与东盟都是外商直接投资的主要目的地，外资流入加速了区域经济调整，并保证经济增长的潜力。中国—东盟联合专家组对中国—东盟自贸区的前景作出了这样的描述：“中国—东盟自由贸易区建成后，将吸引更多的投资。由于市场风险与不稳定性降低，不但中国与东盟企业会在形成一体化的市场上进行投资，美国、欧洲企业也会加紧进入亚洲市场，从而对一体化市场形成更多的投资。”

第四章　中国—东盟农业领域相互投资主体分析

东盟国家作为中国的重要邻居，自然资源丰富，与中国在经济上的互补性很强。《中国东盟全面经济合作框架协议》的签署标志着中国与东盟的经贸合作进入了崭新的历史阶段，这无疑将对中国企业在东盟的投资合作产生深远影响。中国—东盟自由贸易区的建立将给中国企业的海外投资带来一个广阔的区域性市场。在2009年8月15日泰国首都曼谷举行的第八次中国—东盟经贸部长会议上，双方成功完成了中国—东盟自贸区协议的主要谈判，签署了《投资协议》，这标志着中国—东盟自贸区将如期在2010年全面建成，这份协议将为双方搭建一个新的投资合作平台，在这个新的历史背景下，如何尽快摆脱国际金融危机对中国—东盟自由贸易区建立的负面影响，加强区域合作，研究中国—东盟农业领域的相互投资问题显得尤为重要。

一、农业投资主体的内涵及分类

要研究农业投资主体的行为特征，充分调动农业投资主体的积极性、主动性和竞争性，首先要对农业投资主体的内涵进行界定。关于农业投资主体，理论界还没有一个比较统一的、规范的认识，不同的学者从不同角度进行了不同划分和界定。杨东升（1997）认为，农业投资主体应是市场体制下的自主经营、自负盈亏、自我约束、自我发展的“四自”性的企业（公司）。其基本特征包括产权主体独立化、经济关系市场化、经济行为自主化、经济决策科学化。具体而言，农业投资主体包括：国家、地方的农业投资公司，境外投资公司、企业（包括工商企业、金融企业、农业企业、三资企业），企业化的国有农场，非国有农场或股份制的新型农场。陈池波（2000）认为，农业投资主体是农业投资决策主体，他们有权对属于自己的资产进行自主处置，包括项目投向、投资规模、项目地址等；农业投资主体的责任是为自己的投资活动积累足够的资金，并管好用活这些资金，使之产生预期收益，以及保值、增值；农业投资主体既是投资风险的承担者，也是投资收益的获得者；农业投资主体是具有自我改造、自我发展能力和自我调控能力的主体。改革开放以后，随着农业投资体制和农业项目管理方式的改革，我国农业投资主体格局和投资组合发生了深刻的变化，形成了多层次、多元化、分散型的农业投资主体新格局。王国敏、马慧吉（2004）认为，1978 年以来农业投资主体已经多元化，现在的农业投资主体结构是“国家 + 农户 + 其他投资主体”，并分析了其他主体，如农村集体、企业、外资等。李健、史俊通（2005）认为，我国农业投资主体包含范围比较广，包括政府财政、集体、个体（农户）、金融机构、外商等。田屹（2009）认为，应从法学意义上来理解，农业投资主体是具有相对独立投资决策权力、充足的资金来源并享有投资所形成的设施、产品等的所有权和支配权、承担投资运行风险的法人或自然人，是筹集与运用农业投资的责、权、利紧密结合的统一体。她指出，农业投资主体应该不仅是指对农业直接投入资金的权（力）利主体，而且还应该是直接从事农业生产经营的主体，或者为农业生产过程提供基础设施以及其他物质条件的主体。政府、集体、农户和企业直接对农业生产过程投入资金，直接或者间接从事农业生产，应当被认定为是我国主要的农业投资主体。她认为，未来的中国农业投资主体将会是以农户和企业投资主体为核心、以政府投资主体为后盾、以农村合作经济组织投资主体为补充的新型农业投资主体格局。

关于中国东盟农业相互投资的主体界定，目前还没有学者进行研究。本人认为相对于中国—东盟自由贸易区而言，农业投资主体主要是指从事跨国农业投资活动的各国政府、企业及自然人。具体来说，农业相互投资主体是指在中国—东盟自由贸易区内，具有独立投资决策权和资金来源、从事跨国农业及涉农产业投资的法人和自然人。它包括三层含义：

（1）在自贸区建设及发展过程中能够相对独立地做出农业跨国投资决策，包括决定投资方向、投资数额等；

（2）有足够的资金来源进行农业跨国投资，包括投资决策者用各种形式筹集到的资金；

（3）投资决策者对农业跨国投资所形成的资产享有所有权和支配权，并能自己或委托他人进行跨国经营。

目前，在中国—东盟自由贸易区内，从事跨国农业投资活动的主要是企业和政府，这里主要讨论这两类主体的投资活动。

二、企业投资主体行为分析

（一）农业企业进行跨国投资的动因

西方经济学家关于企业对外直接投资的原因分析，比较有代表性的有，小岛清将对外直接投资的动因划分为三种类型，即市场导向型、自然资源导向型和生产要素导向型。而邓宁则经过调研总结，将美国企业对外直接投资的动因划分为五种要素：成本因素、市场因素、投资气候、贸易壁垒和总体条件，并认为从对外直接投资决策中的重要性来看，市场因素中市场的规模和增长是最重要的变量。后来，邓宁将对外直接投资的动机归纳为四种类型，即市场导向型、资源导向型、效率导向型和战略资产导向型，并认为前两种类型是公司初始对外直接投资的两个主要动机；后两种类型则是现有对外直接投资增长的主要方式，其目的在于促进公司区域或全球战略一体化。具体来说，中国—东盟农业企业对外相互直接投资的动因可以概括为以下类型：

1. 资源利用型投资

从整个世界格局看，国土疆界把世界自然资源的有机分布割裂开来，导致了国与国之间资源分布的不均衡，几乎没有一个国家拥有其生产和消费所需要的一切自然资源。资源利用型投资是指农业企业为寻求稳定、廉价的资源供应进行的对外直接投资，这是国际直接投资中最常见和最初级的一种形式，此处的资源通常包括自然资源和劳动力资源。寻求自然资源，即自然资源导向型投资，企业对外直接投资是以取得自然资源为目的。我国目前已经较东盟国家提前拥有了原料资源开发实力，而且在我国经济建设中也需要利用国外资源弥补国内不足，解决我国日益突出的人均农业资源占有量短缺的矛盾。而东盟国家的农业、林业、水产等相关产业自然资源丰富，具有较大的开发潜力，而且部分还属于当地政府积极鼓励开发的范畴。因此，我国可以通过到东盟国家进行涉农产业直接投资，在海外建立战略性资源开发生产供应基地，对利用国外资源弥补国内资源短缺，保证国内经济健康持续发展与维护我国非传统安全具有重要的战略意义。一般来说，这类“走出去”农业企业往往经济、技术实力雄厚，专业化水平相对较高，主导产业行业内优势明显，产品的市场需求旺盛而国内基地原料供给力相对薄弱，企业为拓宽发展空间实施跨国战略，利用国外境外的土地、森林资源、海洋建立原材料生产基地。如临海德仁集团，是个木制品加工企业，年消耗木材 25

万立方米左右。2000 年与港商联合投资 4000 万元，在印度尼西亚承包山林 22.5 万公顷，拥有 17 年采伐权，承包期间每年可采伐优质木材 50 万立方米，解决了集团生产胶合板所需原料①。中国通过境外农业投资，派遣农业技术人员和农业劳动力到东南亚地区去租赁土地，开展农业合作项目，一方面可以充分利用他国农业资源，满足中国需要大量进口热带粮食作物和水果等东南亚地区特产的需要；另一方面还可以通过劳务输出部分缓解中国农业劳动力闲置的状况。

在寻求人力资源、利用国外廉价劳动力方面也有农业企业进行了实践。在生产要素中，土地是不可能转移的，劳动力的转移通常要受到较多的限制，开发和利用资源只能在资源较丰富的地方进行，因此必须采用对外直接投资的方式。除泰国和新加坡外，东盟其他国家劳动力成本普遍低廉，为企业寻求廉价生产要素、降低生产成本、增强农产品的国际竞争力提供了契机。泰国劳动力工资水平大概在 70~100 美元。越南拥有充足又廉价的劳动力资源，在 8400 万人的总人口中，27 岁以下的人口占六成。2006 年，越南劳动力总量为 4520 万人，其中农村劳动力为 3290 万人②。越南劳动力中绝大多数完成了高中教育，2007 年越南河内和胡志明市，工人平均月薪 55 美元；在河内和胡志明市内的各个县、市，工人的平均月薪为 50 美元；在河内和胡志明市以外的各直辖市平均月薪 45 美元③。柬埔寨、老挝劳动力平均月薪一般为 35 美元。缅甸工人的平均月工资约 2000 缅元，按目前黑市汇率折算仅为 10 多美元，比越南还低④。而我国的平均工资则为 63~70 美元。中国的农产品加工企业多为劳动力密集型行业，在市场竞争中多凭借成本优势取胜，而廉价的劳动力是实现成本优势的重要因素。如广西凭祥近年来在中越农业投资合作方面作出了新的尝试，积极与越南合作开发农业优势产业，利用越南丰富的土地及其劳动力资源，与越南长定、文朗县合作种植甘蔗。双方协定：合作项目生产原料蔗所需的蔗种、技术指导和肥料由凭祥制糖企业负责提供，并负责收购所产的原料蔗；收购原料蔗时，需要中越两国口岸联检部门给予大力支持，尽量简便地给予办理通关手续。2007 年春，在双方共同努力下，该合作项目在越南文朗县发动农民种蔗 500 亩，当年产量达 2000 多

① 华侨华人经济技术网，浙江省农业实施“走出去”战略，http://www.tt91.com/overseas/wenzhang_detail.asp?ID=59963&sPage=5。

② 中国—越南经贸合作网，越南的劳动力资源，http://www.chinavietnam.gov.cn/cvweb/cvc/info/Article.jsp?a_no=112182&col_no=532。

③ 丘文敏：“越南投资官员答中国企业问”，《大经贸》，2007 年第 2 期，第 87 页。

④ 李慧英：“中国直接投资东盟新四国的区位分析与对策研究”，《河北法学》，2009 年第 27 卷第 1 期，第 179-181 页。

吨，2008年种植1万亩，生产原料蔗达1万多吨，到2010年已发展到6万亩以上①。这些举措有效解决了该市制糖企业原料蔗不足的问题，达到企业增效、蔗农增收、财源增长的目标，在跨境农业投资合作领域方面走出了成功的一步。

2. 市场寻求型投资

市场寻求型投资是指发展中国家企业的投资目的在于避开各类贸易保护壁垒，直接或间接进入当地市场，从而达到巩固和扩大原有市场，开辟新市场的目的，特别是在制造业或服务业的对外投资中，投资国大多数是以东道国市场为目标。对于市场寻求型投资，农业企业往往会分三个阶段走：第一阶段是通过农产品出口，达到了解东盟国家市场的目的；第二阶段是寻找东盟国家代理商，利用它们成熟的销售渠道，扩大农业企业产品在东盟国家的销售量，提高市场占有率；第三个阶段是当农业企业的产品在东盟国家销售良好，直接出口已不能满足销售的前提下，可在东盟国家建立销售子公司，最后建立生产子公司。

农业企业进行对外直接投资是为了开辟和保护国外市场，这类投资分为以下四种情况：

（1）开辟新市场，农业企业通过对外直接投资以谋求在过去已有出口市场的东道国占有一定的市场。市场开拓型大多是以产品出口为主的农产品加工型企业，通过在主要消费市场成立贸易公司、办事处或设立分厂、产品超市等形式在东盟国家建立销售网络、销售窗口。随着我国及东盟国家经济与世界经济进一步融合，特别是加入WTO以后，外国企业进入国门同中国企业争夺国内市场，企业的产品在国内市场占有比例已接近饱和或是受到其他产品的强有力竞争，因而企业在国内的进一步发展受到一定程度的限制，冲破限制的有效办法之一就是迫使本国企业走出去，对外投资，开发国外市场，寻求新的市场需求。我国改革开放30年来培养的许多成熟的涉农产业已经到了向周边国家转移的时候。我国经济开始迈向工业化阶段，农机、纺织、服装等产品在国际市场的信誉度日益提高。我国必须抓住向东盟国家直接投资的有利时机，发挥我国在技术成熟度、产业集中度、生产标准化和规模经济及管理水平等方面的优势，通过在国外实现就地生产和销售，转移我国多余的制造业生产能力，并以此为突破口向东盟进军，大力发展经济合作，从而弥补国内市场的不足。"市场开拓型"是目前浙江省农业"走出去"的主流，涉及农产品生产的各个领域，项目的数量最多，投资规模差异较大。据统计，温州商人在越南生产的轻工和原料产品的产值，一年要达到5000万美元。温州企业通常利用当地廉价劳动力，将中国的原料半成品运到

---

① 广西新闻网，凭祥与越南合作种植甘蔗、首次从浦寨入境压榨，http://www.gxnews.com.cn/staticpages/20090311/newgx49b6fc1d-1945464.shtml。

越南进行深加工，再将大部分产品销往其他国家。现在越南要对面料进口征收45%的关税，但随着东盟自由贸易区的建立以及零关税计划启动，投资还将获得更大利润空间。越南的工资、土地成本低，当然更重要的是借助东盟打通出口渠道[①]。

（2）保护和扩大原有市场，涉农企业在对出口市场的开辟进行到某种程度之后，为了给顾客提供更多的服务，巩固和扩大其市场占有份额，通过对外直接投资在当地进行生产和销售更为有利。随着中国改革开放的不断深入，生产力水平已有大幅度提升，很多产业如农药、化肥、饲料等涉农产业，在产品质量、技术等各方面已具有较强的国际竞争优势。但在中国农村市场需求递增速度较慢，一些在国内行业中一直处于领先地位的涉农企业，为了寻求更长远的发展，赢得更广阔的市场，都将拓展国外市场作为其重要目标。据不完全统计，浙江省温州市全市农业“走出去”企业主要从事水产品养殖、水果、蔬菜、粮食、花卉苗圃种植、畜产品养殖、加工以及小水电开发等。目前在外建有粮食、海淡水养殖、蔬菜、水果各类基地170万亩，其中粮食有70万亩、水果蔬菜经济作物60万亩、林木花卉约10万亩、水产养殖约30万亩。小水电开发投资达10亿元，总装机容量达15万千瓦；农产品市场和流通投资约6.3亿元，建筑面积达11万平方米[②]。

（3）克服贸易限制和障碍，农业企业可通过向进口国或第三国直接投资，在进口国当地生产或在第三国生产再出口到进口国，目的是避开进口国的贸易限制和其他进口障碍。这种方法就是通过对外直接投资，绕过贸易伙伴国的关税和非关税壁垒，迂回地进入设置配额或许可证等进口国市场，分享经济全球化带来的利益。中国农业企业通过在已结成自贸区的东盟国家进行农业直接投资，利用交易内部化原理就地生产、就地销售或在当地直接出口到第三国，可以规避国际贸易壁垒，避免反倾销。目前中国农业企业频频遭到发达国家甚至部分发展中国家的反倾销制裁，为此损失巨大。而欧美发达国家往往对最不发达国家的出口贸易采取优惠和扶持政策，如果被制裁行业的农业企业选择在东盟不发达国家如老挝、缅甸、柬埔寨投资设厂，同样遵循原产地规则，出口的商品就能够规避贸易壁垒，避免不必要的损失。例如在老挝，纺织品加工程度达到40%，就可享受零关税或低关税出口欧美和南亚市场，并且没有配额限制；许多西方国家对在柬埔寨生产的产品没有配额的限制，进入欧美市场的关税以及非关税门槛都很低；越南与世界各国和地区签署了86项双边贸易协定、46项鼓励和保护投资协定，

① 中国服装协会网，中国服装“越南制造”，http：//www. cnga. org. cn/news/View. asp？NewsID = 24231。

② 温州农村经济网，温州农业“走出去”和“引进来”：现状与发展，http：//nj. wzvcst. cn/news. asp？id =600。

与美国签有纺织品优惠政策协议。这样，在日、韩、美以及欧盟与东盟的经贸合作背景下，中国农业企业通过直接投资于东盟10国，充分利用在东盟国家进行农业生产的有利条件，以较低的成本将更多的产品出口到可能会面临贸易障碍的其他国家或地区，很好地实现稳定和拓展产品市场的目的。

（4）跟随竞争者，形成寡占市场结构，即少数大企业占统治地位的市场结构，当一家农业企业率先到国外进行直接投资，其他企业就会跟随而至，有时甚至不惜亏损，以维护自己的相对市场份额，保持竞争关系的平衡。例如，对于东盟啤酒市场的占领，国内早在几年前，嘉士伯、金星啤酒就在云南建厂，意图以云南为跳板，逐步占领东盟市场，将品牌推向国际化的大舞台。由于青岛啤酒已经抢占先机，率先在泰国建厂，云南啤酒企业为能与之抢占市场份额，加快了进军东盟的步伐。

3. 技术合作型投资

中国和东盟国家经济发展水平的不平衡，从某种意义上说，也是技术发展的不平衡。经过近20多年来的引进外资和自我发展，中国和东盟国家的技术水平都有了很大的提高。对中国而言，不管是在尖端的高新技术还是一般民用技术上，都达到了较高水平，完全具备了对外输出的能力。今天的国际投资已越来越变成了技术投资，发展中国家也越来越多地采取“以市场换技术”的引资方式。当然，任何投资都应有一定的技术含量。中国和东盟虽然国际知名企业不多，但是只要具备了一定实力，有自主知识产权的农业企业都可以对外投资。这类“走出去”的主体一般具有较强的科研和技术开发能力，其主导产品的开发生产技术具有自主知识产权，在国内、国际市场有明显的技术优势。如湖州市农科院以技术入股的形式，与越南文阮公司合作创办“越南阳光蚕桑产业科技发展有限公司”，占20%股份，2005年在越南新建年产5万张蚕种的蚕种场，并进行桑、蚕新品种的开发研究和推广①。

（二）农业企业跨国投资的方式

在明确了投资动机之后，面临的问题就是以什么样的方式进入。农业企业在实际的运作中，对投资方式的选择做出了因地、因人、因事而异的选择，使投资方式逐步趋于灵活。目前我国与东盟国家相互直接投资的方式主要有跨国并购和跨国新建。这也是对外直接投资最常见的方式。

跨国并购是指跨国公司通过一定的程序和渠道进行兼并或收购，并依照东道

① 华侨华人经济技术网，浙江省农业实施“走出去”战略，http://www.tt91.com/overseas/wenzhang_detail.asp?ID=59963&sPage=3。

国的法律，取得现有企业的部分或全部所有权。并购的主要优势是进入迅速、可以获得被收购企业的市场份额，减少竞争压力。与新建投资相比，农业企业跨国并购具有以下优点：

（1）迅速进入目标市场，缩短项目的投资周期，特别是农产品加工业，并购方式缩短建设时间，跨国公司在自贸区内东道国目标市场迅速建立起海外产销点。

（2）能充分利用东道国现有农业企业的生产经营资源，容易获得公司发展所需的资源，如技术、商标和专利等无形资产，提高农业企业的研究和开发能力，还有可能得到公开市场上难以获得的高新技术，利用适合当地市场的原有管理制度、管理经验和管理人才，从而获得竞争优势并能快速实现当地化生产。

（3）农业企业可以以较低的成本进入新的行业，由于并购没有给东道国目标行业增加新的生产能力，短期内不会引起东道国行业内的供求失衡，因此会减少进入障碍，特别是在并购目标处于困境的特殊时期，更能降低并购成本，提高投资的经济效益。

（4）可以迅速地在自贸区内扩大产品种类和经营范围，尤其有利于农业企业实行多元化经营。同时，能迅速扩大企业规模，达到最佳规模经济的要求。

缺点在于进入市场后整合难度大，短期内投入大，同时可能购买到企业不需要的资源，并可能受到东道国政府政策的限制。美国 ADM 公司和新加坡 WILMAR集团共同投资组建的益海嘉里（中国）集团是 ADM 在中国扩张的典型代表。继油料产品之后，近年来益海嘉里集团已在河南、河北、黑龙江、山东、湖南等粮食主产区建立或并购粮食加工企业，并开始构建从收储到加工、销售的一条龙经营体系。益海嘉里母公司丰益国际 2008 年财务报告显示，益海嘉里在中国已经拥有了 9 家面粉加工企业。在 2007 年，这个数字还仅为 5 家，而到了 2009 年这个数字已经增加到 12 家①。

而跨国新建则是指通过直接投资在国外目标市场创建新企业或新工厂，形成新的生产经营单位和新的生产能力。新建的优点是投资者能够在最大限度上实现自己的经营目标，并贯彻自己的经营意识，具有主动性。新建一般都容易受到东道国的欢迎，东道国往往给予一些优惠政策。但新建企业需要大量的筹建工作，速度慢、周期长，与并购相比，新建企业需要更长的周期、更多的资金，因此风险也比较大。另外，新建企业无法借助原有企业的市场渠道、技术、人员等条件，很难在短时间内在东道国市场展开跨国经营活动。从中国农业企业对外直接投资的实际情况看，这两种方式同时并存，但以新建方式居多。目前，为扩大海外市场，促进设备、原材料、零部件的出口，我国大力鼓励农业企业到境外设立

① 人民网，外国粮油领地跑马圈地、国际粮商进中国收购小麦，http：//shipin. people. com. cn/GB/12201667. html。

加工贸易企业。在这一政策推动下，一些生产能力过剩的企业纷纷将自己的生产设施向外转移，在国外建立各种类型的境外加工企业。这些企业的对外直接投资都与输出设备、技术及零部件组装有关。比较而言，由于收购方式不利于设备、原材料和零部件的输出，故中国企业较少采用。

新建从形式上又可以分为独资、合资和合作三种形式。

独资是指跨国公司依照东道国的法律，在国外设立独资经营企业，该企业是由母公司控制100%股权的企业。独资企业的三大特征是高投入、高控制能力、高风险。它可以使企业获得长期的收益。大多数情况下，独资企业是拥有所有权优势企业常采用的进入模式。且企业常采用兼并的方法以获得现成的设备、劳动力、管理知识甚至市场份额。在东盟地区，中国大型涉农企业集团的部分主导产业具有一定的技术优势，再加上中国与东盟国家地理临近、中国农业企业对东盟人文环境比较熟悉，所以中国这类企业生产和技术向东盟国家转移相对较为容易。只要东盟的相关产业允许独资，中国具有生产规模大、技术水平高、在国际市场竞争中处于优势地位的跨国农业企业可以采取独资经营方式。如在柬埔寨对国际直接投资的股权比例没有严格要求，因此，在柬埔寨投资时可以更多地选择独资方式。新希望集团是一个经营实业的综合性农业企业集团，连续3年入选中国企业500强。2007年底，集团总资产249.43亿元。集团拥有企业超过380家，员工超过5万人，其中有近3万人从事农业相关工作，业务领域涉及养殖、饲料、乳业、肉食品加工等，有大专以上专业员工1.2万人，同时带动超过240万农民走上致富道路。早在1998年，由新希望集团控股的四川新希望农业股份有限公司已经走入国际市场，将新希望集团成熟的饲料生产、开发、技术、品牌和资金带出国门，在胡志明市工业开发区开始独资建设新希望在国外的第一家工厂——胡志明市新希望饲料有限公司。2001年，该集团又开工建设河内新希望公司，并开始在菲律宾邦邦牙市筹建菲律宾（邦邦牙）新希望饲料有限公司。经过10年的努力，新希望已经在越南投资了10家饲料厂，投资超过2亿元，新希望的饲料也已经打入了越南的主流市场①。但对于其他国家而言，由于种植业投入大，回收期长，受自然因素影响大，因此种植业投资的风险较大。因此一般不易采取独资的方式，大多采取合资合作的多方参与模式进行。

合资是指有两个或两个以上的国家和地区投资者在选定的国家和地区投资，并按照有关法律组织建立起来，共同经营、共同管理，按照股权比例承担风险和盈亏的企业。与其他合作经营企业相比，合资企业强调合资双方投入资本，分享所有权，其基本特点是合资各方共同投资、共同经营，共担风险、共负盈亏。合

① 海外投资法律咨询网，中国企业“走出去”案例分析，http：//www.fdi－law.com/view2.php?id=452。

资经营方式优点在于减少中方投资，能够充分利用当地企业的无形资产，并在财力、物力、人力上得到更多好处，享受更多的东道国投资优惠待遇，有利于企业化解政治风险，以降低生产成本以及较快地占领东道国市场。这对于解决两国资金不足，实现利益共享、风险共担、优势互补、共同发展，都是很有必要的。东盟大多数国家对许多产业的外资股份比例做出了限制，而中资企业也偏向于合资方式，因此合资方式成为进入这些国家的主要方式。比如老挝国家经济欠发达，市场体制还不健全，投资环境相对较差，因此投资的不确定性和风险大。由于农产品加工业（尤其是初级加工）大多是成熟技术过剩产业，不存在技术流失，也不必进行技术控制。因此可采取合资经营的方式，以分散投资的风险。合资经营还可以利用当地国家的人才、市场资源，避免经营过程中的冲突和摩擦。国际商务研究的最新成果表明，在进入一个与本国存在明显的文化及产业差异的国家时，企业常采用合资的进入方式。这是一种相对合算的融入当地生产和市场分销系统的方法。但合资企业也有一些缺点，最大的问题就是管理费用较高，合资双方对于预期利益的差别导致的分歧难以控制，而且双方有潜在的冲突，可能这些冲突将对谋求长期合作构成威胁。合资，今后仍然将是中国—东盟国家相互投资的主要形式。独资和合作经营在目前还为数不多，将来自贸区内国家资金实力不断壮大起来，独资形式定会明显增加。1979 年，正大集团在深圳投资 1500 万美元建成当时全国最大的年产 8 万吨现代化饲料生产企业——正大康地有限公司，在深圳特区兴建了第一个饲料厂，成为深圳市第一家外资企业。1984 年 6 月，正大集团在长春市建立吉林正大有限公司，是中国饲料行业第一家中外合资企业。截至 2004 年底，正大集团在中国的农牧业投资项目共 122 个，遍及中国除西藏、青海以外的所有省市，正大集团目前在中国的饲料企业已经达到 98 家，其中 63 家为合资、合作企业，饲料厂超过 100 家，绝大部分为与各省市粮食局、畜牧局等合资、合作的企业，其员工总数超过 8 万人，总投资近 50 亿美元，年营业收入 300 多亿元。该企业以饲料产业为基础，形成了饲料生产加工，家禽、家畜、水产育种和养殖，鸡、鸭、猪等食品加工，率先采用了公司 + 农户的发展模式，带动了中国广大农村的农民就业和致富①。

合作企业，亦称契约式合营企业。它是指两个或多个合作者共同投资或提供合作条件举办的企业。合作企业可以组成具有法人资格的实体，也可以组成非法人的经济实体。其特点是合作方式较为灵活，它与合资经营企业最大的不同，在于各方的投资一般不折算成出资比例，利润也不按出资比例分配。各方的权利和义务，包括投资或提供合作条件、利润或产品的分配、风险和亏损的分担、经营

① 中国畜牧兽医信息网，中国名牌企业正大集团：与中国的农牧业、饲料业共成长，http://www.cav.net.cn/news/news.php? id = 10828。

管理的方式和合同终止时财产的归属等项，都在合作各方签订的合同中确定。如云南鸿宇集团的下属分公司——云南绿宝产业开发有限公司，1998 年以来，致力与缅甸、老挝等周边国家进行禁毒替代产业综合开发。在帮助云南边境地区广大贫困农户大力发展经济作物脱贫致富的同时，还将经济作物的种植延伸到缅甸北部地区，对水稻、龙眼、茶叶、橘子、橡胶、香蕉、柠檬、玉米，采取合作开发、种植示范、维护管理、技术辅导、产品收购、加工、市场营销等替代发展的合作方式，发展境外替代种植产业。与缅甸佤邦政府签署了以禁毒替代种植为前提的农业综合开发项目合作协议书，在缅甸佤邦开展种植业、养殖业、商贸、旅游等综合开发，以达到协助缅甸佤邦政府实现全面禁耕、禁种的目标。在此之前，由于常年种植鸦片，缅甸的农业非常落后，劳动生产率退化，亩产水稻仅为 100 多公斤，经过鸿宇集团提供技术及资金帮助，亩产水稻最高达到 720 公斤，平均达到 540 公斤。2005 年 6 月 6 日已经实现全省禁止种植罂粟。目前鸿宇集团从事“走出去”战略的下属企业有 5 个，涉及项目 10 多个，农经作物品种 10 多个，加工厂 3 个，完成替代种植面积 10 多万亩①。浙江四方集团是一家以生产农机为主的国内知名企业。1996 年四方集团出口缅甸市场 727 万美元，农机市场占有率达 65%，1997 年金融风暴，公司的出口受到了很大影响，于是公司向缅方提出了如下技术合作方案：缅方提供厂房、人力、电、水及购买手扶拖拉机、柴油机生产装配所需的设备，四方公司提供生产装配拖拉机、柴油机所需的零配件、原材料及技术服务，公司所投入的零配件、原材料，由缅方完成装配，销售后给予偿还。确定合作方式后，1998 年四方集团在缅甸进行带料加工贸易的手扶拖拉机就达 3000 台套。在此合作的基础上，四方公司出口手扶拖拉机散件在缅甸装配每年可达到 6000～10000 台②。

我国具有一定资产和对外直接投资能力的企业大多实行全球化经营战略，但由于中国—东盟经济贸易快速发展的时间还不是很长，国内农业企业对于投资在东盟国家经营风险的评估还不够准确，所以我国对东盟直接投资的方式一般选择合资比较稳妥。当然在对东盟直接投资的进入方式选择上并不是单一的，也可能会同时采用几种方式进入。这取决于农业企业对客观情况和自身条件的判断，即在考虑企业自身投资能力和风险承受能力的基础上，结合投资区域的特点、投资项目的特点及各种可行的进入模式产生利润收益、风险和非利润目标等方面的对比分析加以确定，并且要注意经营模式的动态调整和优化。

① 中国光彩事业网，云南鸿宇集团实施“走出去”战略及境外开展禁毒替代项目，http：//www.cspgp.org.cn/hong_ yu。

② 中国机电出口指南，以境外加工贸易方式“走出去”的浙江四方集团，http：//mep128.mofcom.gov.cn/mep/zhuanti/hwzgjdqy/al/104387.asp。

（三）农业企业跨国投资的区位选择

在邓宁提出的投资发展轨迹的观点中，他运用人均 GDP 指标，对每个阶段 FDI 的流出与流入同本国经济发展之间的关系做了量化分析。他将对外直接投资的发展划分为四个阶段：

第一阶段属于前工业化阶段，人均国内生产总值在 400 美元以下，处于这一阶段的国家向外直接投资能力很弱，只有少量的外资进入，净对外投资为零或负数。这是由于国内市场狭小，基础设施不足，劳动力缺乏教育以及商业和法律框架发展都不够，企业没有所有权和内部化优势，该国也不具备区位优势。

第二阶段，人均国内生产总值在 400 ~ 2000 美元，处于这一阶段的国家对外资的吸引力增强，外国直接投资的流入迅速增加，主要是针对国内消费产品和基础设施的市场寻求型投资，但随着该国基础设施的改进以及经济结构和政府外资政策的调整，区位优势有所增加，由于本土企业缺乏所有权优势，对外直接投资还较少。

第三阶段，人均 GDP 在 2000 ~ 4750 美元之间，在这一阶段的国家，吸收外资的速度开始减缓，但是由于企业开始形成自己独有的与区位相联系的优势，并开始寻求更多的途径来提高自己的所有权优势，对外投资开始增加，两者的差距开始缩小。

第四阶段，人均 GDP 在 4750 美元以上，属于发达国家，外资流入减少，对外投资继续增加，净对外投资存量变为正值，即对外投资额大于吸收外资额。

东盟 10 国可按年人均 GDP 分为：4750 美元以上、2000 ~ 4750 美元、400 ~ 2000 美元 3 个层次，对号入座则第一层次有新加坡、文莱和马来西亚，第二层次有泰国、印度尼西亚和菲律宾，第三层次有越南、柬埔寨、老挝和缅甸。到 2008 年，已经没有东盟国家处于 400 美元以下的第四层次。表 4.1 是 2000 ~ 2008 年东盟 10 国的人均 GDP 统计表。

在云南与东盟国家的投资合作来看，双方企业跨境投资的数量不断增加，规模不断扩大。从“引进来”方面看，新加坡、泰国、印度尼西亚在昆明、思茅两地市投资兴办的农业企业已有 15 家，协议利用外资已达 3 亿美元；从“走出去”方面看，云南到东盟国家投资的企业主要有云南省土产进出口公司、云南国际经济技术合作公司、昆明神犁拖拉机有限责任公司、云南农垦集团等，主要投资国家为泰国、菲律宾、缅甸、越南、老挝和柬埔寨等国。主要项目有水稻种植、蔬菜种植、橡胶种植加工、肉牛养殖、小型拖拉机装配、海产品加工等。其中，云南农垦集团总公司在泰国北部投资的橡胶制品合作项目超过 2000 万美元。另外，云南在缅甸、老挝边境地区开展的毒品替代种植已投资约 3 亿元，发展各

表 4.1　2000～2008 年东盟 10 国的人均 GDP 统计表

单位：（以当年现价计算）美元

年份／国家	2000	2001	2002	2003	2004	2005	2006	2007	2008
文莱	18469	16839	17158	18708	21863	25744	29922	31582	35623
柬埔寨	288	295	309	349	392	453	515	601	756
印度尼西亚	807	775	932	1100	1105	1295	1636	1909	2237
老挝	275	365	369	425	487	539	645	736	918
马来西亚	3844	3665	2884	4152	4877	5281	5902	6866	7922
缅甸	192	136	136	221	191	198	233	333	465
菲律宾	978	916	956	971	1039	1158	1351	1658	1844
新加坡	23007	20670	21098	22066	25791	27343	30053	36440	38046
泰国	1976	1840	2001	2233	2501	2707	3151	3726	4116
越南	403	415	440	489	555	637	725	833	1053

类农作物种植面积已达 44.5 万亩，促进了当地经济的发展和社会进步①。截至 2008 年 7 月底，广西共有 27 家农业企业到东盟国家进行投资，投资总额达 5 亿元，投资国主要集中在 GMS 国家②。

1. 中国与东盟第一层次国家的农业投资合作方式选择

东盟第一层次国家指农业资源稀少但经济发达的新加坡和文莱两国，以及经济持续高速发展的亚洲地区引人注目的新兴工业化国家之一的马来西亚。由于中国与这三国农业资源禀赋差异大，农产品贸易的互补性较强，目前双方主要是以农产品贸易合作为主，以中国出口优势农产品为主。但从发展前景来看，未来双方农业合作转向垂直合作为主，即以投资合作和建立综合农业合作实验区为主。由于中国与新加坡、文莱相比，经济发展水平、研究与开发能力、营销技能等都有较大差距，因此，新加坡、文莱的投资商在中国进行的农业投资可考虑采取垂直投资合作的方式，外商提供资金和技术，在中国进行原料生产和初步加工，半成品运到新加坡、文莱进行深加工，产品可满足新加坡、文莱国内需要或向第三方市场出口。另外，文莱大部分农产品自给率很低，但其人均 GDP 较高，政府非常重视农业基础设施建设，并给予企业税收优惠，中国企业可到文莱开展农业投资和合作开发。2009 年 11 月 11 日中国广西（博白）旺旺大农牧有限责任公司与文莱的公司在文莱首都斯里巴加湾的帝国大酒店签署了“中国—文莱合作种

① “云南与东盟国家加强农业合作研究”课题组：《云南与东盟国家加强农业合作研究》，车志敏主编：《云南发展研究》，云南民族出版社，2003 年版。

② 陈前恒：《关于中国—东盟农业合作状况的调研》，《东南亚纵横》，2009 年第 2 期，第 56－59 页。

植水稻项目”合作协议，该公司签下了“合作50年，种植水稻面积700公顷”的合作协议，实际上文莱的合作公司还答应，如果水稻种植顺利，还可以租种周边的农民的稻田，面积也有700公顷左右。也就是说，在合作的50年中，旺旺大农牧有限责任公司可以有1400公顷的水田耕种。这样一来，就可以带动更多国内生产农机、化肥、农药的厂家发展，也为国内的农民工劳务输出提供路子[①]。

2. 中国与东盟第二层次国家的农业投资合作模式选择

东盟第二层次国家指泰国、印度尼西亚和菲律宾。该层次的国家与中国尤其是西南地区农业资源禀赋既有相似也有差异，目前双方开展了互访、交流、农产品贸易、农业技术示范的合作。从发展前景来看，未来双方农业合作应以投资合作和制度组织合作为主。泰国及菲律宾有完善、高效的农业推广体系、农业合作社协会、农产品运销体制等，因此，中国应以优惠政策吸引东盟第二层次国家到中国进行农业投资合作。首先，通过引进外资带动先进技术的引进。泰国等国家在农业技术水平上有许多方面比我国高，在引进投资时，一定要注重引进东盟国家先进而又实用的农业技术，因为没有先进的农业技术就难以形成农产品国际竞争力。引进的外资项目应以种子、种苗、农业设备、储藏设备、生产技术、种畜种禽等先进技术为主。其次，通过引进外资促进我国农业生产管理水平的提高、制度的完善、组织的发展。最后，应鼓励和支持中国企业到泰国、菲律宾和印度尼西亚等国家进行农业投资，带动有优势的中国农业技术、产品和管理进入这些国家，提高农业生产水平，改善其粮食安全，减少粮食进口，增加出口。2007年初，中菲两国签署合作协议，在未来5~7年内中国将斥资49亿美元投资菲律宾农业，菲律宾允许中国吉林富华农业科技发展有限公司投资38.3亿美元，在菲律宾100万公顷土地上种植高产玉米、稻米和高粱。这可以缓解菲方每年进口玉米在80万~100万吨之间的粮食短缺问题[②]。

3. 中国与东盟第三层次国家的农业合作模式选择

东盟第三层次国家包括越南、缅甸、老挝、柬埔寨。中国的西南省区与越南、缅甸、老挝毗邻，自然条件相似，经济发展水平比这些国家高，农业研究与开发水平也有较好基础。因此，目前双方的互访、交流，农业技术培训和示范合作较好，农产品贸易合作最多。从发展前景来看，未来双方的农业合作应以投资合作方式为主，双方可以共同研发、共同生产、共筹资金、共享市场。相比较而言，东盟这四国资源丰富，而中国技术、劳动力与资金相对富余，因此，中国应尽早鼓励和组织有实力、有基础的企业集团到这四个国家进行农业投资合作，这

---

① 广西新闻网，中国文莱种植合作项目玉林品种水稻1月25日可收割，http：//www.gxnews.com.cn/staticpages/20100112/newgx4b4bf1eb－2587839.shtml。

② 陈海玲：《中国给菲律宾农业注入活力》，《国际商报》，2007年6月19日第007版。

有利于我国农村剩余劳动力的转移、农业产业结构的调整，扩大东盟市场，共同开拓第三市场，避免相互之间的竞争，推动我国农业“走出去”战略的实施。缅甸的可耕地和闲置地很多，目前，缅甸允许外国人租赁土地经营农业，土地租赁期一般为30年。规模不超过3万亩，租金每亩每年0.76～2.47美元，期满后可以再续租，条件非常优惠。缅甸已经同意把中缅边界克钦邦德乃河平原一带大约100多万英亩的土地出租给中国使用。我国南方同缅甸气候相同，可以派一批农业技术人员到缅甸去租赁土地等①。缅甸政府在鼓励本国农民种植橡胶的同时，积极吸引外商到该国投资开发橡胶产业，并多次向我方提出可划定海南橡胶开发园区，推动海南企业到缅甸投资种植橡胶。海南是我国最大的天然橡胶生产基地，具有鲜明的橡胶产业优势。经过50多年的建设和发展，海南已具备了把天然橡胶产业做大做强的基本条件。在育种方法和加工技术上，许多领域处于国际先进水平，与缅甸的合作项目正是展示与推广中国先进生产技术的良机②。南宁金穗农业科技公司于2009年3月与海南有关单位合作在老挝万象附近租地，建立了500亩香蕉实验基地，希望利用老挝的气候条件等优势生产错季香蕉供应市场。目前，第一批试种香蕉已抽蕾，长势良好。位于老挝占巴塞省巴松市的“中国—老挝农业合作示范基地”，是广西农业职业技术学院与华亚金桥公司投资建设的，占地60多公顷。经过3年来的探索试验，目前该基地已陆续生产出生态优质的果蔬投放当地市场，供不应求③。云南省与缅甸在农业方面的相互投资2006～2007年上升很快，到2008年初，缅甸在云南省的投资企业达117家，云南省在缅甸从事经贸活动的企业达270家，主要涉及农产品加工、农用机械组装、农业技术推广等。云南省在中缅、中老边境一线缅北和老北地区推动以水稻、橡胶、甘蔗等替代罂粟进行农业开发，面积达1.9万公顷④。尤其是昆明市在老挝北部的替代种植项目发展迅速，已经初具规模，昆明市在老挝北部的替代种植项目涉及橡胶、大米、玉米、蓖麻、小油桐、茶叶等种植，以及橡胶、木材加工和玉米烘烤等产业。截至2009年10月，昆明市替代企业在老挝北部共有17个项目，实际投资36783万美元，种植面积约70万亩⑤。云南的力量生物有限公

---

① 南方网，掘金东南亚——东盟十国商机报告，http：//www. southcn. com/news/china/china04/zgdm/zhuanjjy/200311061238. htm。

② 上海农业网，“我们对中国伙伴充满期待”——缅甸农业采访见闻，http：//e－nw. shac. gov. cn/wmfw/hwzc/hygl/200802/t20080226_ 228212. htm。

③ 广西农业信息网，广西与老挝农业合作项目推进顺利，http：//www. gxny. gov. cn/web/2010－01/268398. htm。

④ 新浪网，云南省积极参与区域合作，务实创新成果丰硕，http：//news. sina. com. cn/c/2008－03－28/095613649849s. shtml。

⑤ 证券之星网，昆明市在老挝北部替代种植项目已初具规模，http：//finance. stockstar. com/JL2009122200002274. shtml。

司、景洪金润公司、剑峰公司、中老橡胶公司等分别在老挝投资，仅力量生物公司一家企业就与老挝4个省签订了几百万亩的甘蔗、木薯、橡胶种植协议，投资额近1000万美元①。

三、政府投资主体行为分析

近年来，中国政府与东盟国家的农业投资合作形式日趋多样化，主要有政府间的互访、交流和高层会晤，签署涉及农业投资的协议，举办农业技术人员培训、农业技术交流与示范合作等。

（一）互访、交流和高层会晤

自20世纪90年代以来，中国西南边境省区就利用与东盟国家毗邻的便利，积极与缅甸、老挝、泰国、柬埔寨、越南等国农业部门互派专家、技术人员和管理干部进行相互考察、访问和交流，尤其是近几年来，这样的互访和交流日趋频繁。据不完全统计，早在2003年以前仅云南省农业部门和科研院所到泰国、越南、老挝、缅甸、柬埔寨的考察访问就达60多批1000多人次，上述5国到云南省考察、访问、培训也达到了40多批500多人次②。除了双方的民间和科研机构间的互访交流活跃之外，也带动了双方高层领导的交流。总体上说，这种合作模式增进了相互之间的了解，为开展更深层次的合作奠定了扎实的基础。同时，也推动了双方合作的机制制度化。正是双方互访交流尤其是官方高层的会晤，签署各种合作协议，为双方农业合作提供了制度保障，促进了双方农业的合作。到2008年底，中国已与泰国、越南、菲律宾、缅甸、老挝、柬埔寨、印度尼西亚和马来西亚8国签订了14个双边农业或渔业合作协议或谅解备忘录，建立了11个双边农业或渔业合作联委会（工作组）。通过双边农业合作政策的制定，不断优化和突出了农业合作重点，及时协调和解决了双边农业合作的若干问题。中国与东盟签署有关农业合作的文件主要有：

（1）2002年中国与东盟签署《中国与东盟农业合作谅解备忘录》。2001年11月，中国与东盟第五次领导人会议把农业确定为面向21世纪合作的重点领域

① 云南法制网，“走出去”、云南民企另辟掘金之路，http：//www.ynfzb.cn/Article/payn/200612/2872.html。

② “云南与东盟国家加强农业合作研究”课题组：《云南与东盟国家加强农业合作研究》，《经济研究参考》，2004年第58期，第33－43页。

之一；到了2002年11月，农业部与东盟国家农业部门正式签署《中国与东盟农业合作谅解备忘录（2002～2006年）》，标志着中国与东盟国家的农业合作进入全新发展阶段。中国与东盟开展全方位的农业交流与合作，在诸多降税计划中农产品最早实行了“零关税”。在这份备忘录中具体提出了农业合作的主要领域，包括人才培训、技术交流、农业技术的试验示范和促进商业及投资合作；并提出中国与东盟农业科技长期合作的重点，包括杂交水稻种植、水产养殖、农业生物技术、农畜产品和农业机械等方面。中国将向东盟国家提供杂交水稻、畜牧业、渔业、水产养殖和生物科技、农产品加工等领域的培训。2007年初，中国农业部与东盟秘书处续签了《中国—东盟农业合作谅解备忘录》，期限为2007～2011年。

（2）中国与泰国签署《中泰加速取消果蔬关税协议》。2003年初，为加快中国—东盟自由贸易区的建立，中泰两国开始启动中国—东盟自由贸易区框架下的“早期收获”计划。在“早期收获”框架之内，两国官员正式签署了关于加速取消两国蔬菜和水果关税的协议。根据该协议，从2003年10月开始，中泰两国间的蔬菜、水果、坚果产品（共188种产品）的贸易实行零关税。到了2004年6月，新加坡也加入了水果蔬菜零关税协议，越南政府随后申请加入该协议。实施这一政策以来，中国的蔬菜水果进出口均快速增长，水果贸易实现顺差，尤其是苹果和梨的出口增势较旺。到2005年1月，将原有的中泰两国果蔬“零关税”安排扩展至泰国、新加坡、马来西亚、印度尼西亚、菲律宾、文莱东盟6国。

（二）农业技术培训和示范合作

中国与东盟国家的农业合作的途径除进行互访交流外，农业技术培训和示范已顺利开展。从2002～2007年，中国为东盟国家共举办人力资源培训63项，培训农业管理和技术人员1005名。内容有马铃薯丰产栽培技术、杂交水稻育种和栽培技术、东盟橡胶生产加工技术、东盟国家林业产业化、农村能源与生态技术、农业信息化技术、食药用菌生产技术和种子管理与技术、动物营养与饲料加工、动物疫病监测控制技术、水产养殖技术等，涉及农业、林业、能源、水产等多个领域，近1005名来自东盟各国的农业技术和管理人员参加了培训，均取得了较好的成效[①]。近年来，广西区农业厅、水产畜牧局承担了柬埔寨农户户用沼气示范项目、农村户用沼气管理人员培训班、甘蔗生产管理人员培训班、中越边境动物疫病监测控制项目培训班、援助越南防治高致病性禽流感物资项目、中越禽流感防控技术培训项目等国家项目[②]。

① 上海农业网，推进中国—东盟农业合作、促进中国农业发展，http：//www.shac.gov.cn/scfx/jck-xd/tjyfx/t20060630_ 154437.htm。

② 陈前恒：关于中国—东盟农业合作状况的调研，《东南亚纵横》，2009年第2期。

双方的农业合作在技术培训顺利进展的同时，已开始向更高层次的农业技术示范合作迈进。从2002～2008年，中国与东盟国家共同开展农业技术交流与合作项目33项，涉及计算机食品安全信息系统、水稻种植与机械化收获技术、可再生能源、蔬菜种植和贸易、食用菌生产技术、橡胶生产加工技术、养猪、水产养殖技术、农业生物技术研究和应用、动物疫情检测、林业产业化发展、农业信息化、粮食安全信息技术、机械化技术、土壤保护与肥料使用技术、动物营养与饲料管理、奶牛饲养管理技术等①。中国帮助推广杂交水稻为主的优良品种和高产栽培技术，带动了东盟国家的粮食生产，使平均单产提高了30%以上，有效改善了东盟各国粮食安全状况。

2004年竣工的中国—菲律宾农业技术中心，2005～2006年示范推广杂交水稻组合40多个，在菲律宾累计推广100万公顷，平均单产达到10吨/公顷，比当地水稻单产提高近40%；云南省农科院在缅甸、柬埔寨推广杂交稻20多万亩；湖南的隆平高科公司在东盟国家示范推广100多个杂交稻组合，培训400多人次。2005年中国出口杂交水稻种子1.8万吨，2006年出口量增至2.5万吨，越南、缅甸和印度尼西亚等国是主要市场②。中国农业部、商务部、科技部等部委在东盟国家建立了一些农业示范基地。比如，在柬埔寨建立了种猪示范场、在菲律宾建立了中菲农业技术合作中心、在缅甸建立了中缅农业技术合作示范园等。中国—柬埔寨种猪示范项目，是由中国农业部和柬埔寨农林渔业部合作实施的项目，旨在依托中国种猪资源优势和现代养猪技术条件，促进柬埔寨专业化和规模化养猪，提高养猪的生产效率和经济效益。早在2004年，该项目就被列入两国重要农业技术合作项目。中国负责向柬埔寨提供养猪生产关键设备和仪器、优质种猪，派出长短期专家指导种猪生产并培训柬技术人员，提供种猪饲养和疫病防治等方面的技术支持。柬方负责示范种猪场的基本建设。项目总投资约120万美元，中方累计投资800万元。2007年9月，示范场竣工。2008年1月，154头来自天津宁河原种猪场和浙江加华种猪场的中国种猪离开中国飞抵金边，项目正式运行③。中国与菲律宾的农业合作围绕杂交水稻技术的引入和市场推广展开。由中国政府提供500万美元无偿援建的中菲农业技术中心2003年投入使用，据统计，为期5年的第一阶段项目引种了40个中国杂交稻组合，其中比菲律宾当地对照常规稻增产30%以上的就有28个，单产超过10吨/公顷的就有25个。中国

① 陈前恒、吕之望：《中国与东盟农业合作状况与展望》，《东南亚研究》，2009年第4期，第46－50页。

② 中华人民共和国商务部外贸发展事务局网，中国—东盟农业合作成果丰硕，http：//wmfzj. mofcom. gov. cn/aarticle/ag/200712/20071205291171. html。

③ 饲料大全网，中国与柬埔寨种猪示范合作项目启动，http：//www. cnfeed114. com/news/ news_view. asp？ id＝130951。

无偿提供的9734公斤中国杂交水稻种子，除了小部分用于试验田示范外，95%以上都无偿分发到了农民家里种植，当地农民无偿得到的种子、化肥、农药、农机服务以及增产的粮食，直接收入估计可达2300万比索（约52万美元）①。2004年，我国农业部决定投资人民币500万元，在缅甸建设“中缅农业技术示范园”。到2008年初，总面积10公顷的农业技术示范园基建部分已经全部完工，种植水果8公顷，设施蔬菜2公顷。中国专家在示范园改良了土壤，建设了微喷灌系统，定植了果树幼苗，还兴建了高标准的温网室，能同时进行蔬菜育苗、种植和果树育苗及引种隔离。与此同时，中方先后派出两批专家对缅方技术人员进行现场技术培训，使受训人员基本掌握并能够运用各项栽培技术。从2008年起，示范园开始全面生产，中国良种示范及展示也已逐步展开②。

各地方政府也在东盟国家建立起了一些农业示范基地。广西在越南河内农业综合技术示范研究推广基地，在老挝占巴塞省建立的农业科技示范基地，还建立了中老果树示范基地、玉米示范基地、桑蚕示范基地，在柬埔寨建立的生态农业模式示范基地等已经取得了很好的成效；由云南省农业厅承担了援建越南老街省农业技术推广培训中心，由云南省农科院承担的中越大小麦农业科技合作与开发项目，云南省在老挝占巴色省建有咖啡研究实验农场，在波乔省建有中寮红牛生态农工科技园，云南省农垦系统在老挝北部进行橡胶种植项目；云南省还在柬埔寨暹粒省建有农业发展示范园，在老挝万象成立了以橡胶产业开发为主双方合资的中老橡胶有限公司。2007～2008年，云南省资助老挝在乌多姆赛等地建立了动植物疫病监控点等③。如由中越两国科技部发起，经广西科技厅立项，广西农科院与越南第一农业大学共同实施的中越农业综合技术示范研究推广基地，并在河内建立了一片1.2公顷的示范基地。通过这一基地，我国先进的适用农业技术、农作物品种及农业生产资料等在越南得以示范和展示，基地成为我国农作物品种和农业综合技术向越南及其他东盟国家推广辐射的一个有效的示范窗口④。云南—暹粒友好农业科技示范园是云南省与柬埔寨暹粒省建立友好省份以来实施的第一个合作项目，该园建成塑料大棚3865平方米，完成了田间沟渠的开挖及水池建设，首次试验种植的云南水稻、玉米、花卉、水果、蔬菜等新品种长势良好。作为项目承担单位云南省农科院选择产量较高的3个云南杂交稻品种云光14号、云光16号、两优2186，配合水稻精确定量栽培技术在示范园里试验种植，

① 广西经济新闻网，中菲农业技术开展合作，http：//www.gxcbt.com/2010－1/2010 126112419.htm。

② 上海农业网，“我们对中国伙伴充满期待”——缅甸农业采访见闻，http：//e－nw.shac.gov.cn/wmfw/hwzc/hygl/200802/t20080226_ 228212.htm。

③ 新浪网，云南省积极参与区域合作，务实创新成果丰硕，http：//news.sina.com.cn/c/2008－03－28/095613649849s.shtml。

④ 广西科技信息网，http：//www.gxsti.net.cn/gxsat/zxzx/kjcz/tpxw/26007.shtml。

产量分别达到 3. 92 吨/公顷、3. 66 吨/公顷、3. 36 吨/公顷，每公顷比当地品种分别增产 1. 42 吨、1. 16 吨、0. 86 吨[①]。重庆市政府 2004 年 3 月与老挝签订了“中国重庆（老挝）农业综合园区项目”合作协议。据介绍，农业园区规划面积 5000 公顷，总投资 498 万美元，包括种植业、水产业、加工业等 7 个具体项目，由政府提供税收、资金等方面的优惠政策，鼓励吸引企业进入园区。项目建成后，园区年销售收入将达 771 万美元，年平均利润 65. 5 万美元，年缴利润税 18. 2 万美元。而且，项目还将输出 1 万名劳务人员到老挝种地，发展农业生产和加工。同年，重庆市的农业企业在政府支持下，大规模到老挝租地种粮[②]。重庆市政府于 2009 年年初决定安排 1000 万元扶持中国重庆（老挝）农业综合园区示范项目配套建设并于 7 月 10 日首笔资金 50 万元划拨到位[③]。

① 云南—暹粒农业示范园建设顺利、新品种长势良好，http：//news. yninfo. com/yn/jjxw/201001/t20100102_ 1369683. htm。

② 价值中国网，郑风田等：走出去种粮，吵来吵去什么是正确的？http：//www. chinavalue. net/Blog/BlogThread. aspx？EntryId = 137684。

③ 中国对外投资和经济合作网，重庆市政府决定安排 1000 万元人民币扶持中国重庆（老挝）农业综合园区示范配套建设，http：//fec. mofcom. gov. cn/xwdt/gw/282342. shtml。

第五章　中国—东盟农业领域相互投资方向、重点领域及优先序分析

农业合作是中国—东盟自由贸易区10大重点合作领域之一。2002年，中国与东盟签署了《中国与东盟农业合作谅解备忘录》，自此中国与东盟开展了全方位的农业交流与合作。中国与东盟农业的差异性和互补性使得双方的贸易和投资合作存在巨大的发展空间，加强农业的投资合作，将提高总体农业生产效率，增强中国和东盟农产品的国际竞争力，实现“双赢”。

一、中国—东盟农业领域相互投资的方向

中国资源的人均占有量相当稀缺，而东盟10国的自然条件都比较优越，耕地、水资源等都十分丰富，有很大一部分尚未开发，在大多数国家农业都是经济支柱。

（一）中国农业

中国位于亚洲东部，太平洋西岸。陆地面积约960万平方千米，东部和南部大陆海岸线1.8万多千米，内海和边海的水域面积约470多万平方千米。中国地势西高东低，山地、高原和丘陵约占陆地面积的67%，盆地和平原约占陆地面积的33%。疆域由南到北相距5500多公里，兼有热带、亚热带、暖温带、温带、寒温带和寒带等几个不同的气候区，其中绝大部分处于温带，适宜农、林、牧、渔等各业生产的发展①。中国是农业大国，农业在整个国民经济中占有举足轻重的地位。2008年，全国总人口为13.28亿人，其中乡村人口7.21亿人，占总人口的54.32%。中国是一个人口多、耕地少的国家，仅有全球7%的耕地，却养活了全球1/5的人口。目前，中国粮食、棉花、油料、水果、蔬菜、肉类、禽

① 河北畜牧兽医网，中国农业发展概况，http：//www.xmj.heagri.gov.cn/shichang.asp？kid = 4&bid = 3&ID = 207。

蛋、水产品产量都居世界第一位，人均棉花、油料、肉类、禽蛋和水产品等已经达到或超过世界平均水平。经过几十年的发展，种植业结构由以粮食为主转变为粮食作物与经济作物、饲料作物全面发展，农业内部结构由以种植业为主转变为种植业和林牧渔业共同发展。

1. 种植业

种植业主要包括粮食作物、经济作物、饲料作物、绿肥作物和园艺作物等，其中以粮食作物和经济作物为主要生产部门①。中国耕地的面积只有 122.5 万平方千米，约占世界耕地面积的 7%，主要集中在东部季风区的平原和盆地地区。中国生物资源种类繁多，世界上主要的粮食作物和经济作物都有种植。2009 年中国粮食产量为 5.30 亿吨，占全球谷物产量 22.34 亿吨的 23.72%；油料产量 3049 万吨②。粮食作物包括水稻、小麦、玉米、大豆和薯类。水稻是中国粮食作物的主要品种，产量约占粮食总产量的 38.7%，小麦产量约占粮食总产量的 21.9%，玉米约占粮食总产量的 25.3%③。稻谷主要分布在南方，小麦和玉米主要分布在北方。豆类中主要是大豆，其次还有小豆、绿豆、豌豆、蚕豆等，大豆分布在东北平原和黄淮平原。薯类主要是甘薯和马铃薯。甘薯分布较广，以珠江流域、长江中下游等为集中产区。经济作物，包括油料、棉花、麻类、糖料、烟叶、药材等。面积最多的是油料和棉花，油料作物以油菜籽和花生为主，油菜主要分布于长江流域，花生以黄淮海平原居多。棉花面积仍以黄淮海平原较多。

在农业科技领域，中国不断缩小与发达国家的差距，科技进步对中国农业的贡献率已由 1949 年的 20% 上升到现在的 42%。农业科技部门在高新技术、生物技术、基础研究方面发展迅速，基因工程、植物细胞和组织培养、花药培养、单倍体育种及其应用研究处于国际先进地位。两系法品种间杂交水稻、杂交玉米育种以及精耕细作的多熟种植技术等方面，已达到或接近世界先进水平④。与此同时，中国农业部门从世界各地引进 10 多万份农作物品种、苗木，并选育了水稻、玉米、小麦等作物的新品种、新品系。水稻旱育稀植、地膜覆盖、新型农机具、农药等先进技术也得以在生产中广泛应用。

2. 林业

中国森林面积 1.75 亿公顷，居俄罗斯、巴西、加拿大、美国之后，列世界第五位。全国活立木蓄积量为 136.18 亿立方米，森林蓄积 132 亿立方米。中国

---

① 吴晓涛：《中国种植业农业装备投入的结构性分析》，《农机化研究》，2010 年第 10 期，第 6 - 10 页。

② 中国农业信息网，全年粮食产量预计达 10600 亿斤以上，http：//202.127.45.50/xxlb/t20091228_1407218.htm。

③ 美中贸易发展协会网，中国农业概况，http：//www.sino - usa.org/news/index.html。

④ 蒋和平、辛岭：《中国种植业生产的现状与政策建议》，《世界农业》，2008 年第 11 期，第 34 - 37 页。

森林蓄积居俄罗斯、巴西、美国、加拿大、刚果（民）之后，列世界第六位。全国约有高等植物3万多种，仅次于马来西亚和巴西，居世界第三位，其中特有植物种类17000余种。中国拥有经济价值较高的杉、松、柳、杨等树种，其中水杉、银杉、水松、杜仲等名贵树种为中国特有。近年来，木材、人造板、松香、家具、经济林等传统产业继续保持稳定发展的态势，竹藤花卉、森林旅游、森林食品、森林药材等非木质产业增长迅速，野生动植物繁育利用等一批新兴产业异军突起。2010年，全国森林覆盖率达到20%，林业产业总产值达到1.2万亿元，沙化土地治理面积1.1亿亩，50%的自然湿地和90%的国家重点保护野生动植物物种得到有效保护①。中国有“竹子王国”之称，竹林面积、蓄积量和竹材产量，占世界1/3左右。

3. 畜牧业

中国是畜牧业生产和畜禽加工业大国，中国的畜牧业资源和肉类生产在全球占有重要位置。自1990年以来，中国肉类总产量始终在世界各国中处于首位。2009年，中国肉类总产量7500万吨，其中猪肉产量4889万吨；禽蛋产量2660万吨②。中国牲畜种类主要有猪、牛、羊、马、驴、骡、骆驼、鸡、鸭、鹅、兔等400多种。畜牧业生产主要分布在农区。农区的牲畜约占全国牲畜总数的80%，提供的肉类约占全国总量的90%；禽、奶、蛋也居主要地位。畜类以饲猪为主，其次为牛，再次为马、驴、骡、羊；禽类以养鸡最多③。中国可利用草地面积有31333万公顷。天然牧场主要分布在内蒙古、新疆天山和阿尔泰山之间的盆地和青藏高原。牧区是草原畜牧业的主要地区，是牛、马、羊的集中产区，但在全国的比重不大。改革开放以来，由于畜牧业发展较快，肉、禽、蛋、奶和皮革制品等畜产品的产量成倍增长，并大量出口国际市场。中国的肉类加工业已基本建立起以现代肉类加工业为核心，涵盖畜禽养殖、屠宰及精深加工、冷藏储运、批发配送、商品零售及相关服务的完整产业链，在行业规模、技术水平和产业素质等方面取得了突破性的进展。

4. 水产业

中国是全球水产业第一大国，中国的水产品产量已经连续20年居世界首位。2009年水产品产量5120万吨，其中，养殖水产品产量3635万吨；捕捞水产品产

① 新华网广西频道，中国林业概况，http：//www.gx.xinhuanet.com/misc/2007－09/30/content_11308681.htm。

② 国研网，2009年我国肉类产量达7500万吨同比增长3.1%，http：//www.drcnet.com.cn/DRCNet.Common.Web/DocViewSummary.aspx？docId＝2132422&leafId＝3063。

③ 中国百科网，中国农业概况，http：//www.chinabaike.com/article/316/327/2007/2007022054293.html。

量 1485 万吨[1]。海洋水产品产量约占水产品总量 70%。中国水产品的出口额也位列世界第一。中国水产资源丰富，其中海洋水资源有鱼类、头足类、甲壳类、贝类、藻类等，大黄鱼、小黄鱼、带鱼、墨鱼、鲳鱼、对虾等都是名贵品种。淡水水产量属世界最多的国家之一，主要经济鱼类品种有青、草、鲢、鳙、鲤、鲫、鳊鱼等 50 多种，东方对虾、中华绒螯蟹、鲥鱼、鳗鲡等驰名中外。渔业生产大部分集中在近海海域。据不完全统计，我国水产养殖品种已多达 300 ~ 400 种，除传统的鱼、虾、蟹、贝、藻外，其他如海参、海蜇、龟、鳖、蛙类等进入了水产养殖品种行列，并占据了重要地位，国外引入的大菱鲆、黄盖鲽、三文鱼、白蛙、鲟鱼类、兰鳃太阳鱼等珍稀种类，已成为主要养殖品种[2]。

（二）越南农业

越南国土面积 32.96 万平方公里，其中耕地面积为 566.8 万公顷，平均一个农业劳动力 0.2 公顷，低于世界平均水平，属于人多地少的国家。

越南还是一个多山之国，境内 2/3 以上是山地和高原。北部和西北部为高山和高原；东部沿海为平原，红河三角洲是越南主要产米区之一，地势平坦，河网密布，但红河及其支流常发洪水；面积近 3 万平方公里湄公河三角洲土壤肥沃，是世界上最富庶的水稻产区之一。越南经济以农业为主。越南人口约 8000 万人，农业人口约占总人口的 80%，耕地及林地占总面积的 60%。

1. 种植业

越南主要种植水稻、玉米、高粱、豆类、木薯等粮食作物。稻谷是其主要粮食作物，主要分布在红河三角洲、湄公河三角洲及沿海平原地区。稻谷的种植面积占越南农业用地总面积的 50% 以上，解决了 80% 劳动者的就业问题。20 世纪 80 年代以前，因其粮食绝大部分不能自给，越南每年都需要大量的进口。20 世纪 80 年代后期，越南稻谷生产快速发展，种植面积不断扩大，单位面积产量不断提高，生产的粮食不仅满足了国内需求，而且还拥有余力大量出口。根据越南工商部统计数据，2007 年全国稻谷总产量达到 3590 万吨，除国内消费和饲料用粮外，可供出口的稻谷 850 万吨（相当于大米 467 万吨）[3]。

越南的经济作物主要有橡胶、茶叶、咖啡等。橡胶是越南最重要的经济作物

---

① 全年水产品产量 5120 万吨，增长 4.6%，http://www.xumuren.cn/? action - viewnews - itemid - 81534。

② 杭州渔技网，我国水产养殖业概况及病敌害防治对策，http://www.hzfishery.com/html/main/bfzj-View/9077.html。

③ 中国商品网，越南农业及水产业亮点频出，http://ccn.mofcom.gov.cn/spbg/show.php? id = 7210。

之一。到2009年越南橡胶种植面积已从20世纪70年代的7万多公顷扩增到了67万公顷，干橡胶汁产量达72万吨，出口橡胶68万吨，金额超过12亿美元，成为世界第4大橡胶出口国。按规划至2010年越南全国橡胶种植面积要达70万公顷[①]。目前，越南的同奈、小河、多乐、广平和广治等省建有大规模的橡胶种植园，同时在老挝、柬埔寨两国开展了橡胶种植项目。

越南全国种植咖啡的省份达17个，主要产区是多乐省、义安省和河静省。2009~2010年咖啡种植面积达到53.7万公顷，咖啡已然成了仅次于大米的越南第二大出口创汇的标志农产品。据越南可可协会称，越南全国目前共有124万公顷种植咖啡的土地，越南咖啡现已出口到88个国家和地区，仅次于巴西，居世界第二位[②]。

越南为全球5大茶叶供应国之一。茶叶在越南的种植已经有3000多年的悠久历史，茶叶工厂共有600多家，生产的主要是绿茶和红茶，在出口的茶叶品种数量中红茶占80%，绿茶则主要用于国内消费。越南2009年前7个月的茶叶出口金额达7840万美元，其茶叶产品已经在110个国家和地区出现[③]。最大市场为中东、俄罗斯与其他东欧国家、日本和中国台湾。

越南水果与蔬菜已经出口到50个国家和地区，以亚洲为主要市场，近些年来也打入到如美国和日本等高需求市场。越南在2010年水果与蔬菜的出口额达到7.60亿美元，种植面积增加到1亿公顷，并竭尽全力克服原料、食品安全、收获后的技术困难。越南受欢迎的热销出口产品，包括各种芒果、菠萝、龙眼、香蕉、大蒜和蘑菇等。但是，越南的产品主要是供国内消费，大多数都是新鲜的水果与蔬菜商品，其中只有10%~15%供应给加工厂和出口。此外，越南新鲜水果与蔬菜的总价值只占整个农产品的2.5%[④]。

2. 林业

越南林业资源丰富。面积1340万公顷的森林约占全国土地面积的37%（2006年）。已知树种有1000多种，主要用材树种有柚木、红木、铁木、越南红木、花梨木、樟木、格木、乌梅木等。森林中植物品种近7000种，包括铁松、玉桂、花梨、红木等近20种贵重木材。越南还有近50万公顷的沿海水上森林。明海省所拥有的水上森林面积位居世界第二。此外，越南还拥有非常丰富的药材

① 中国化工信息网，越南橡胶业步入发展“高速路”，http：//www.cheminfo.gov.cn/ZXZX/page_info.aspx？id=256419&Tname=hgyw&c=10。

② 上海农委政务网，经济全球化背景下的越南创汇农业，http：//e-nw.shac.gov.cn/wmfw/hwzc/sjnygl/t20031017_89606.htm。

③ 生态茶品牌网，越南2009年前7个月茶叶出口量增加，http：//www.shengtaicha.com/news/show-14264.html。

④ 新农村商网，越南大力出口水果与蔬菜，http：//nc.mofcom.gov.cn/news/10369142.html。

资源。

3. 畜牧业

小规模庭院畜牧养殖占越南畜牧业总产量的7成。畜牧养殖在越南农村创收方面起着重要的作用；估计830万户农民养禽，700万户养猪。越南人均肉品消费平均为40公斤，猪肉占肉品消费总量的比例最大（76%），其次是禽肉（13%）和红肉（9%）[①]。为了鼓励商业猪肉生产，政府对商业农场、大型屠宰场和肉类加工厂，实施减免土地租金和税收、鼓励投资、财政支持等优惠政策。

2008年越南政府实施了畜牧业发展战略，以便对越南的畜牧生产与加工进行重组和产业化。在这个发展战略下，越南计划将畜牧业占农业总产值的比重从现在的30%提高到2015年的38%。

4. 水产业

越南东、南两面临海，拥有3260公里漫长的海岸线，全年平均气温约为25℃，对于海洋生物的生长和繁殖极为有利。越南境内连绵的湖泊和密布的江河为海洋水产的自然生长和人工养殖提供了良好的条件。目前，越南共建有30多个大型渔场，著名的渔场有九龙江口和富国岛周围的渔场、平顺渔场、藩切渔场和北部湾西部的一些渔场。

越南的水产品出口一直保持良好的增长势头，2010年越南水产品出口额突破47亿美元[②]。尽管如此，水产养殖者和生产商之间的沟通不畅，人力资源紧张等问题也阻碍了越南水产业的快速发展。与此同时，越南水产业还面临着来自各国贸易壁垒，原材料供应短缺导致的生产率不高，部分水产品卫生检验检疫未达到国际标准等多重压力。

5. 农机、饲料、化肥

受越南农业结构的限制，越南农场规模较小，不适于使用大中型轮式拖拉机，应用的农业机械主要以小型发动机、拖拉机、水泵以及脱谷机、收割机、烘干机等为主。但由于越南农业机械技术发展缓慢，生产的农业机械种类简单、质量不高且售价昂贵，越南农机产品的需求仍存在巨大的缺口，目前农机产品每年的缺口在4万台左右。

随着粮食和经济作物生产对化肥的需求量日益增加，尤其氮肥、磷肥、钾肥等化肥的缺口较大。越南农药工业发展滞后，全国化肥仅15万吨的年产量难以

① 农业养殖技术网，畜牧综述：越南畜牧发展解析，http：//www. hao6. org/article – 1559 – 1. html。

② 中国农产品加工网，2010年越南水产品出口额将突破47亿美元，http：//www. csh. gov. cn/article_313501. html。

满足每年220万吨的需求，国内市场对化肥的进口需求量很大，化工产品市场潜力巨大。此外，越南近年来发展较快的养殖业对饲料的需求与日俱增，饲料市场也蕴藏着巨大的发展潜力。

农业发展正作为越南一项重要的经济发展战略，战略目标是通过快速利用科技的进步、高新技术和国内外的高度竞争，建立强有力、现代化和持久全面发展的农业，并鼓励外商向农业领域投资，其农业科技、农产品生产加工、农用机械生产加工等领域都有着广阔的市场前景。

（三）泰国农业

泰国有着得天独厚的地理位置与气候条件，农业在泰国的经济发展中占有举足轻重的地位，在东盟国家中泰国的农业出口占外贸出口比重基本上是最高的，已成为世界五大农产品出口国之一。

泰国位于中南半岛中部，面积51.4万平方公里，人口近6000万人，地势北高南低。全长1200公里的湄南河纵贯南北，是全国最重要的灌溉水源和航运干线。全国耕地面积约为2000万公顷，80%的人口从事农业生产。

泰国在热带水果、新鲜水果及干制水果、木薯及其制品、橡胶及其制品和棕榈等产品方面有很强的国际竞争力。农业收入的60%来自农作物，其余来自水产养殖业、畜牧业、农产品粗加工和农业服务。

1. 种植业

泰国以种植稻谷为主，逐渐发展起了橡胶、甘蔗、烟草、木薯和玉米种植业。主要种植的农作物有大米、木薯等，尤其在生产和出口大米方面非常突出，素有“东南亚粮仓”的美称。泰国的大米不仅能满足国内的需求，而且是亚洲唯一的粮食净出口国和世界上主要粮食出口国，出口量居世界第一位。近年来在东北部与北部地势相对较高的地区大量种植木薯，木薯出口量已占到世界出口总量的85%，也位居全球之冠①。

泰国的玉米、高粱等旱地作物，主要用于饲料加工并出口，其中玉米产量排世界第四，在国际市场上占有相当大的份额。

泰国全国76个府中有52个府种植橡胶，狭长的南部地区集中种植了全国87.15%的橡胶，近年来逐渐开始在北部和东北部扩大种植，使泰国成为世界三大橡胶生产国与出口国之一，世界排名第三。

在泰国几乎能见到所有的热带水果，盛产分别被誉为“果中之王”和“果中之后”的榴莲和山竹，荔枝、龙眼、红毛丹等热带水果同样名扬天下。另外，

① 安徽省发改委网，泰国优势产业介绍，http：//www. ahpc. gov. cn/info. jsp？ xxnr_ id =10041562。

泰国在水果罐头和蔬菜市场中也取得了令人瞩目的成就，泰国菠萝罐头已占据世界市场的35%。由于气候原因，泰国蔬菜种植的品种较为单一，产量也偏低，主要从中国进口。虽然蔬菜生产有限，但蔬菜资源十分丰富。

2. 畜牧业和渔业

在泰国，牲畜的重要性仅次于农作物。政府引进了发达国家的优良牲畜品种，并采用杂交育种和人工授精的先进科学手段增加牛肉和奶制品产量。在饲养业方面，鸡、鸭、肉、蛋等畜禽产品不仅能满足国内市场需求，而且出口量越来越大。泰国冻鸡、鸡蛋、冻虾等冷冻制品的出口已跻身于世界10大出口国之一。其中冷冻虾的出口跃居世界的第3位，冷冻鱼、海产罐头出口已进入世界前5位。

泰国还有2600公里长的海岸线，为海洋渔业和近海养殖业提供了辽阔的海域和滩涂，是亚洲第三大海洋捕鱼国，鱼产品出口在亚洲仅次于日本。泰国的渔业九成靠海上捕捞，而淡水养鱼的比例仅占不到1成。目前政府大力发展淡水鱼养殖，现在大大小小的养鱼场有近100个①。

3. 农机、化肥

泰国的农业机械化水平比较低。除手扶拖拉机和水泵在本国生产能力较强、应用较广外，其他农业机械大部分靠进口，保有量也较低。化肥必须依靠进口，昂贵的价格仍然是泰国农民面临的大问题。

4. 农产品加工

泰国的农产品加工业发展很快。伴随着农牧渔业生产发展，单一的以碾米为核心的食品加工业已发展成为拥有粮食加工、果蔬加工、海产品加工和饲料加工等多品种高附加值的创汇行业。

泰国重视农业的发展是泰国工业化阶段发展战略所贯穿始终的一个基本原则，以农业为依托促进工业化发展，充分发挥自然资源和劳动力资源的优势，坚持以轻工业和农产品加工业为主，重化学工业为辅，振兴出口，在泰国整个工业化进程中始终发挥了重要的作用。

（四）印度尼西亚农业

著名的“万岛之国”印度尼西亚共和国位于亚洲东南部，由太平洋和印度洋之间约13700个大小岛屿组成，国土面积190.46万平方公里，人口2.22亿人，居世界第4位。各岛处处青山绿水，四季皆夏，被誉为赤道上的翡翠，又因其丰富的自然资源成为当之无愧的“热带宝岛”。农业在印度尼西亚国民经济中

① 中国—东盟商务会展中心，泰国农业概况，http://www.asean35.com/news/8717.html。

历来占有十分重要的地位。全国农业用地面积 3098.7 万公顷，占国土面积的 17%；农业产值占国内生产总值的 13%；农业劳动力占全国劳动力总量的 43.3%[①]。全国 65% 的陆地被森林和各种植物覆盖，其中不乏名贵的珍稀木种。

1. 种植业

粮食作物是印度尼西亚种植业的基础部门。稻米是主粮，由于气候不宜种植小麦，面粉尚依赖进口。杂粮有玉米、木薯、大豆等。虽然单产较低，但印度尼西亚却是东南亚最大的豆类生产国。此外，印度尼西亚是世界上种植面积第二大热带作物生产国，经济作物大多在种植园种植，不仅品种繁多，而且产量也在世界上名列前茅。印度尼西亚的胡椒、金鸡纳霜、木棉和藤的产量居世界首位。天然橡胶、椰子产量居世界第二位。印度尼西亚也名列世界棕榈油出口国的前三甲，另外还盛产咖啡、茶叶、香料等。印度尼西亚也是“水果王国”，盛产香蕉、芒果、菠萝、木瓜、榴莲、山竹等各种热带水果。热带经济作物产品的大量出口，为印度尼西亚换取了大量外汇。

2. 林业

有着“赤道翡翠”美誉的印度尼西亚森林资源十分丰富，森林面积为 1.2 亿公顷，森林覆盖率为 67.8%。印度尼西亚政府在制定综合发展战略时，就提出要开发林业资源。

印度尼西亚盛产的各种热带名贵的树种，如铁木、檀木、乌木和柚木等均驰名世界，尤其热带红木闻名于世，但砍伐量大于生长量，1985 年起禁止原木出口，在保护资源方面起了一定作用。近年来，政府重视发展木材加工业，大量出产胶合板，已控制世界 2/3 的市场。

在印度尼西亚政府 2010 年宣布的新的农业发展五年计划中，将继续发展以水稻为主的粮食作物，积极发展畜牧业和水产业，加大农业种植园建设，以保证国内市场需求，同时扩大出口，并带动偏远地区的经济发展，力争将印度尼西亚打造成世界的粮食生产基地。计划到 2030 年，将该国发展成集水稻、玉米、糖、咖啡、虾、肉类和棕榈油为一体的全球最大产地之一。

3. 畜牧业

印度尼西亚适宜放牧的面积广阔，印度尼西亚近年来大力发展畜禽业，强调集约化经营，发展了大中型的养鸡场、养猪场、奶牛场。畜牧业产值占农业产值的比重不断提升，保护了国内畜牧业的发展。另外由于近一半的饲料成分必须依赖进口，加上外汇兑换率的变化因素，饲料价格十分不稳定。

---

① 无锡市政府网，南非、印度尼西亚农村和农业发展考察报告，http：//www.wxnb.gov.cn/gzjb/gzjb/1034417.shtml。

4. 渔业

印度尼西亚海岸线全长约35000公里，内陆河流众多，海洋和淡水渔业资源都十分丰富，水产业潜力巨大。苏门答腊岛东岸的巴干西亚比亚是世界著名的大渔场。海洋渔业捕捞量增加很快，如金枪鱼产量已跃居亚洲首位，位居世界前列。内陆渔业逐步从捕捞转向养殖，其海水和淡水养鱼池以及稻田养鱼面积日益扩大，2010年渔业产量增长6.9%，达到1070万吨①。捕虾业和养虾业同步发展，享有盛名，近年更大力引进外资，增加冷冻包装设备，大量出口，已在世界市场占有一席之地②。

（五）新加坡农业

新加坡是一个城市岛国，由占总面积91.6%的新加坡岛及其附近63个小岛组成。北隔柔佛海峡与马来西亚西端为邻，南隔马六甲海峡与印度尼西亚的苏门答腊岛相望。地处太平洋和印度洋的转运要道。

素有“花园城市”之美誉的新加坡作为一个城市国家，依靠其独特的地理条件与良好的气候特征，成就了其旺盛的动植物系统，使自然资源贫乏，农产品不能自给的新加坡，通过利用科技大力发展并形成了高产值的都市农业，实现了经济社会的快速发展。

新加坡土地与水资源非常有限，几乎没有农村，农业在国民经济中所占比例不到1%。农业可耕地面积5900公顷，占国土面积的9.5%。因受土地面积的限制，种植业大力发展果树、蔬菜、花卉等经济作物；产业类型以高产值出口性农产品为主，如种植热带兰花、饲养观赏用的热带鱼等；本地只有少量家禽饲养、水产、鸡蛋奶牛生产和蔬菜种植。全国80%的蔬菜从马来西亚、中国、印度尼西亚和澳大利亚进口③。

随着城市化不断发展，耕地不断减少，新加坡越来越重视都市农业，并不断以高科技、高产值为发展目标，形成了现代化集约的农业科技园、农业生物科技园、海水养殖场等几种都市农业模式。

（六）菲律宾农业

菲律宾是一个群岛国家，陆地面积3000万公顷，47%是农业用地，林地

① 第一食品网，印度尼西亚今年渔业产量计划增长6.9%，http://www.foods1.com/content/885101/。

② 中国—印度尼西亚经贸合作网，印度尼西亚农业概况，http://www.cic.mofcom.gov.cn/ciweb/cic/info/ArticleList.jsp?siteid=cic&col_no=458。

③ 甘庆华：《新加坡的都市农业》，《老区建设》，2007年第9期，第62-63页。

1580 万公顷，海域面积 27.6 万平方海里。农业在菲律宾经济中占有十分重要的位置，农业产量通常占到国内生产总值的 1/5，全国 70% 的人口在农村，2/3 的农村人口靠农业维持生计①。

1. 种植业

菲律宾是稻米主产国家，也是稻米消费国家，由于人口迅速增长而稻米产量受耕地资源、技术限制增长缓慢，菲律宾一直依赖谷物的进口，小麦主要进口市场为美国、加拿大；大米主要进口市场为泰国、越南。目前菲律宾人均稻米消费量只有 120 公斤，在世界稻米主要消费国中是比较低的，随着人口增加和经济发展，稻米需求量还会有较大的增长。玉米是菲律宾的重要作物，年产量 450 万吨左右，但由于畜牧业的迅速发展，对玉米的需求量不断增加，只有靠进口平衡供给。

菲律宾盛产香蕉、菠萝、芒果、木瓜和椰子，水果生产也让当地人颇引以为豪,但却不是供给国内市场，因为菲律宾的水果生产侧重于发展外向型农业，这就增加了菲律宾进口水果和蔬菜的依赖。2000 年菲水果出口达到 3.5 亿美元，主要进入韩国、日本、中国大陆、中国香港和中国台湾市场。但是同时，菲律宾要从美国、澳大利亚、中国以及加拿大等进口超过 1.2 亿美元的水果和蔬菜②。

椰子、甘蔗、马尼拉麻和烟草是菲律宾的四大经济作物，其中椰子产量和出口量均占全世界总产量和出口量的六成以上。菲律宾是亚洲第六大卷烟生产国，烟草种植面积占该国可耕地面积的 1.4%，其中 58% 为烤烟，其次是白肋烟、香料烟和当地烟，卷烟价格处于世界最低水平。

2. 林业

森林资源丰富，有红木、樟木等名贵木材，面积 1250 万公顷，覆盖率约 40%。但由于长期无计划砍伐，森林面积逐年缩小。

3. 畜牧业

据最新统计，活动物、家禽及渔业这三个领域，占了菲律宾整个农业近 50% 的比重。菲律宾每年的牛、猪、鸡肉消费量约 200 万吨，其中大部分是当地生产。20 世纪 90 年代中期以来，在 WTO 规则下，菲律宾政府同意开放其活动物、肉类和家禽产品市场，进口成为一个不可缺少的肉类产品供应渠道，主要进口市场为美国、加拿大、印度、澳大利亚和欧盟。

---

① 中国后现代农业网，菲律宾农业概况，http://www.hxdny.com/news_detail.asp?newsid=1120。

② 中国—东盟自由贸易网，市场分析，http://www.chinaaseantrade.com/CountryInfo/PageCountryInfo.aspx?CountryID=8&MenuID=669d2ee0-5f6b-4c8a-820c-75312789697f。

4. 渔业

菲律宾四面环海，有漫长的海岸线和广阔的海域，渔业资源丰富，鱼类品种繁多。过去菲律宾的渔业比较落后，20 世纪 60 年代以来，由于政府开始重视发展渔业，菲律宾一度成为东南亚第二大渔业国。无论是远海、近海渔业，还是其他渔业都很有发展前途。菲律宾还是世界上少数几个海藻产量稳定的国家之一。近几十年来，随着海藻养殖和加工技术的进步及菲律宾政府扶持政策的实施，菲律宾海藻产业从无到有，逐步发展成对出口创汇、增加就业和减少贫困有重大贡献的主要产业，成为全球第五大海藻供应国和菲律宾水产品出口中的第二大产品。

5. 农机

手扶拖拉机是菲律宾主要的整地机械。耕地的机械化程度达 88%、平地的机械化程度达 65%、耙地的机械化程度达 87.5%。育苗播种、拔秧和插栽以及田间管理主要是人工作业。收割作业 93% 靠人工作业，只有 7% 利用割晒机。脱粒作业的机械化程度达 93%，干燥的机械化程度只有 5%，碾米全部由机械完成①。

菲律宾农业发展潜力较大，但由于缺乏基础设施、资金等原因限制了农业的发展。2008 年初，菲律宾国会计划与预算委员会要求政府将其农业政策从对基本食物的大力支持和保护转向鼓励农业多元化、加工和商业化，以提高农民的生产力水平。为了吸引更多的投资，菲律宾政府采取和执行开明的自由化与放开私有化并行的政策。它还继续努力进一步为现有的和将来的投资者改善经营环境，包括降低在菲律宾经营的成本、改善基础设施和确定良好的治理工作。中国与菲律宾农产品贸易额和比重都还较小，但双方开展农产品贸易的前景十分广阔。

（七）马来西亚农业

马来西亚由东马来西亚和西马来西亚两个互不相连的地区组成，总面积约为 33 万平方千米。西马地区是全国人口和经济重心。全国主要为红壤和冲积型草甸土，宜农面积约 1160 万公顷。马来西亚属热带海洋性气候，自然资源丰富，主要农产品有棕榈油、橡胶、大米等，农业产品主要用于满足国内市场需求。

农业是马来西亚重要产业部门，20 世纪 70 年代以后，随着工业化程度的逐步提高，农业在马来西亚国民经济中的比重逐年下降，2006 年实现农业产值 499.3 亿令吉，占国民生产总值的 9.14%，农业就业人口 138.7 万人。

---

① 肖宏儒、梁建、吴崇友、胡志超：《菲律宾农业机械化现状与发展趋势》，《农业装备技术》，2007 年第 6 期，第 8－9 页。

1. 种植业

农业生产长期集中于热带经济作物，盛产橡胶、油棕、可可、椰子、胡椒等热带经济作物。主要作物包括大米、水果和蔬菜。

大米是马来西亚最主要的粮食作物，全国分为8个水稻主产区。作为确保国家粮食安全的重要保障之一的大米生产，已实现政府要求的70%左右的自给率。2006年，马来西亚大米种植面积55万公顷，产量192万吨，进口75万吨，大米自足率72%。主要进口国家为泰国（占60%）和越南（占33%）①。

尽管大米是最主要的食粮，但是人均每年小麦食品消费量也达到约39公斤。马来西亚不生产小麦，澳大利亚一直是对马来西亚的最大小麦供应国。但是，近年来，马来西亚从印度、中国、乌克兰和哈萨克斯坦进口的小麦数量逐步增长。大豆进口免收关税，所需大豆全部依靠进口，玉米产量极少。

马来西亚是世界上最主要的棕油及相关制品的生产国和出口国，产量和出口量占全球总量的45%左右。马来西亚从20世纪60年代开始大规模种植棕榈。70年代一跃成为世界最大的棕油生产国和出口国。80年代，种植面积和产量继续扩大，并超过了橡胶，成为最重要的出口农产品。马来西亚棕油及制品出口到中国、荷兰、美国、巴基斯坦、日本等140多个国家和地区，中国是马来西亚棕油第一大进口国。

马来西亚是全球第三大天然橡胶生产国和出口国，第一大橡胶手套、橡胶导管及乳胶线出口国，第五大橡胶消费国。由于经济对橡胶的出口依赖过大，加上国际市场上人造橡胶迅速增加而对天然橡胶的需求减弱，政府相机扶持其他产品生产，国内橡胶生产则逐年下降。2002年以来，随着国际市场对橡胶需求的增加，国际胶价回升，马来西亚橡胶业开始复苏。2006年，马来西亚橡胶种植面积125万公顷，橡胶产量125.9万吨，出口量113.5万吨，主要出口到中国、德国、韩国和美国，其中，中国是最大的进口国②。

可可豆是马来西亚重要经济作物之一，是继棕油、橡胶之后的第三大农作物，在马来西亚传统经济中占有比较重要的位置。进入20世纪90年代以来，可可产量已逐年下降，种植面积减少。主要原因是国际市场可可价格持续下滑及病虫害严重。

马来西亚地处热带雨林地区，水果品种繁多，主要包括木瓜、芒果、西瓜、榴莲、黄梨、菠萝蜜、杨桃等。2006年水果种植面积25.6万公顷，产量为133万吨。目前，中国允许从马来西亚进口的水果有龙眼、山竹、荔枝、椰子、西

① 中国商品网，马来西亚农业生产和出口贸易概况，http：//ccn.mofcom.gov.cn/spbg/show.php?id=7099。

② 南博网，马来西亚橡胶业专题，http：//www.caexpo.com/special/economy/Rubber_ Malaysia/。

瓜、木瓜、红毛丹。

2006年马来西亚蔬菜种植面积为3.5万公顷，产量为45万吨。大蒜、圆葱、干辣椒以及高级菜品需要从国外进口，其中，中国大蒜在马市场占有率为96.16%。

2. 林业

马来西亚森林资源极为丰富，森林覆盖率74%，其中，原始森林1949万公顷，其他树木种植地480万公顷，永久性保留林地1539万公顷。2006年马来西亚林业及木材加工企业3571个，年圆木产量达2130万立方米，胶合板4750立方米，锯木4830立方米，木制品出口1422.7万立方米，同比增长了10%。马来西亚是全球第十大家具出口国①。

马来西亚政府为保护本国的林业资源及扶持当地家具业发展，实行采伐与蓄养相结合的原则，执行许可证制度，采取限制产量并严格控制盗伐的办法，并优先保证本地家具业的需要，近年来各种林木制品的产量及其出口量有所下降，但价格仍然保持上升势头，木材仍是马来西亚的主要初级出口产品。

马来西亚人口相对较少，地理环境和气候条件都比较优越，农业的发展潜力较大。马来西亚在近30年的过程中，从外向型的农业国逐步向外向型工业国发展。但近年来，马来西亚政府对农业在国民经济的重要地位进行了重新认识，提出了振兴农业的口号。为有效落实农业发展计划，马来西亚政府积极推动农业部门的机构改革，同时还要向国外增派农业官员，目的是把本国的农产品推向国际市场。强调开发高附加值农产品，同时注重将信息通信和生物科技等高科技引入农业中，使从业者将眼光投向高附加值农产品②。

3. 禽畜业

马来西亚禽畜业主要包括鸡、蛋、猪、羊、牛以及乳品加工，在农业总产值中的比重平均为8%。除鸡肉、猪肉、鸡蛋能够完全自给外，绝大部分羊肉、牛肉、牛奶需要从国外进口。养鸡业是马来西亚禽畜业的主流，占禽畜生产总量的55.7%。养猪业占禽畜生产总量的21.1%，多集中在西马半岛。

4. 渔业

马来西亚的捕捞和深海养殖业非常发达，从业人员接近9万人。2006年，鱼类捕捞量为140万吨，市场供应充足，部分生鲜和罐头海产品出口海外。其中，观赏鱼出口8200万令吉，主要出口国家为新加坡、荷兰和美国。

---

① 广西农业科技信息网，马来西亚农业生产和出口贸易概况，http://www.gxast.net/News_View.aspx?SubWebItemNo=003006&id=369。

② 陈丽华：《马来西亚政府努力振兴农业》，《中国社会报》，2006年3月16日第4版。

（八）缅甸农业

缅甸面积676581平方公里，人口5000多万人，位于中南半岛西部，国土面积仅次于印度尼西亚，位居东南亚第二位。

缅甸发展农业的自然条件较好，地广人稀。伊洛瓦底江三角洲河道纵横，池塘密布，水路交通方便，土地松软而肥沃，是缅甸有名的鱼米之乡，被誉为“缅甸粮仓”。缅甸的热带季风气候，适宜多种植物生长，有大量可耕地和水面，耕种面积为2300万英亩，水资源极为丰富，但水利设施缺少，利用率极低。

农业是缅甸国民经济命脉，农业总产值对GDP的贡献率为42%，农产品出口额占全国出口总额46%。全国75%的人口在农村，农业劳动力占全国总就业人数的64%。

1. 种植业

缅甸主要农作物有水稻、玉米、小麦、棉花、花生、芝麻、豆类、甘蔗、油棕、烟草、水果、蔬菜、天然橡胶、咖啡、林木、甘蔗和黄麻等，其他热带作物资源也较丰富，种植面积较大的有热带水果、甘蔗、槟榔、咖啡、椰子、木薯等，有一定的贸易量。

禾谷类和豆类作物耕作面积最大，也是重要的出口产品。据向缅甸农业部了解，2009~2010财年，缅甸全国水稻种植面积为1670万英亩，水稻产量12.79亿箩[①]。2006~2007财年豆类种植面积989万英亩，产量139910箩。2009~2010财政年度缅甸共出口豆类130万吨，获得外汇9.8亿美元[②]。棉花种植面积87.4万英亩，产量16430万缅斤。

橡胶是缅甸重要的出口创汇产品，又是缅甸重要的工业原料。2008~2009财年，缅甸出口橡胶3.9万吨，创汇7300万美元。2009~2010财年（截至2月）已出口近7万吨，创汇1.1亿美元。2010年缅甸橡胶种植面积已达115万英亩，共产出橡胶9万吨[③]。缅甸橡胶通过边境贸易主要出口至中国、马来西亚、新加坡、越南、泰国及印度尼西亚，主要的贸易方式是边境贸易。

麻的种植在缅甸始于1953年，麻类加工产品主要为麻袋、麻绳、麻布、麻毯和新闻纸。2006年缅甸种植麻12.5万英亩，每英亩的产量为300缅斤。

---

① 食品商务网，2010/11财年缅甸水稻种植面积将达1720万英亩，http://www.21food.cn/html/news/35/568152.htm。

② 商务部网站，2009财年缅甸豆类出口创汇近10亿美元，http://www.mofcom.gov.cn/aarticle/i/jyjl/j/201007/20100707024472.html。

③ 商务部网站，2009/10财年缅甸橡胶出口增长两倍，http://www.mofcom.gov.cn/aarticle/i/jyjl/j/201005/20100506914848.html。

油料作物种植面积255万公顷，食用油生产能力38万吨/年。缅甸建过芝麻种植特区，特区所种芝麻主要用于出口，芝麻是缅甸主要的出口农产品，年出口量为5000吨，出口收入为2亿缅元①。

缅甸的热带水果品种繁多，主要有荔枝、榴莲、柠檬、菠萝蜜、芒果、香蕉、番石榴、番木瓜、椰子，此外在一些地区还生产苹果、桃、李、葡萄等温带水果。缅甸人有饭后吃水果的习惯。有的水果，如生芒果、番木瓜、菠萝蜜等还被当做下饭佐餐的菜蔬。

2. 林业

缅甸森林资源丰富，森林面积498621平方公里，森林覆盖率为73%左右。柚木是缅甸林业的重要资源，储量占世界总储量的90%，年产量控制在40万~50万m^3，是世界最大柚木供应国。除柚木外，主要林产品有花梨、丁纹、鸡翅木、黑檀、铁木等各类硬杂木和藤条、竹子等②。

3. 畜牧业和渔业

缅甸畜牧业发展处于起步阶段，产值占国内生产总值的7.9%，其中私营企业占到了99%。

缅甸2009~2010财政年度计划出口肉类2.5亿美元，但从2009年4~8月肉类出口创汇仅200万美元。主要品种有活羊、牛肉、皮张及其他肉类，其中两家牛肉出口公司出口牛肉价值100多万美元，与计划相去甚远③。2008年联合国粮农组织（FAO）向缅甸提供35.8万美元的援款，主要用于缅甸畜牧水产部的奶牛养殖发展计划。

缅甸海域上层资源量为100万吨，底层为75万吨。最大可捕量为105万吨，主要品种为黄鱼、带鱼、银鲳、对虾、乌贼、海鳗等，80%出口。缅政府允许外国公司在划定的海域内捕鱼，向外国渔船征收费用。缅甸内陆水域可养面积820万公顷，1989年《水产养殖法》颁布后，淡水养殖发展迅速。到2001年，全国养殖水面积达7.2万公顷。从泰国、中国等周边国家引进的鲇鱼、鲤鱼、草鱼等新品种养殖获得成功，并建了水产养殖场，对虾孵化技术已基本掌握④。

① 新华网云南频道，缅甸农业概况，http：//www.yn.xinhuanet.com/live/2007－10/09/content_11350481_1.htm。

② 中科软件园，中国农业综合考察与项目磋商代表团访问缅甸的情况报告，http：//www.4oa.com/bggw/sort02902/sort02945/178890.html。

③ 新农村商网，截至8月缅甸肉类出口200万美元，http：//nc.mofcom.gov.cn/news/11705348.html。

④ 新华网云南频道，缅甸农业概况，http：//www.yn.xinhuanet.com/live/2007－10/09/content_11350481_1.htm。

4. 农机

缅甸农业机械发展水平不高，主要以小型农机为主，包括手扶拖拉机、割晒机、脱粒机、动力耕整机等。为推动以农业为基础的各产业发展，缅甸正采取措施加速农机化进程，计划将农机化水平从现在的23.34%提高到2030年的75%。通过不断进口和生产农机具，农业机械化作业程度逐年增加。缅甸对小型农机需求很大，私人农机销售企业也很多。

目前，缅甸经济发展水平尚低，但缅甸农业市场潜力巨大。中国涉农产品和技术“物美价廉”，两国合作必然“双赢”。我国涉农企业既可直接到缅甸租赁土地，发展农业合作项目；也可带设备、资金和技术与缅方合作，在境外建立分厂。目前，我国不少化肥、农药、农机、种子企业生产能力过剩，但在缅甸这些产品还处在起步上升阶段，市场需求相对较大。因此，以政府援助、技术输出为重点，投资于农业生产特别是农业装备以及农产品加工相关的行业，逐步培育缅甸的生产消费习惯，既有利于带动我国成套机械设备与零部件出口，带动国内农资行业和产品的输出，又有利于占领缅甸市场，还可获得我国政府鼓励带料出口加工等有关优惠政策支持。

（九）柬埔寨农业

柬埔寨位于中南半岛南部。东面与越南接壤，北部和西部分别是老挝和泰国。柬埔寨是个农业国家，人口约1400万人，农业人口约占总人口的85%，占全国劳动力77%，农业产值约占GDP30%的份额。可耕地面积680万公顷，但目前实际耕种面积仅约为260万公顷，农业种植发展潜力巨大①。种植业以水稻为主，还有多种特色经济作物。除种植业外，水产业、畜禽养殖业以及橡胶业等的产值在农业中也占一定比例。当前，柬埔寨政府已经把农业增长当做首要的战略，以期获得高速增长和消除贫困。该国拥有丰富的自然资源，可以通过对外贸易，由周边国家的高速增长带动本国的经济发展。

1. 种植业

主要农产品有稻谷、玉米、豆类、薯类等。水稻种植面积250多万公顷，玉米、黄豆、芝麻和木薯等经济作物种植面积有所扩大。柬埔寨实现了粮食自给，并有较大比例的出口。还有多种特色经济作物，包括橡胶、棉花、胡椒、腰果、热带水果、花生、甘蔗、棕糖、烟叶和剑麻以及各类蔬菜。

稻谷是柬埔寨最主要的农作物，种植面积占全部已耕地的80%以上，稻谷占全年农产品产量的90%。由于政府对农业的重视，过去十年间，柬埔寨已经

① 黄昌银：《农业现状及发展机遇》，《农家科技》，2008年第4期，第53页。

从一个稻米净进口国成为一个稻米净出口国。2008 年柬农业产值约占 GDP 的 26.9%，其中水稻种植占 GDP 的 7.3%①。

玉米是柬埔寨第二位粮食作物，历年来占出口物资的第三位。玉米分红、白两种品种，红玉米种植面积较大，供出口作饲料用，因品质好，在国际饲料市场上很受欢迎。白玉米则主要供当地人食用。

柬埔寨地处亚热带且拥有肥沃的红土地，气候条件适宜橡胶树的生长，具有发展橡胶业独特的天然条件，橡胶业是农业经济的重要增长点，占出口物资的第二位。橡胶业不仅是柬埔寨农业增长的重要组成部分，而且可带动农业循环经济的发展。为促进橡胶业的发展，柬埔寨政府大力实施家庭种植橡胶树工程，鼓励成立橡胶种植户合作社，通过提供贷款鼓励农民种植橡胶树，无偿培训种植和管理技术。在柬埔寨政府的科学管理下，橡胶业发展较快。

棕糖是柬埔寨的特产，柬埔寨华人称它为“树糖”，从棕树上割取花序中所含的糖汁，熬制成膏状或块状的红糖，也可加工制成白糖。

其他的农作物还有咖啡、椰子、豆蔻、花生、大豆、芝麻、蓖麻、黄麻、烟草等。柬埔寨也盛产各种热带水果，如香蕉、柑橘、芒果、波罗、木瓜、榴莲、红毛丹、山竹等水果。

2. 林业资源

柬埔寨森林资源丰富，木材种类达 200 多种，盛产贵重的热带林木如柚木、铁木、紫檀、黑檀等热带林木等。森林中还出产许多药用植物和林副产品，如豆蔻、沉香、藤黄、胖大海、马钱子、桂皮、檀香和树脂、藤、樟脑、漆、桐油等。由于多年来的乱砍滥伐，柬埔寨的森林体系受到严重破坏，森林覆盖面积下降到目前的不足 40%。政府出于保护环境和可持续发展的考虑，以及迫于国际社会和非政府组织的强大压力，已经严格执行森林开采禁令，木材出口也受到严格限制。

3. 畜牧资源

柬埔寨的畜牧业以牛、猪为主，家禽次之，羊、马再次之。柬埔寨每年都有几万头牲畜用于出口，是东南亚少数几个牲畜输出国之一，也是东南亚按人口平均占牲畜头数最多的国家。但柬埔寨还没有成规模的牲畜饲养业。柬埔寨气候条件较好，具有发展畜禽养殖的良好天然条件，也是柬埔寨农业尚待开发的领域。

柬埔寨农业是政府优先考虑发展的产业，在整个国民经济中起着核心的作用，为实现柬埔寨农业领域的可持续发展，政府在宏观和微观方面不断采取措

① 中国发展门户网，柬埔寨，http://cn.chinagate.cn/aboutchina/trade/2009-12/28/content_19146111_3.htm。

施，提升农业在柬埔寨国民经济中的地位，加大农业基础设施的投入力度，抓好农业合作项目的落实，与别国合作创造出口机会，切实增加农民收入。

4. 渔业资源

水产业是柬埔寨农业的重要组成部分，460 公里长的海岸线为海洋捕捞及海产养殖提供了良好的自然条件。

洞里萨湖是东南亚最大的天然淡水渔场，据联合国粮农组织和柬埔寨渔业部的统计，洞里萨湖淡水渔业资源居世界首位，总渔获量居第四位。随着邻国泰国和越南对高价淡水鱼需求的增加，洞里萨湖渔业已成为柬埔寨出口创汇的支柱产业。为促进柬埔寨水产业的研发和发展，保持水产资源的可持续发展，柬埔寨政府制定了水产业发展的法律法规，并采取相应的扶持政策。在亚洲开发银行（ADB）的资助下，与世界渔业机构（WORLD FISH）合作实施柬埔寨淡水研究和发展项目，还与东南亚水产发展中心（SEAFDEC）合作，帮助柬埔寨培训农村水产养殖人员①。水产业蕴藏着无可限量的潜力。

（十）老挝农业

老挝人民民主共和国位于中南半岛东北部，东邻越南，南接柬埔寨，西与泰国、缅甸交界，北同中国云南省接壤。面积 23.68 万平方公里，人口 500 多万人，是东南亚人口密度最小的国家，农业劳动力人口占全国劳动力的 85%。老挝境内多山，湄公河自北而南穿越老挝，途经老挝 1800 多公里，被老挝人称为"母亲河"。每到雨季，湄公河泛滥时，给两岸带来了肥沃的土壤。

老挝为典型的传统农业国。从 1893 年沦为法国殖民地起，到 1975 年老挝人民民主共和国成立期间，其农业的 GDP 始终占全国 GDP 的 90% ~95%。老挝政府从 1986 年开始实施"革新开放"政策，使国民经济得到了较快发展②。

1. 种植业

老挝是一个农业国，地广人稀，主要农作物是稻谷。稻谷种植面积占全国农作物种植面积的 85%，主要分布在万象地区、沙湾拿吉省、沙拉湾省和占巴色省等，其中南部三省稻谷产量占总产量的 40%。老挝的地理条件适宜农作物的生长，但由于资金、技术和劳动力缺乏，目前大部分地区只种一季。由于农田水利等基础设施薄弱，抵御自然灾害的能力较弱。大部分农户没有进行田间管理、施肥和锄草等意识，单位面积产量在东南亚国家中是最低的。老挝的经济作物主

① 上海农业网，柬埔寨农业现状及发展机遇，http：//www.shac.gov.cn/fwzx/hwzc/sjny/201007/t20100727_ 1270542.htm。

② 宫葩昌、孙鹤：《老挝产业结构及国民经济调整情况介绍》，《云南农业大学学报》，2008 年第 2 卷第 1 期，第 18－22 页。

表 5.1 老挝主要农产品生产状况

年份 品种	种植面积（公顷）		增长率（%）	产量（吨）		增长率（%）
	1986	2003		1986	2003	
稻谷	641632	756312	18	1450266	2375100	64
玉米	29630	51670	74	41680	143177	244
薯类	8696	19570	125	65462	150438	130
蔬菜和豆类	2741	111443	3966	18690	662677	3446
绿豆	1751	3503	100	950	2989	215
大豆	3453	9053	162	2601	7799	200
花生	5241	14585	178	4207	16019	281
烟叶	3207	4772	49	13999	25713	84
棉花	4219	1992	-53	2645	1807	-32
甘蔗	2590	8962	246	72328	308417	326
咖啡	13140	29122	122	5011	22218	343

资料来源：Agriculture Statistics Year Book 2003, Ministry of Agriculture and Forest, Laos.

要有大豆、绿豆、咖啡、茶叶、烟草、花生、甘蔗、橡胶、棉花、糖棕和椰子等。老挝热带和亚热带果木品种繁多，主要有椰子、菠萝、橙子、橘子、黄果、芒果、葡萄柚等①。

2. 林业

老挝森林资源十分丰富，森林面积达 1400 万 ~ 1500 万公顷。木材总蓄积量在 20 世纪 80 年代为 16 亿立方米，现已有较大幅度的减少。老挝是世界各国中森林面积所占比重最大、珍贵木材最多的国家之一。储量较大的有柚木、乌木、檀香木、沉香木、红豆杉、花梨木等。老挝的药材种类很多，主要有砂仁、金鸡纳、沉香、肉桂、檀香、阴香、安息香、杜仲、苏木、何首乌、黄连、美登木、莱木、鸡血藤、大血藤、紫胶等。

3. 畜牧业和渔业

老挝拥有 150 万公顷草场和数百万公顷高原、平原、山丘竹林区，都是广阔的天然牧场。由于老挝的山地、草场广阔，加之气候湿润，牧草终年常青，饲料

① 新华网，老挝农业概览，http：//www.yn.xinhuanet.com/live/2007 - 10/09/content_ 11350596.htm。

非常丰富，具有发展水牛、黄牛、山羊、绵羊、生猪等牲畜饲养的优越自然条件。据测算，这些地区可以饲养各种大牲畜500万头以上。牛、羊、马、猪等大牲畜主要是农户饲养，还有少数农户饲养大象，主要用于运输和祭祀。

在面向邻国的出口市场上，老挝有比较优势，在增加家禽产量和增加出口产品附加值上有着极大的潜力。同样地，老挝在渔业上也具有比较优势，通过选用适当鱼苗繁育和学习先进的饲养技术，老挝的鱼产品也能出口到邻国。老挝水产主要有鲤鱼、鲻鱼、攀鲈鱼、鲇鱼、鳅鱼和巴勒鱼、鳄鱼等。

老挝目前还没有从根本上改变农业经济落后的状况，但老挝周边国家的大市场，为老挝加快发展农业经济提供了良好的机遇。邻国大量高收入的居民面临着本国土地和其他资源锐减及城镇化的压力，随着这些国家工业化进程的加快，农用的土地资源将被转向非农部门，这部分人口将成为老挝农产品的主要消费群体。

（十一）文莱农业

文莱国土面积5765平方公里，位于加里曼丹岛北部，75%的土地为森林覆盖，耕地面积只占国土面积的5%。文莱在2006年GDP达到11.56亿美元，是世界上最富裕的国家之一[①]。

文莱的农业比较落后，土壤贫瘠，特别是20世纪70年代以后，由于石油、天然气的生产和公共服务业的发展，很多人弃农转业，使传统的农业受到冲击，而现代化农业并没有发展起来，目前仅种植少量水稻、橡胶、胡椒和椰子、木瓜等热带水果，生产力水平较低，一般是家庭式的经营。

根据2007年的统计结果，文莱农业收入总额1.99亿文元（约1.3亿美元），仅占国内生产总值的1%。根据文莱农业局统计数据，2007年国内主要农业产品中，蔬菜产量9793吨，自给率57.9%；水果产量4372吨，自给率23.4%；大米产量983吨，自给率3.2%；其他类粮食596吨，自给率5.2%[②]。

近年来文政府鼓励经济多元化，重视发展现代化农业，加强排水和灌溉工程，增加土壤的肥沃度，积极创造更多机会让本国公民从事农业活动，扩大粮食和果菜的种植面积，增加牛、羊、鸡、鱼、虾的养殖量，扩大蛋、奶的生产，增加食品的自给率。鼓励外国企业家进行投资，强调要实现食物自给并让国民享用

---

① 中国肉牛网，文莱畜产品部门以及深加工产品的市场价值为1.05亿美元，http://www.chinacattle.cn/shiji.asp?cid=%D0%D0%D2%B5%D7%CA%D1%B6&csid=%B9%FA%BC%CA%B6%AF%CC%AC&aid=17336。

② 新浪财经，文莱农业发展情况简介，http://finance.sina.com.cn/roll/20090118/09182634386.shtml。

安全食品。

1. 种植业

2007年，文莱国内粮食消费，大米累计31241吨，其他粮食累计消费11500吨，大米在国内粮食市场中占主导地位。目前，文莱进口大米的97%来自泰国。政府对大米市场价格实行补贴和管制政策，国内市场上国产大米价格远高于进口泰米售价①。

表5.2 近10年文莱水稻产量 单位：公吨

年份	1998	1999	2000	2001	2002	2003	2004	2005	2006	2007
产量	135	199	299	350	372	547	621	851	895	983
进口量	30556	35731	29701	24388	29997	29609	30126	30210	30186	30259

资料来源：文莱农业局。

2. 林业

文莱森林主要树种有棱柱木、指茎野牡丹、黄牛木及娑罗双等。灌木林主要是现已确定为保护区的贝壳杉纯林，其次是木麻黄林、低地辐射松林。文莱大部分地区是海拔400m以下的低地，低地龙脑香林的树种很多，主要有库氏娑罗双、漏斗苣苔、喃喃果、龙脑香等属的树种②。文莱木材生产全部用于本国建设及家具业，原木、锯材、胶合板等木材产品均禁止出口。

3. 畜牧业

文莱牛、羊肉96%依赖进口。为了满足国内需要，文莱政府在澳大利亚购置了一块比本土面积还大的牧场（5793平方公里），用于养牛、羊，供应文莱国内市场。现在该牧场已经成为供应文莱肉类的主要渠道。为了进一步增加肉类供应品种，政府计划在文莱再建立一些养殖山羊和鹿的农场。文莱禁止养猪，文莱所需猪肉全部进口，泰国每月出口到文莱100吨猪肉，文莱主要是从马来西亚进口猪肉③。

2008年以来文莱加大了经济多元化推进力度。文莱工业与初级资源部农业局开始着手制订短期、中期和长期农业发展规划，文莱财政部已增拨预算发展农业，并积极寻求国际合作。

---

① 上海农业网，文莱达鲁萨兰国水稻生产现状，http：//www.shac.gov.cn/fwzx/nykj/kjdt/lwjx/201005/t20100511_ 1265737.htm。

② 谢彩文、吕欣：《可持续发展》，《广西日报》，2007年11月5日第9版。

③ 中国—东盟博览会官方网站，文莱农业现状，http：//www.caexpo.org/gb/info/dongnanyatouzihuanjing/t20050719_ 44293.html。

4. 渔业

文莱位于热带，天气和地理环境良好，其海域不受工业及其他农业污染，非常适合各项水产养殖活动，水产养殖业在文莱已越来越受重视。根据文莱渔业局预测，水产养殖业的潜在价值为每年文币 7100 万元，主要的养殖品种为海虾，其他包括在海湾水域养殖活动的海上浮网箱海鱼养殖、淡水鱼养殖，包括观赏鱼养殖及食用鱼养殖①。

近几年来文莱政府发展计划政策的方针也大力鼓励更多人投入水产养殖，鼓励以出口为主的高档水产品养殖业，如海虾与名贵海鱼的生产。除供应本地市场，也向外国出口。另外，政府也欢迎外国投资者到文莱投资水产养殖业。

二、中国—东盟农业领域相互投资的重点领域

得天独厚的地缘优势以及双方长期以来形成的睦邻友好的政治关系，为中国与东盟国家发展经贸合作奠定了坚实的基础。中国—东盟自由贸易区构想的提出和有关协议的签订，进一步强化了双边合作机制，双边的经贸合作关系得到了更为广泛和深入的发展。中国与东盟国家的合作对确保中国在东南亚地区的影响力，进而提升中国在国际社会中的影响力，具有相当重要的意义。而由于东盟多数成员国的农业都较我国落后，扩大双边农业贸易与投资合作，是中国与东盟经贸合作关系中非常重要的内容，同时也是我国开展农业外交的有效途径。中国对东盟直接投资要优选有市场潜力、效益好、见效快且符合东盟产业鼓励导向的行业作为重点投资领域，既充分利用当地资源优势，又有利于发挥我国在设备和技术上的比较优势。中国与东盟农业投资合作主要集中在以下领域：

（一）粮食种植领域的合作

RCA 即所谓显示性比较优势系数，简单地说，是指一个国家某种商品的出口值占该国所有出口商品总值的份额，与世界该类商品的出口值占世界所有商品出口总值的份额的比例。该指标可以较好地反映一个国家某一产业的出口与世界平均出口水平比较来看的相对优势。

中国谷物产品 RCA 高于东盟整体，中国在 1.4 ~ 2.0，东盟整体在 1 ~ 1.2。在东盟各国中，泰国和越南有明显的比较优势，RCA 均在 2.0 以上。从大米方面

① 新浪财经，文莱水产养殖业情况，http：//finance. sina. com. cn/roll/20100610/08268096348. shtml。

看，泰国和越南比较优势明显，泰国 2005 年 RCA 高达 8.3；越南的 RCA 波动较大，也大都在 2 以上；中国对东盟整体在大米上具有比较优势，主要是因为菲律宾、印度尼西亚、马来西亚等国家的大米进口量较大。从玉米方面看，中国对东盟整体和东盟各国都有明显比较优势，没有一个东盟国家在玉米生产和贸易上具有比较优势①。

中国是一个人口大国，人多地少的矛盾将会长期存在。今后随着人口的增加，城市化进程的加快，水资源的短缺和退耕还林、还草等改善生态措施的实施，农业用地不足的矛盾还将更加突出。根据国务院发展研究中心的预测，中国粮食净进口量将由 1997 年的 416 万吨增加到 2010 年的 976 万吨和 2020 年的 2224 万吨。据估计，到 2020 年，中国每年的粮食进口量在 5000 万～2 亿吨之间，成为世界上最大的粮食进口国②。而泰国和越南分别是当今世界名列第一、第二的大米出口国，缅甸、老挝、柬埔寨粮食生产潜力巨大，这几个国家未来的粮食出口能力每年在 2000 万吨以上，可成为今后中国粮食进口的一个重要来源，开展农业投资合作潜力巨大。

根据联合国粮农组织的估计，种子对农业生产的贡献率可高达 30%。中国农作物品种资源相当丰富，拥有亚洲最大的种质资源库，而且中国具有较高的良种繁育与作物栽培技术，尤其是杂交水稻技术已经居于世界领先的水平，为解决世界粮食安全问题作出了巨大贡献。而菲律宾、老挝、缅甸、柬埔寨等东盟国家的农业基础设施、技术设备、粮食作物的生产技术都比较落后，又缺乏优良品种，导致农业生产率低下，甚至有的国家人民生活仍然得不到保障，仍然存在粮食安全问题。但这些国家拥有较为丰富的土地资源和适合农作物生长的气候条件，大部分地区水资源充沛，其自然条件有利于农业发展，非常适宜于中国国内的农业技术合作公司前往投资开发。具体合作包括种植及其产品加工，中方以专家、种子、技术、农机作为投入，帮助外方进行农作物示范种植、推广和产品加工，其产品可返销中国或在当地销售。

以中菲农业合作为例，中国和菲律宾两国政府早已达成加强农业合作的共识。菲律宾农业生产落后，尤其是粮食生产技术落后，如玉米的亩产量只有 150 公斤左右，玉米、水稻生产还不能实现自给。但是，菲律宾气候条件良好，土壤肥沃，只是由于生产技术落后才导致农业生产落后。因此菲律宾急需品种改良技术和农业生产管理技术来发展粮食作物生产。中国政府援建了中国菲律宾农业技术中心，帮助菲律宾改良水稻栽培技术，输出良种杂交水稻，社会效益非常显著。

---

① 唐盛尧：《中国与东盟农业合作的战略选择》，《世界农业》，2008 年第 12 期，第 3－6 页。

② 彭茵：《中国东盟农产品贸易问题研究》，华东师范大学硕士学位论文，2006 年。

此外，还可以采用租用土地的方式，重点向缅甸、老挝等国家购租宜农土地，进行种养殖业开发合作，建立各种示范农场或农业中心，通过培育水稻等良种、推广现代农业技术提高稻谷等粮食作物的单位面积产量。今后还要有针对性地对东盟国家进行相应良种繁育和栽培技术的培训与示范，为我国的农产品进入东盟市场，保障东盟欠发达国家的粮食安全打好基础①。

（二）经济作物种植领域合作

中国是农业大国，东盟国家也都很重视农业发展，农业领域始终被摆在双方开展合作的首要位置。东南亚国家的自然条件与中国很相似，而气候条件的差异使双方的优势产品有比较大的区别，中国的温带产品是东盟国家所缺少的，而东盟的棕榈油、可可和腰果等许多热带产品是中国所需要的。由于开发农业项目，技术含量不太高，投入不是很大，因此与东南亚携手开发当地发展农业具有天然的地缘优势。

中国周边国家有大量宜林荒山荒地，可组织有实力的农业企业到这些国家购租宜林荒山，规模化开发种植西柚、荔枝、龙眼、柑橘等热带水果，满足省内和国内市场需求。新加坡、文莱、马来西亚等国家对蔬菜的需求量较大，大量依靠进口，泰国、越南等国家对温带蔬菜也有一定的市场需求。中国可考虑根据东盟国家对蔬菜品种的要求，发挥中国一年四季盛产蔬菜的优势，在与东盟国家相邻的省市建设面对东盟出口的蔬菜生产基地，不断提高加工冷藏保鲜技术，改善运输装备条件，扩大对东盟市场的出口份额。

菲律宾、马来西亚、泰国的椰子、橡胶、棕榈油等热带经济作物的种植业，是这些国家鼓励外国直接投资的领域，中国的经济发展非常需要这些经济作物资源和以这些经济作物为原料加工生产的工业制成品。泰国是世界第一大橡胶生产和出口国，与泰国合作进行橡胶的种植和开发，也是相当不错的投资项目。泰国是橡胶等多种原材料的供应大国，在增加和扩大原材料生产方面有很大的发展空间。天然橡胶生产还可享受 BOT 的投资优惠政策。

（三）农村能源领域合作

目前农村能源和生态农业是东盟，尤其是东盟欠发达国家的发展重点。中国的生态环境在经济发展的初期遭到了较为严重破坏，生态环境建设经历了曲折的历程，也积累了不少成功的经验。中国在加快农业经济结构调整的同时，加大退耕还林、还草、还牧的力度，促进了农业的可持续发展。东盟国家要在今后发展

① 唐盛尧：《中国—东盟农业比较优势与合作战略研究》，中国农业科学院博士学位论文，2008 年。

农业经济的同时，尽量减少对东盟地区目前良好生态环境的破坏，因此要进一步加强对东盟各国农村能源与生态技术的培训，促进中国与东盟农业经济的协调及可持续发展。

目前中国大力推广的非常成功的一项农村能源实用技术是以户用沼气为纽带的农户生态家园建设。这项技术从农民最基本的生产、生活需求方面入手，与改圈、改厕、改厨相结合，引导农民改变落后的生产和生活方式，对改善农村居住环境，提高农民收入，保持农业可持续发展都有相当大的促进作用。大部分东盟国家处在发展阶段，需要统筹经济发展和环境保护，农村户用沼气技术是实现这个目标的有效措施。今后要进一步加强对东盟各国户用沼气技术相关人才的培训，有针对性地实施一些改善生态环境的合作示范项目，加快新型生物质能源发展步伐，促进生态环境保护和农业可持续发展。保护东盟乃至整个亚洲的生态环境，促进人与自然的协调发展。

（四）林业和药用植物领域合作

东盟国家的森林资源相当丰富，特别是缅甸、老挝、柬埔寨。在林业投资方面，中国的木材生产企业可以选择缅甸、老挝作为重点投资的国家，两国政府也十分欢迎中国企业去投资，而且还允许中国租赁土地用于农业养殖和木材开采、加工。中国可以充分利用这两个国家森林资源丰富，对外资进入领域的限制相对较少的有利条件，建立起一定规模的速生林生产基地，林业采伐基地；中国的造纸企业也可以在缅甸、老挝建厂，利用木材生产的纸浆作为造纸原料进行造纸。国内的木材加工企业要主动走出去与这些国家林场合作办厂，采取种伐结合的开发模式，投资购买或租赁林场山林进行开发经营；开发利用老挝、柬埔寨、缅甸的森林资源，发展林产工业、木材加工业、竹产业，以及生物药品的加工业，成为当地带动能力较强的龙头企业，不断提高木材产品加工的附加值和经济效益。为保证投资项目能获得利润，中国在东盟国家的林业投资项目要充分考虑到交通运输等基础设施情况，同时要相当注意环境保护，避免投资项目操作不当，给当地造成生态破坏，导致恶劣影响。

另外，在药用植物方面，中国制药工艺历史悠久，技术先进，当前正在制定振兴中草药的战略。而东盟是海外华人最集中的地区，中国与东盟国家具有亲缘的地理、民族和文化关系，形成了相近的用药习惯，使中医药在东盟有一定的群众基础。东盟国家一向偏爱中国药品，特别是传统中成药。

东盟各国与我国西南省区近邻，气候条件差不多，都有利于中草药的生长，东南亚也拥有适合做中药材的丰富草药资源。近年来，随着“回归自然”崇尚天然药物的浪潮和中医热在世界的传播，东盟各国对中医药日益重视，中国与东南亚国家开展具体合作的潜力很大。老挝、越南等国都出产各种名贵的中药材，越南由于很多民族和中国少数民族同宗同族，历来都喜爱用中药，对中药十分信赖，中药在越南有较好的市场占有率，而越南有相当丰富的中草药资源，可以和越方合作共同开发。由于长期以来越南人民深受中医药传统文化的影响，对中成药有较大的依赖性。越南政府虽然鼓励发展中成药生产，提倡使用中成药，但苦于生产技术落后，产品较单一，无法满足市场需求。我国中成药生产已相当成熟，一些制药企业达到了国际卫生组织制定的 GMP 标准，而且我国中成药在越南市场享有较高声誉。因此，越南老百姓对我中药保健品喜爱有加，近乎迷信。此外，天然药物在泰国越来越受欢迎，尤其是治病类、保健类以及美容类中成药，大部分泰国人都知道中医中药的好处。我国企业可抓住良机，将出口成药与投资生产结合起来，加大对越南及泰国市场的开发力度。中国利用物种驯化、成分分析、品种选育以及科学栽培和加工利用等方面的技术优势，可以传授技术经验，或者开展技术交流与培训，实现互补、互利的合作。在可以预见的将来，中医药在东盟将会得到更大的发展。中医药市场在东盟的不断扩大，为制药行业进入国际市场提供了契机。

（五）养殖业领域的合作

中国有许多比较成熟的农业实用技术，尤其是大力进行农业结构调整以来，畜牧业和渔业发展较快，相应的畜牧、水产养殖技术也有了较大的提高。由于畜牧业和渔业属资源集约型产业，近年来我国土地沙漠化现象严重、水资源短缺严重，对畜牧业和渔业的发展造成了较为严重的影响，难以满足人们日益增长的消费水平对高质量畜牧、水产品的需求。而东盟国家，尤其是大湄公河次区域国家有许多宜农的荒山荒地，是发展畜牧业的良好环境。

在养殖业方面，老挝有大片草坡、草地和水面，是较为适合发展大规模畜牧业的地区，但是缺乏养殖的技术经验，可考虑通过中老农业投资合作，由中方技术人员对其进行传授。因此，中国完全有可能向老挝提供养殖方面的技术，在小区内形成技术比较先进，实现一定规模经营的养牛、养鱼基地。

目前，我国已有一些涉农企业和个人到缅甸等国开展了土地承包或租赁，进行了农作物种植和畜禽养殖，兴办综合农场。重点是向缅甸、老挝等国购、租宜农宜林荒地，进行种养殖业开发合作，已经取得了较好的经济效益。

东盟国家对活畜和肉制品需求量巨大，仅泰国市场每年就需活牛 100 万头，目前主要从印度和巴基斯坦等国进口，但运距较远成本较高。当前中国企业应集中资金和技术，加大肉牛出口项目建设的力度。

东盟国家中除老挝为内陆国家外，其他国家均沿海，湄公河流经缅甸、柬埔寨、泰国、越南、老挝和中国等6国，且几乎贯穿老挝全境。漫长的海岸线和广阔的海域，还有众多的湖泊、江河和水库使得东盟国家的渔业资源相当丰富，但在水产养殖、捕捞设备和技术方面却十分落后，每年实际捕捞量只占可捕捞总量的一半左右。这些国家有开展海洋捕捞、海产品加工及淡水养殖合作的良好愿望。比如印度尼西亚，海岸线长8.1万公里，年产渔业资源670万吨，现已开发39.3%，发展渔业生产的潜力相当大，但目前尚缺渔船近700艘。而中国拥有大规模远洋船队，捕捞能力较强，捕捞设备较为先进，生产的渔船型号也适合东南亚国家，东南亚对与捕捞和养殖有关的船用柴油机、制冷机、制冰机等机电设备的需求较强。所以，双方取长补短，合作投资开发海洋渔业资源的潜能巨大①。

今后中国将进一步与东盟开展水产养殖及渔业捕捞技术的合作与交流，加强对东盟海域渔业资源的开发利用，从而在满足我国市场需求的同时促进东盟国家渔业经济的持续快速发展。

在中国与越南、马来西亚、菲律宾等国的海上领土争端得到较好解决之后，渔业投资就会有较好的安全保障。中国的相关企业可以在东盟国家，尤其是越南、缅甸、柬埔寨等经济欠发达的国家设立水产品加工厂，充分利用中国的技术来开发这些国家丰富的渔业资源。如中国目前主要的进口水产品——鱼粉。2000年进口118.6万吨，占水产品进口总量的47%。越南水产资源丰富，年产量近200万吨，但加工能力相当有限，对水产次品利用率较低。中国涉农企业可考虑在越南投资兴办鱼粉厂，投入技术和设备，利用当地的水产次品进行加工，产品返销内地②。此外，中国涉农企业还可考虑投资加工虾蟹、鳕鱼、鱿鱼、鲱鱼等越南产量较大、中国又有需求的水产品。部分产品返销内地，可满足相邻的广西、云南等中国西南省区的市场需求。

（六）跨境动物疾病防控领域合作

中国拥有一支在禽流感、口蹄疫等动物疫病的防控方面高水平的研究队伍，其中中国农业科学院的兰州兽医研究所、哈尔滨兽医研究所对这两种动物疫病的防控具有较高的专业技术水平，所研制出的疫苗能有效地防止动物发病和病毒传播。早在2004年初，越南暴发禽流感时，我国及时向其提供了消毒液、防护服和其他物资，有力地支援了越南农业部对禽流感的防治工作③。大湄公河次区域内有许多河流是流向我境内的，这些河流成为疫病传播的重要渠道。因此，今后

① 陈前恒、吕之望：《中国与东盟农业合作状况与展望》，《东南亚研究》，2009年第4期。

② 华西都市报：中越技术合作空间大，http://www.wccdaily.com.cn/2001/06/14/11303974.html。

③ 唐盛尧：《中国与东盟农业合作的战略选择》，《世界农业》，2008年第12期，第3-6页。

须加强与东盟国家动物疫病防控技术方面的交流与合作，不断提高其动物疫病监测、控制水平，促进自贸区内畜牧业的健康发展，提高人们的食品卫生安全水平。

境外动植物病虫害复杂，防疫基础薄弱，与东盟国家加强在动植物疫病疫情的监测和控制方面的合作非常重要。合作包括与东盟有关国家共同建立疫病监测、预报和防治体系，互相交换动植物疫病信息和资料，共同提高综合防治技术水平。与接壤的东盟国家合作建设动物疫病疫情监测站，提高邻国对重大动物疫病疫情的监控和监测能力，较好地掌握疫情动态，有效防止重大跨国动物疫病传入境内，切实保障我国农业生产环境的健康发展①。

（七）农机、农药、化肥、饲料领域的合作

农用物资包括农机具、农药、化肥、农用运输车，这是一个特别适合中国企业在中南半岛国家以及泰国、菲律宾、印度尼西亚投资的行业。由于东盟国家大多是农业国家，工业基础相当薄弱，这些国家的气候条件与我国西南省区的气候有相似之处，而在农机具的生产上又远落后于中国，每年越南、老挝、缅甸需要从中国进口大量的农机具、农用化肥、农药等农用物资产品。由于涉农物资产业是在中南半岛国家具有可行性和投资回报率较高的投资产业之一，开发利用好这个新商机，中国中小规模的农机具生产厂家、农用化肥生产厂家、农用运输车生产厂家应该充当投资的主力军，进入中南半岛国家投资设厂，直接在东道国生产并在当地市场销售。除了继续巩固中国的农机具价格便宜方面的优势外，在中南半岛国家投资的中国企业尤其要注重针对中南半岛国家的气候特点，改进技术，使产品真正能满足中南半岛国家农业生产的需要。

1. 农机

东盟国家与中国同属小规模经营方式，中国的小型农业机械非常适合于东盟国家，而且相对于欧美农业机械，中国农业机械还具有质优及价格低廉的优势，便于操作，尤其对于东盟欠发达国家来说，中国的农业机械显然在经济上成为更好的选择。但整机出口面临较高关税，中国可以农资设备、技术为主，利用有关金融贷款和优惠政策，在东南亚办厂组装销售，既可绕开整机出口的较高关税，增加产品的竞争力，还可将生产与市场更加紧密地结合，有利于占领市场。据广西区企业调查队 2005 年对全区 90 家农机制造企业开展的广西农机制造业企业发展现状专题调研结果显示，有 59.09% 的企业认为中国—东盟自由贸易区是企业发展的契机，其中有 48.57% 的企业已经或打算与东盟国家进一步开展贸易及投

① 刘稚：《云南与东盟国家农业合作的前景与思路》，《东南亚》，2004 年第 1 期。

资往来，有1/3的调查企业产品已经出口国外市场，大部分是出口东盟国家①。

例如，越南农业生产条件、种植制度和我国南方地区有很大的类似性，我国生产的农业机械绝大部分适应越南农业生产的要求，但越南农业技术落后，劳动生产率低下，1990年以前，粮食增产主要靠风调雨顺、扩大栽种面积。农业发展的起点低，农村和农业经济结构不尽合理，工业和服务业所占比重小，农产品加工技术落后。据联合国粮食组织的资料，1983年，越南每百公顷耕地仅有拖拉机6台；到1993年，越南全国仅有拖拉机3.7万台。越南农业推广中心认为：机械化是解决越南农业劳动力问题的关键所在。一台由3人操作控制的联合收割机相当于100个农民的劳动效率。越南每年都需要进口大量的拖拉机、柴油机、水泵、脱谷机、收割机等。尤其是越南南部湄公河平原与中部沿海地区，每年雨季期间经常发生大水灾，灾后重建农业设施需要大量的农业机械。例如，大中型拖拉机、抽水机、割稻机、打谷机、电动机、柴油机、杀虫剂喷雾器等，越南农业与农村发展部的农林产品和海盐产品部门（DFAPSP）官员表示，如果在越南使用此类机械，将使农民避免每年因缺少劳动力而带来的数十亿美元的损失②。由于越制农业机械技术无长足进步，农机产品产量不足，种类简单，售价又比我国的农机产品要高。因此，消费者倾向于购买中国的农业机械。越南每年需要5万~6万小型发动机，但越南国内产量约1.6万~1.7万台，其余的需要依靠进口。越南每年还需要进口约4万辆拖拉机、15万台水泵，以及数额颇多的水稻栽植机械、收获机械、脱粒机械、烘干机械、农产品加工机械等，因此，越南农机市场潜力是很大的③。目前，中国农机产品在越南市场上独占鳌头，甚至通过越南转销老挝、柬埔寨。

此外，老挝也是个农业国家，我国生产的手扶拖拉机、柴油机、碾米机、脱粒机、农用运输车等，均受其青睐。缅甸农业机械发展水平不高，主要以小型农机为主，包括手扶拖拉机、动力耕整机、割晒机、脱粒机等，缅甸国内农户对小型农机需求很大。2001年印度尼西亚平均每万公顷的耕地只拥有3.4台拖拉机，其机械化程度大大低于亚洲其他发展中国家④。可以看出，我国企业在东盟的农业领域大有直接投资机会，应充分利用这种大好机遇，有理有节地到东盟进行农

---

① 中国—东盟资讯网，中国农机产品在越南前景看好、市场空间巨大，http：//www. gx. xinhuanet. com/ca/2006 -03/14/content_ 6468903. htm。

② 曾小红：《越南湄公河三角洲缺乏农业劳动力和农用机械》，《世界热带农业信息》，2008年第3期。

③ 中国—东盟资讯网，双边贸易额增长82倍、越南对中国农资产品需求大，http：//www. gx. xinhuanet. com/ca/2006 -02/28/content_ 6752766. htm。

④ 张洁：《对中国与印度尼西亚农业合作问题的几点思考》，《东南亚》，2006年第1期，第49-52页。

业投资。

2. 农药、化肥

越南和老挝等东南亚国家每年都需要进口大量农药、化肥。由于越南全年气温高，平均降水量多，它为农作物的生长创造了良好的环境，但同时也给害虫繁殖和杂草生长提供了“温床”。越南大约有3000多种作物虫害和几百种杂草，这就给农药生产厂商提供了广泛的市场空间。据估计，每年越南农药市场容量约1.2亿~1.5亿美元，我国农药在越南农药市场上所占的份额为30%~40%。此外，每年有不少中国产农药经越南运往老挝、柬埔寨。这些国家是传统的农业国，农药工业发展滞后，主要依靠进口，市场潜力巨大。据联合国粮农组织的资料，1983年，每公顷耕地使用化肥仅51公斤。越南基础工业比较薄弱，特别是化学工业基本处于空白状态，而越南的粮食和经济作物生产对化肥的需求量却与日俱增。尤其是氮肥、磷肥、钾肥，以及DAP、NPK、SA等化肥。化肥年需求量220万吨，而越南年产量15万吨，其进口需求量巨大。在大量的进口化肥中，中国已占到34%的市场份额①。在越南投资生产这类产品可出口至越南邻近的东南亚国家。

目前，缅甸农业使用的尿素大部分是从中国进口，在缅甸市场每吨中国尿素价格是约合420美元，而国际市场的化肥价格是每吨大约600美元。缅甸资源丰富，如天然气储量等生产化肥的原料相当可观，在缅甸投资设厂，能大量节约原料、生产力等成本，而且缅甸近年来对外国投资者尤其是农业投资者颁布了许多优惠政策②。投资缅甸的化肥生产，还可以在缅甸国内生产再销往缅甸和其他东盟国家。

3. 饲料

随着越南经济的不断发展，为满足城乡人民生活水平不断提高的需求，家畜（禽）业和水产品养殖业随之得到迅速发展，越南政府重视发展家禽养殖业并鼓励外商投资该行业的相关生产。随着越南的养殖业快速发展，饲料需求旺盛。目前，越南全国拥有生猪1764万头、家禽（不含鸡）16055万只、鸡12057万只，而越南饲料年产量约200万吨，仅能满足市场需求的55%，缺口较大③。我国相关企业在做好出口的同时，要充分利用地缘优势，可以考虑在越南投资办厂，利用越南对农林产业的优惠政策和低税收，降低生产成本。泰国则是东盟最大的饲

① 中越科技贸易网，越南大量需要中国农资产品，http：//www.sinoviet.com/sinoviet/swzx/tzmy/50429.shtml。

② 韩凯：《中国化肥进军缅甸适逢良机》，《国际商报》，2008年11月4日第6版。

③ 中国—东盟资讯网，中国农机产品在越南前景看好、市场空间巨大，http：//www.gx.xinhuanet.com/ca/2006-03/14/content_6468903.htm。

料生产国之一，有饲料生产企业570余家，其中畜禽饲料生产企业492家，水产饲料生产企业86家。泰国每年饲料产品产量800多万吨，其中肉鸡料占50%。泰国著名农牧企业正大集团在中国投资兴办了多家养殖和饲料企业，泰国另一家大型饲料企业泰国饲料实业有限公司，目前也已在我国广东分别投资了3个饲料公司。另外泰国对饲料标准的要求与中国基本一致，这也是中泰饲料和养殖行业合作的一个有利条件。

（八）农产品加工领域的合作

中国与东盟国家的农业投资合作项目，重点可考虑放在热带、亚热带水果、粮食和经济作物的种植、原材料产品精深加工、食品加工以及农产品的营销等方面。可利用中国农业种植和开发方面的高新技术，合作开发东盟等国家的热带生物资源。如热带水果、药材、橡胶、甘蔗、咖啡、花卉、天然香料、胡椒等经济作物种植业，联合研制天然生物药品、无公害农药农肥、天然化妆品等，建设一批粮食、甘蔗、蔬菜、烤烟、花卉和水果种植基地，建立起在国际市场上具有竞争力的出口创汇型农业。

1. 稻米及其加工

中泰两国均为世界上重要的大米生产国，泰国大米的声誉和竞争力一直强于中国，而中国的单产则高于泰国，两国在生产管理和加工方面各有优势，可以取长补短。为了适应国内不断增长的消费需求和提高在国际市场上的竞争力，泰国政府对普通大米和香米制定了非常详细的标准，对大米的长度、打磨度、不成熟粒、碎米率、杂质和水分等多项指标进行规定，对白米划分为13个等级，对香米还规定了外观、蒸煮和营养指标。泰国的流通加工企业对大米质量的控制也很重视，一般加工企业都建立了其本身的企业质量标准。这些努力，效果明显，大大促进了大米出口，并在国际市场上建立了良好的质量信誉。这些大米生产和加工的标准都非常值得中国农户和企业借鉴。

2. 油料加工

东盟国家也同样面临联合开发中国油料（食用植物油）、水产品等农产品市场的机遇。虽然中国可以说是油料生产大国，主要油料品种在世界油料生产中都名列前茅，而且目前油料的国内价格低于国际市场价格，油料生产具有一定竞争优势。但是中国油料加工设备陈旧，工艺落后，出油率低，成本高，成品油的国内价格高于国际市场价格，在主要通过许可证控制的情况下，植物油进口冲击我国市场的现象时有发生，实行关税配额管理后冲击更大。这有利于中国油料生产企业与新加坡等东南亚油料生产强国进行技术联盟，共同投资，联合开发市场。

3. 食品加工

食品加工业包括食品和食品配料的生产、水果蔬菜保鲜以及食品的初级及深加工等。其中特别重视的项目包括利用先进技术进行粮食作物、水果蔬菜、肉类的加工和保鲜，生产甜味剂（食糖除外）、奶制品，利用水果、蔬菜及其他植物生产非酒精类饮料等①。中国的食品罐头生产技术在世界上处于较先进的水平，东盟国家盛产菠萝、芒果、荔枝等水果，急需要获得食品冷藏、加工、储藏的技术帮助，中国的食品加工企业可以到东盟国家进行合资与独资，建立食品加工厂，用当地原料生产鲜果汁、罐头、糖果等系列产品。越南地处热带和亚热带地区，气候炎热，降水充足，盛产多种水果，年产量达380万吨。但是，越南水果加工技术落后，出口仍以鲜果为主，附加值低，运输过程中损耗是比较大的。越南政府鼓励外商投资于水果加工业，并给予政策优惠。我国企业可考虑在越南投资建立水果加工厂，投入设备和技术，利用当地原料生产鲜果汁、罐头、糖果等系列产品。

此外，菲律宾的椰子、印度尼西亚的药用植物种植也是很值得中国企业前往投资的农业合作项目，中国的农垦企业应该与国内的食品加工企业及医药研制企业合作，在当地投资，形成种植、食品加工或药物研制开发的生产一条龙。例如菲律宾盛产多种水果，是世界上数一数二的产椰大国，一年收获120亿个椰子②。椰汁、椰肉、椰油、椰子纤维是中国国内销路非常好的产品。在菲律宾投资进行椰子壳产品的加工，不仅可满足我国需要，还可以出口到其他国家。现菲律宾的椰子产业并没有得到很好的开发，而椰子的加工技术的要求并不高，可以在当地设厂，进行简单的加工和出口。如果中国企业从投资椰树种植做起，建立起从椰子汁、干椰肉、椰油、椰粕到椰纤维、活性炭、纤维碎渣等一条龙的配套生产，其效益将非常可观。

在泰国方面，农业和农产品加工是泰国政府促进投资时优先考虑的行业，包括食品加工、农作物到动物饲养的多个部门。泰国在土地、水资源、食品加工经验方面具有较大优势，从而使泰国成为亚洲最成功的食品出口国之一。泰国农业和农产品加工业具有很大的发展潜力，重点是从基础农业向高增值农业转变，提高产品质量，实现农业的可持续发展。目前泰国重视的投资项目主要包括食品加工及相关产品，生物技术及建立冷藏库、橡胶产品、农产品贸易中心等。虽然中国在食品生产加工和保鲜储藏方面具有比较优势，但是在食品或食品配料生产及保鲜处理领域，泰国政府更侧重于标准化生产，特别强调加工新鲜食品必须遵守

① 芳菲、罗惠娟：《投资泰国农业前景乐观》，《广西日报》，2007年8月30日第6版。

② 孙樱铭：《中国投资菲律宾前景分析》，《经理日报》，2007年12月12日第B03版。

非常严格的标准，尤其对出口的食品更加重视。因此，中国投资者应当使用先进的生产技术，保证生产的各个环节都达到泰国要求的公众健康标准①。

4. 烟草加工

中国烟草具有明显的生产技术优势，因此可以考虑通过与东盟国家合作建立卷烟厂或烟草公司的办法，生产适销对路的品牌卷烟，拓宽生产和销售渠道。在越南，全国主要的烟草公司有8家，卷烟生产已初具规模，对烟叶需求量较大。但由于国内原料供给跟不上，越南每年需要从国外进口大量的烟叶。随着越南人民生活及消费水平不断提高，对中国烟草的质量和口味逐渐认可，越南越来越多地从中国进口原料，中高档烟叶的份额不断扩大。中国企业在积极扩大出口的同时，可考虑与越南实力较强、效益较好的烟草公司合资或合作，由中方提供设备、原料和辅料，使用越方品牌，在越南生产卷烟。这样可以稳定原料和辅料的出口，又可获得较好的经济效益。同时，要考虑运用先进的种植技术，在东盟国家允许的地区，按择优布局、利益共享、风险共担的原则，建设若干烟草种植基地。

（九）批发市场、保鲜、仓储物流领域的合作

东盟各国多处在热带、亚热带，农产品（尤其是新鲜农产品）易腐坏，部分东盟国家基础设施落后，没有相应的冷冻储藏仓库及冷冻运输车，广大农户大多在农产品采摘后即用三轮车运到集贸市场内就地销售。冷链系统的缺乏导致农产品的外销受到较大限制，农产品的损失率也很高。因此，中国涉农企业可以在东盟国家建立冷链系统，从事专业的冷链管理。

中国与东盟要联合建立农产品运输企业，构建农产品物流的“绿色通道”。中国的物流企业有着较为丰富的物流管理经验，尤其是运输管理方面的经验，因此物流企业可以合资的形式进入东盟国家的市场开展农产品物流合作，避免运输费用过高导致农产品缺乏价格优势，制约农业企业发展的情况出现。还可以有效地发挥东盟与中国相近的运输通道优势，服务于农业及其他行业，加强双方政府间的沟通，确保建立一条畅通的“绿色通道”。

东盟部分国家的经济状况还较为落后，没有专业批发市场，大部分农产品主要在国内的集贸市场内进行交易或在边境直接进行易货贸易。缺乏农产品外贸专业服务机构和专业市场。中国涉农企业可考虑与东盟国家合作在部分双方接壤的口岸地区建立专业的农产品批发市场，开展农产品的专业调拨、分发等业务，还可与海关、检验检疫部门联系，让其进入批发市场开展相关业务，以实现贸易的

① 广西新闻网，投资导向：投资泰国农业前景乐观，http：//news. gxnews. com. cn/staticpages/20070830/newgx46d5fb11 – 1206808. shtml。

便利化。

三、中国—东盟农业领域相互投资的优先顺序分析

农业是一个投资后获利周期比较长的产业，也是中国对东盟直接投资最薄弱的产业。东盟国家中的越南、老挝、缅甸、柬埔寨都还是农业占经济比重较大的国家，泰国、印度尼西亚、马来西亚、菲律宾也都是热带经济作物种植业相当发达的国家，中国与东盟国家在农业投资上存在着很大的合作空间。中国企业在与东盟国家进行农业相互投资时，优先考虑利用各种协议及优惠措施并有效结合国内优势资源与东盟各国开展农业合作，以确保投资项目实现互利共赢。

（一）以合作协议为基础，优先考虑双方都鼓励投资的行业

（1）《中国东盟全面经济合作框架协议》与《农业合作谅解备忘录》的签署标志着中国东盟农业合作的开端。2002 年 1 月 4 日《中国东盟全面经济合作框架协议》的签署，标志着中国—东盟自由贸易区建设正式启动。在该协议中，确定双方的农业合作分两个阶段进行：2004 ~ 2006 年为第一阶段，大约 500 多种产品关税要逐步减免为零，这一阶段被称作“早期收获”计划，减税范围以农产品为主；2007 ~ 2010 年为第二阶段，中国与东盟之间建立自由贸易区。

同年农业部与东盟国家农业部门又正式签署了农业合作谅解备忘录，具体提出了农业合作的主要领域，并将杂交水稻种植、水产养殖、生物工艺、农场产品和机械等方面列为中国与东盟在农业科技方面长期合作的重点，优先加以考虑。

在《中国东盟全面经济合作框架协议》中，农业、湄公河盆地的开发是中国与东盟各国政府确定的需要加强多边合作的优先领域。大湄公河流域的中国云南省与东盟的缅甸、老挝、泰国、柬埔寨、越南对于在流域内国家如何开展农业的合作，应考虑建立长效合作的机制，开发利用澜沧江—湄公河丰富的动植物资源。在缅甸、老挝，未开垦荒地较多、森林木材资源丰富，粮食种植业及畜牧养殖业技术落后；中国政府，尤其是与这两个国家相近的中国西南边境省区的政府，应该鼓励农垦系统的企业（也可以允许具备条件的个人）到缅甸、老挝进行垦荒种植、种养的农业投资活动。在双方政府的规划和引导下，集中一些有实力的公司对特别有潜力的农业合作项目进行较大规模的投资①。

① 周雪春：《中国东盟农业合作进展与影响分析》，《农业经济》，2007 年第 1 期。

（2）《中泰加速取消果蔬关税协议》的签署，提前实施了部分“早期收获”计划。在2003年6月18日，为了加快中国—东盟自由贸易区建立的进程，在“早期收获”计划框架内，中国与泰国政府正式签署了关于加速取消两国蔬菜和水果关税的协议。根据该协议，从2003年10月开始，中泰两国间的蔬菜、水果、坚果产品（共188种产品）的贸易将实行零关税。到2005年1月，果蔬“零关税”安排扩展至泰国、新加坡、印度尼西亚、马来西亚、菲律宾、文莱东盟6国，这一零关税措施共涉及194税目的产品，其对应的最惠国税率约为14.1%。这些措施使双方提前实施了“早期收获”计划中的部分内容，双方的农产品贸易自由化进程在加快。

此外中国还分别与柬埔寨、印度尼西亚、老挝、泰国、缅甸、菲律宾、越南和马来西亚8个国家签订了双边农业合作协定或谅解备忘录，加强了双边农业合作政策的制定和农业技术交流。各种非关税壁垒的降低，特别是各种通关程序的协调、标准及认证的统一将大大降低产品出口的成本，进而有效地促进中国与东盟国家的农产品贸易，同时也促进了双方最需要的农产品及相关产品的投资合作。

（二）以相互需求为导向，优先考虑双方资源互补性强的产品

就要素禀赋来说，中国—东盟自由贸易区区域内的农业经济要素分布存在着一定的差异。东盟国家大部分是热带农业国，尤其是与中国毗邻的老挝、缅甸、越南、柬埔寨等国都以农业为主，当然有些东盟国家农业经济已经达到国际先进水平，比如泰国。总体上来说，东盟国家在资本密集型和土地密集型农产品的生产上具有较大的优势；而中国则更多地体现在劳动密集型农产品的生产上的优势。具体来看，中国的农业生产中面临的资源制约主要是土地资源的约束，不过在化肥、农机等方面的优势甚为明显；而东盟国家农产品生产的自然条件方面则相对优越得多。当然，他们在热带经济作物种植和农产品加工方面也具有较大的优势。

中国与东盟在农业方面有较好的合作基础和条件，中国与东盟加强农业领域的区域合作，可以形成中国—东盟区域内农业合作的要素组合优势，使该区域成为亚洲最重要的经济要素增值中心。中国农业领域大量的适用技术，对东盟国家投资具有技术优势。从相关产业辐射效应标准来看，投资可以扩大中国与东盟农产品、食品的产业内贸易。中国和东盟国家在农业领域拥有各自的比较优势，无论是以相对优势标准还是以相关产业的辐射效应标准来衡量，中国都应优先考虑加大对东盟国家的农业和食品领域的投资。

因此，一方面是要更好地利用东盟国家享有优势的要素资源，投资于我国生

产要素短缺的领域。中国资源的人均占有量相当稀缺，资源供求矛盾日益突出，在很大程度上限制了中国农业企业和国民经济的发展。因此，在海外开办一些渔业、林业的企业来补充国内资源的不足很有必要。泰国的一些自然资源，如钾盐、橡胶等比较丰富，是我国企业可以投资的重要领域，可以弥补国内钾盐缺乏、钾肥需求缺口大、进口成本高昂的局面。泰国是世界第一大橡胶生产和出口国，橡胶作为一种重要的战略资源，近年的价格不断上涨，与泰国投资合作进行橡胶的种植开发，也是较好的选择①。

另一方面要充分发挥我国产业优势，把在国内市场上具有竞争优势的产品推向海外市场。中国应当从自身的比较优势出发，重点培育那些具有较强竞争力的农产品，规避那些没有竞争力或竞争力较弱的农产品，不断优化自身竞争结构，提高农产品的国际竞争力。

中国的农机、化肥、农药、食品加工等行业发展十分迅速，一些涉农企业产品已经成功打入国际市场。与东盟国家相比，中国的农机、化肥、农药、食品等产品在价格方面的竞争优势明显，相当一部分产品质量与国外产品不相上下，在国内发展过程中积累了相当丰富的售后服务成功经验。在目前国内竞争日益激烈、直接出口又受到贸易壁垒限制的情况下，可以考虑在东盟国家投资建厂，就地生产和销售，寻求更大的发展空间。国内初具海外投资实力和意向的涉农企业，可以通过中间商出口、直接出口、设立海外销售部、海外投资生产的步骤逐步实现国际化的过程，向东盟国家市场扩展。我国的牧羊集团等大型农机企业通过出口产品或部件，占领一定市场份额后再投资设厂的方式成功进入了东盟市场。国内企业应抓住当前自由贸易区发展的机遇，尽早开拓东南亚市场。

在农业领域，目前缅甸非常希望得到来自中国的投资合作。缅甸的农业和灌溉部出台了一系列政策，采取了一系列措施，吸引外商投资到农业部门。外商可以采取成立独资企业的方式，也可以采取和国有企业或者是私营企业合资的方式。外商既可以为了农产品的出口来进行土地开发，也可以建立起以农业为基础的行业，提供具有较高附加值的产品，还可以发展与农业相关的加工和制造行业，如小规模的农业设施，以及化肥、种子、杀虫剂等相关的产品②。

柬埔寨农业自然资源有较强的比较优势，土地肥沃，可耕种土地面积潜力巨大，气候条件适宜农作物长年生长。中国地少人多，农业人力资源丰富，而且在水稻和农业经济作物种植及管理等方面有着相当丰富的经验。柬埔寨缺少资金、技术和人力资源，中柬双方可充分发挥各自优势开展互补合作。中国南方有关省区应利用气候与柬埔寨相似、往来交通便利的特点，结合自身优势，在橡胶、甘

① 赵茗铭：《投资泰国的产业选择和对策分析》，《经理日报》，2007 年 11 月 26 日第 7 版。

② 杨秦：《东亚：新一轮合作将以投资为主题》，《中国经济导报》，2008 年 5 月 22 日第 B05 版。

蔗等热带经济作物、水稻和蔬菜栽培、热带水果加工等领域进行合作，或投资生产、组装并在当地销售经济适用的小型农机具和运输工具、小型柴油发电机和小型水泵等。在具体方式上，与柬方合作宜采取“公司 + 农户”的形式进行生产和收购，以减少前期投入和降低投资风险，避免卷入土地纠纷。

第六章　中国—东盟农业领域相互投资贡献分析

随着中国—东盟经济的良好发展，双方经济贸易合作日益密切。中国—东盟互相投资水平也逐步提高。虽然直接投资主要分布在第二产业中的制造业，但东盟国家大多是农业国，农业是重要的经济支柱，农业人口约占48.1%。中国是农业大国，改革开放以后，农业取得了长足的发展，粮、棉、菜、肉、水产等多种农产品生产数量已居世界首位，在经济快速发展的同时，农业的总体比较优势逐渐减弱（栾敬东等，2004），但农业一直是中国国民经济的主导部门。农业是中国与东盟国家经济合作的重要领域之一。二者直接投资领域的制造业当中，有相当一部分为涉农产业，见表6.1。

表6.1　部分东盟国家2006年主要涉农产业占工业部门的比例　　单位：%

工业产业部门＼国家	印度尼西亚	马来西亚	菲律宾	新加坡	泰国
食品加工和饮料制造业	22.4	14.6	19.3	8.8	15.1
烟草加工业	4.4	0.5	0.4	—	1.0
纺织业	9.5	2.5	4.1	1.2	6.6
服装及其他纤维制品制造业	11.0	20.6	9.8	6.0	7.7
皮革毛皮羽绒及其制品业	2.8	1.2	2.4	0.6	3.7
木材加工及竹藤棕草制品业	6.0	5.1	3.1	1.3	3.9
造纸及纸制品业	4.8	8.3	9	12	6.9
家具制造业	10.6	9.7	6.9	11.7	8.1
橡胶制品业	6.3	6.3	6.9	4.1	8.2
总数	77.8	68.8	61.9	45.7	61.2

注：数据来源：ASEAN Statistical Yearbook 2008 p.233.

菲律宾为初步收集数据，—表示没有数据来源。

据统计，2000~2008年中国对东盟的直接投资总数为51.384亿美元，其中新加坡最多，为18.544亿美元。其次是印度尼西亚，为12.103亿美元，主要都流向制造业，而上表表明涉农产业占制造业的比率是很重的。因此，我们可以用中国—东盟的相互直接投资来代表中国—东盟农业领域相互投资，作为中国—东盟农业领域相互投资贡献分析的数据之一。

一、对经济增长的贡献

1999 年，中国政府批准的对东盟投资总额为 7200 万美元。2000 年，中国企业在东盟国家的投资项目就有 56 个，协议资金 7200 万美元。截至 2001 年底，中国企业在东盟国家投资 740 项，总投资 6.55 亿美元，占中国对外直接投资总额的 7.7%。从具体的投资效果来看，在东盟进行投资的能源业和制造业都取得了不错的成绩[①]。虽然同美国、日本、韩国、欧盟相比，中国对东盟投资相对较少，但具有较大的发展潜力。为了考察 FDI 对经济增长的影响，我们以2000～2008 年以东盟内部互相直接投资总量为解释变量 X_1，中国到东盟每年直接投资的总量为解释变量 X_2，以东盟各国每年 GDP 总量为被解释变量，用 EViws5.0，

表 6.2　中国对东盟和东盟内部相互投资及 GDP 情况 单位：百万美元

年份	东盟内部相互投资总额	中国对东盟投资总额	东盟 GDP 总额
2000	761.9	-133.4	598623
2001	2526.5	144	572902
2002	3812.9	-71.9	637046
2003	2702.0	186.8	718393
2004	2958.6	735	791252
2005	4217.7	537.7	896945
2006	7602.3	1016.2	1074377
2007	9408.6	1226.9	1293176
2008	11070.8	1497.3	1506807

数据来源：ASEAN Statistical Yearbook 2008.

注：2000 年受东南亚经济危机影响，中国投资企业信心受挫，已签订的投资合约没有实际执行，导致当年中国对东盟投资为负。2001 年，中国—东盟经济合作专家组初步提出建立中国—东盟自由贸易区的建议，到 2002 年 11 月，中国—东盟建立自由贸易区的进程正式启动这一过程，中国投资者投资观望心理加重，导致 2002 年这一年中国对东盟直接投资为负。直到 2002 年后，投资开始增加。

---

① 梅冰：《中国对东盟直接投资的战略选择》，《中国金融》，2003 年第 16 期，第 51－52 页。

采用最小二乘法进行多元线性回归分析，研究中国对东盟的直接投资和其经济增长二者相关性，我们建立回归方程，数据如表 6.3 所示。

表 6.3　中国对东盟的直接投资和其经济增长相关性研究

Variable	Coefficient	Std. Error	t - Statistic	Prob
C	493170.6	49580.86	9.946794	0.0001
X1	53.42853	18.34245	2.912834	0.0269
X2	241.9871	109.7577	2.204739	0.0696
R - squared	0.961875	Mean dependent var		898835.7
Adjusted R - squared	0.949167	S. D. dependent var		328819.8
S. E. of regression	74136.53	Akaike info criterion		25.52641
Sum squared resid	3.30E + 10	Schwarz criterion		25.59215
Log likelihood	- 111.8688	F - statistic		75.68853
Durbin - Watson stat	2.397057	Prob (F - statistic)		0.000055

$$Y = \alpha + \beta X_1 + \gamma X_2 + \mu \tag{6.1}$$

在方程（6.1）当中，α、β、γ 为回归系数，μ 为随机误差项，回归结果如下：

根据回归结果可以看出，每个估计的回归系数都通过了显著性检验，计算出的 t 值绝对值都大于 2.074，P 值都很小，R^2 为 0.961875，样本回归式很好地拟合了总体回归函数，模型和因变量对经济学问题具有很好的解释能力。回归后所得 X_1 的系数 β 为 53.42853，表示在其他条件不变的情况下，东盟内部的相互投资每增加 1 美元，其 GDP 总量就增加 53.43 美元。X_2 的系数 γ 为 241.9871，表示在其他条件不变的情况下，中国对东盟的投资每增加 1 美元，东盟 GDP 总量就增加 241.9871 美元。而且中国对东盟投资与其 GDP 的关联度强于东盟内部互相投资。

近 10 年来，中国对东盟的直接投资，特别是农业领域的直接投资虽然有个别年份减少，但总体趋势是逐渐增加的。中国对东盟农业领域的直接投资对促进东盟经济持续增长，市场机制的不断完善，在一定程度上弥补了东盟国家国内资金的不足，提高了居民的生活水平。GDP（国内生产总值）反映了一个国家或区域内一定时期经济生产过程的最终成果和一个国家的生产能力，是一个具有很强综合性的指标。回归结果也表明中国对东盟农业领域的直接投资对东盟的 GDP 增长起促进作用。

东盟 10 国的经济发展水平、人均收入水平、自然资源拥有的种类和数量，市场容量都有较大的差异。我国对东盟10国农业领域的直接投资按照比较优势进行行业部门的选择，投资行业也不同。对泰国、菲律宾、印度尼西亚、马来西亚等国家农业领域的相互投资主要集中在农产品加工和农业科研技术、农业机械方面。我国啤酒业巨头青岛啤酒公司在泰国首都曼谷近郊兴建该公司第一家海外工厂。这是一家投资额为20亿泰铢的合资企业，2009年开始投产。公司持股40%，余下60%与泰国人合资，年产约10万吨啤酒，其中八成销往东南亚国家和澳大利亚，主要原料为水、小麦及泰国大米①。青岛啤酒公司的投资，将拉动泰国粮食的销售，增加泰国政府的税收，促进泰国经济发展。

缅甸、柬埔寨、老挝、越南处于传统农业或初级产品生产阶段，自然资源丰富。中国对这些国家的农业直接投资领域以资源开发型投资为主，如种植业、林业等。其次纺织业也是中国投资的一个主要领域。据不完全统计，截至2004年底，我国中央和地方政府及企业已累计投入资金和实物5亿多元，在缅北和老北完成替代种植面积60多万亩。其中，替代种植水稻、玉米、荞麦等粮食作物面积约为7.1万亩，替代种植热带水果30万亩、橡胶约11.5万亩、甘蔗约6万亩、林木（柚木、铁杉、核桃）等4万亩、香料2万亩、茶叶1万亩，此外还有柠檬、豆类、剑麻、魔芋、香茅茶、咖啡等作物。2009年8月云南瑞普生物科技有限公司与老挝政府签订了位于南塔省香格—索腊地区的橡胶种植开发协议，获批1万公顷国有土地30年橡胶种植开发特许经营权，成为首家获老挝政府正式批准土地开发经营面积达上万公顷的中资企业，预计总投资额达5000万美元②。国有大型农业企业中国农垦（集团）总公司积极利用国外农牧业资源开展海外经营，已成为我国在柬埔寨最大的农业开发企业，中垦集团从1996年开始在柬埔寨王国设立企业进行农业开发。近几年来，他们以柬埔寨丰富的林业资源和热带经济作物资源为依托，在柬埔寨兴建了木材加工、农业开发、饮水工程等6个企业，计划开发34万公顷土地，其中现已开发利用土地4万公顷，其余即将开发利用。中垦集团在柬企业主要产品有木材、中密度纤维板、热带果蔬、肉牛、鸵鸟、草地、桉树等。项目全部建成后，年产值将达6.53亿美元。中垦集团实施的打井一、二、三期项目获得柬王国政府首相洪森签发的“柬埔寨王国政府国家建设金质勋章”和奖状，第四期500口打井项目也已开工③。

东盟国家对中国的直接投资主要来源于新加坡、马来西亚、泰国、菲律宾、

---

① 凤凰网财经网，青岛啤酒准备进驻泰国，http：//finance. ifeng. com/roll/20090622/822955. shtml。

② 凤凰网财经网，我替代种植企业在老挝首获万公顷种植橡胶土地，http：//finance. ifeng. com/roll/20090623/828580. shtml。

③ 人民网，中垦集团成为我国在柬埔寨最大的农业开发企业，http：//www. people. com. cn/GB/channel3/23/20001109/306908. html。

印度尼西亚。农业领域直接投资以华商为主。由泰籍华人谢易初、谢少飞兄弟于1921年创办的以农牧食品为主业的知名跨国企业正大卜蜂集团，根据“跨国公司中国贡献指数”评价体系[①]对正大集团进行贡献率评估，荣登2008年跨国公司中国贡献榜第8位，2009年为第23位。正大集团进入中国30年来，始终坚持“利国、利民、利企业”的经营宗旨，积极响应政府提出的“建设社会主义新农村”的号召，紧紧围绕“生产发展、生活富裕、乡风文明、村容整洁、管理民主”的社会主义新农村建设内容的总要求，将“参与社会主义新农村建设”纳入企业的长期任务，立志在中国发展现代农业、现代食品加工业和帮助中国农民致富。“公司+农户”的发展模式，使正大集团和农民建立了紧密的经济联系。农民得到了急需的资金、良种、技术、饲料和销售渠道，还大大降低了风险[②]。据统计，秦皇岛正大公司成立11年来，累计发放雏鸡2.6亿只，转化初级原料220万吨，农民通过养鸡获利39亿元，养鸡户年均增收8000多元。有关专家指出，正大公司不仅带领肉鸡饲养实现了数量上的飞跃，而且引入了“标准化养殖”的理念，拉动肉鸡养殖实现了质的提升，推动了我国肉鸡养殖业的产业化发展。“公司+农户”的产业化模式不仅带动千家万户的农民走上了养鸡致富的道路，同时还拉动了周边地区工、商、贸各产业的快速发展，出现了一大批从事种植业、运输业、商业等专业户6万余人，带动了加工、餐饮等上千家私营企业和个体工商户的发展[③]。

印度尼西亚华人黄奕聪先生创办的亚洲第一的造纸企业金光集团在中国拥有20多家全资和控股浆纸企业，清风、唯洁雅都是金光集团旗下著名品牌。2009年，金光集团APP（中国）以贡献指数89.27进入该榜单荣获“2009跨国公司中国贡献奖”，从20世纪90年代初，迄今为止发展了近32万公顷人工浆纸林，总资产超过770亿元，拥有全职员工3.2万余名。APP（中国）致力于通过林浆纸一体化绿色循环经济增长模式，实现中国造纸业的可持续发展，截至2009年底，APP（中国）在环保方面的投入已经超过50亿元。2008年6月，APP（中国）向全社会发布了“立足中国，绿色承诺”的宣言，内容涵盖科学发展人工林、节能减排清洁生产、企业社会责任等方面，希望为中国的环境保护和社会发

---

① 该体系涵盖公司治理和道德价值、就业与员工权益保护、环境保护与节能减排、产品质量管理、消费者权益保护、供应链伙伴关系、推动中国科技进步、税收贡献指数、科学规范的责任管理体系、良好的公众形象10大项、44小项。该体系由中国企业报牵头起草，历时半年研究完成，又称“十大贡献指数”体系，简称“TCI体系”（Ten Contributory Indexes）。

② 杨志华：《扶农助农奉献社会——正大集团积极参与中国新农村建设纪实》，《农民日报》，2006年11月10日第5版。

③ 饲料行业信息网，秦皇岛正大：推动我国肉鸡产业发展，http://aicu.info/qyxw/2010/0511/934.shtml。

展贡献力量。此外，APP（中国）始终不忘推动社会回馈计划，积极协助政府与社区的各类工作。截至目前，APP（中国）在科研、教育、环保、防病救灾、资助西部发展及国家建设等方面累计捐助已超过6.18亿元。金光集团APP在中国的可持续发展实践，得到了中国政府及社会公众的广泛肯定与赞扬，先后荣膺“国家环境友好企业”、“清洁生产审核验收合格单位”、“2008中华慈善奖·最具爱心外资企业”等称号，其在生态营林、环保制浆、绿色造纸方面的探索实践，提升了中国现代林业和中国现代造纸的水平①。

中国—东盟农业领域相互投资在数量上不多，但潜力巨大，增速较快。相互投资为中国—东盟在促进资本形成，提高生产率方面均有推动作用，促进了双方的经济增长。在东盟经济正在恢复的时期，对其的投资会带来丰厚的回报。加入到各国对东盟投资的大潮中，我国可以利用其销售市场、自然资源和经济基础②。今后双方在吸引相互投资时注意避免资源浪费、环境污染等方面的问题，将更加有力地促进中国—东盟自由贸易区内的经济增长。

二、对就业的贡献

国际直接投资的就业创造效应决定于东道国的比较优势，如果东道国低成本的非熟练劳动力充裕，则可以吸引劳动密集型外国企业直接投资，直接创造就业机会的效应也较大③。东盟10国的人口总数为5.84亿人，农业人口占70%。大多数东盟国家如越南、柬埔寨、老挝和缅甸等都具有劳动力成本低廉优势。越南拥有充足又廉价的劳动力资源，农村劳动力为3290万人，劳动力人口绝大多数完成了高中教育。2007年越南河内和胡志明市的工人平均月薪55美元；在河内和胡志明市内的各个县、市，工人的平均月薪为50美元；在河内和胡志明市以外的各直辖市，工人的平均月薪为45美元。柬埔寨、老挝劳动力平均月薪一般为35美元。缅甸工人的平均月工资约2000缅元，按目前黑市汇率折算仅为10多美元，比越南工人的平均工资还低④。我国对东盟农业领域的直接投资性质多

① 广西新闻网，金光林纸循环获“2010社会责任优秀企业”大奖，http：//www.gxnews.com.cn/staticpages/20100622/newgx4c20b567－3046722.shtml。

② 邵国安：《东盟吸收直接投资的差异分析及对我国直接投资的启示》，对外经济贸易大学硕士学位论文，2007年。

③ 维帕赛：《东盟国家利用外资问题研究》，华中师范大学硕士学位论文，2007年8月。

④ 廖东声：《CAFTA背景下中国企业投资东盟农业的SWOT分析》，《东南亚纵横》，2009年第12期，第46－51页。

为资源导向型投资，其中包括自然资源导向型投资，如租用土地种植农作物、建立渔场等；人力资源导向型，如投资建办纺织企业、食品加工业等。我国对东盟农业领域的投资直接创造就业机会的效应很大。如外资企业在柬埔寨投资纺织服装加工有255家，其中有中国企业107家。全国总就业人数约25万人，其中制衣工人23万人。因此，中国企业在投资制衣厂提供了柬大量的、最少也达到10万人以上的就业机会[①]。云南农垦集团和广西农垦集团在老挝都有橡胶种植投资。老挝政府规定在其境内投资的中国企业，只允许带入10% ~20%的管理人员和骨干力量，所以大部分劳动力都来自于老挝当地。2006 ~2015年期间，云南农垦集团将投资在老挝的多个省建立天然橡胶种植示范基地50万亩，带动当地种植200万亩。作为长期经济作物，天然橡胶经济寿命超过20年，项目区胶园全部投产后，年产干胶可达21.5万吨，年产值将达21.5亿元。同时，项目合作至少可为老挝提供12.5万个劳动就业机会[②]。2008年4月，在河内举办的中国广西—越南经贸合作推介会上，广西农垦集团与越南企业签署了木薯产业化合作项目，项目投资6000多万美元，在越南建设30万吨木薯干片加工仓储、20万吨木薯变性淀粉、5万公顷木薯原料基地开发和10万吨燃料乙醇生物质能源项目[③]，这些项目不但增加了加工制造业的就业机会，也提高了当地农民种植木薯的积极性，增加了就业机会。我国的农业企业设在东盟的分支机构在当地的支出和上缴的税收，通过乘数效应，增加了东道国的国民收入，促进了经济发展，从而间接带来了新的就业机会。我国企业的存在，加剧了东盟农业行业内部的竞争，进而刺激了当地其他企业的发展而增加就业机会。一些西方学者曾以“投入—产出”为基础的估算表明，20世纪80年代初泰国、菲律宾以及其他东盟国家的外资企业每直接创造1个就业机会，同时间接创造1 ~2个就业机会[④]。

此外，东盟国家的农民文化素质普遍偏低，随着中国投资的注入，一些新型现代的农业技术也进入到东盟国家。通过示范种植，示范加工，简单的技能培训等，促进东盟国家农民素质的提高。

中国是具有13亿多人口的大国，农业人口占70%，劳动力资源量大而素质偏低。东盟对中国农业领域的直接投资，缓解了我国的农村人口就业压力。以农牧业闻名的正大集团，到目前为止农牧企业直接就业人口约6万人，间接就业人

① 森布提妮：《中国企业在柬埔寨的投资现状分析》，对外经济贸易大学硕士学位论文，2006年6月。

② 新华网，云南老挝签下16亿美元大单、橡胶种植成重点，http：//www. yn. xinhuanet. com/newscenter/2007 -04/04/content_ 9691640. htm。

③ 南博网，广西需推进与东盟生物能源合作，http：//info. caexpo. com/zixun/cafta/2009 -03 -06/58242. html。

④ 维帕赛：《东盟国家利用外资问题研究》，华中师范大学硕士学位论文，2007年8月。

员达上百万①。

广西是我国唯一与东盟既有陆地接壤又有海上通道的省区，目前已建成与东盟国家相通的陆、海、空立体交通网络。2004 年第一届中国—东盟博览会后，广西与东盟国家经贸关系日益密切发展。东盟已成为广西利用外资的主要来源地之一，在所有投资广西的国家和地区中，东盟的合同外资总额和实际利用外资总额均居第二位，而投资产业同样是以第二产业为主。这里以广西所吸收新加坡的直接投资，对广西农业人口就业率做折线图分析如图 6.1 所示。

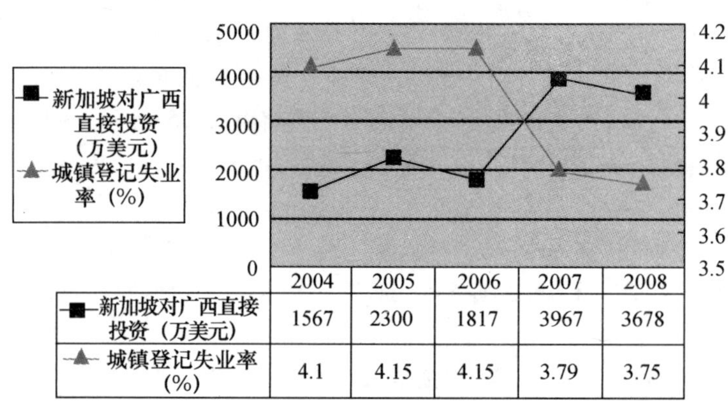

	2004	2005	2006	2007	2008
新加坡对广西直接投资（万美元）	1567	2300	1817	3967	3678
城镇登记失业率（%）	4.1	4.15	4.15	3.79	3.75

图 6.1　广西吸收新加坡直接投资对广西农业人口就业率的影响

由图 6.1 可以看出，城镇失业率的变化趋势与新加坡对广西投资的变化趋势基本相反。新加坡对广西直接投资拉动了广西的就业率②。中国—东盟农业领域的相互投资，为双方提供了很多就业机会，提高农业人口的生活水平，对于拉动中国—东盟劳动力市场有积极作用。

三、对技术创新的贡献

英国著名的跨国公司专家邓宁（J. H. Dunning）在 1976 年发表了其代表作《贸易经济活动的区位与跨国企业：折衷理论探索》，提出用折衷主义方法来解

① 中国饲料行业信息网，正大，值得为你喝彩——正大集团投资中国二十年侧记，http://www.feedtrade.com.cn/news/enterprise/20030312093500_2130.html。

② 数据来源：《广西统计年鉴 2007》、《广西统计年鉴 2009》。

释境外直接投资活动。1981 年邓宁又出版了《国际生产与多国企业》一书，对折衷理论作了更为系统化、理论化的阐述。由于该理论运用折衷主义方法对以往各种境外直接投资理论进行了概括性和综合性分析，因此亦称国际生产综合理论。在这一理论模型中，邓宁给出了导致境外直接投资行为的三组基本变量，即企业资产所有权优势—O，内部化优势—I，区位优势—L。一个企业必须同时具有 O、I、L 三个条件，才能从事境外直接投资。按照邓宁的 OIL 理论，资产所有权优势是指一国企业拥有或能够获得的别国的企业所没有或无法获得的特定优势，主要包括技术优势、企业规模优势、组织管理优势、金融和货币优势等。内部化优势是指企业将拥有的所有权优势在内部使用而带来的优势。也就是说，企业为避开外部市场机制的不完全性，通过境外直接投资方式，把所有权优势经过内部市场转移给国外子公司，从而取得更多收益。区位优势是指跨国企业在投资区位上所具有的选择优势。它主要包括：东道国丰富的自然资源、广阔的商品销售市场、低廉的生产要素成本、吸引外资的各种优惠政策等①。

邓宁的国际生产折衷理论指出进行国外直接投资的企业必须同时具有资产所有权优势、内部化优势、区位优势，这三个优势都是投资国对于母国的相对优势，而非绝对优势。我国和东盟大多数国家都属于发展中国家，而东盟国家的农业科技技术和经济发展情况呈现出多层次性。中国—东盟农业领域的相互直接投资根据国家的农业领域的相对优势的不同，行业会有所不同。对于不同层次的东盟国家，由于相互直接投资所带来的技术交流合作内容也就不会相同。

为了分析中国—东盟农业领域的相互直接投资对技术创新的贡献，首先按照科技发展水平、工业化进程和贸易结构将东盟国家分成三个层次。

第一层次是农业资源贫乏，具有高科技及知识密集型产业的比较优势已进入工业化国家行列的新加坡和文莱。两个国家的经济水平和消费能力都比较高。

第二层次是正在向新兴工业化迈进的泰国、马来西亚、菲律宾、印度尼西亚 4 个国家。农业技术整体水平基本与我国持平，我国与这 4 个国家的农业技术互补性很强。

第三层次是越南、老挝、柬埔寨、缅甸 4 个经济落后国家。这些国家农业生产水平相对我国较差，老挝、柬埔寨、缅甸还维持传统农业阶段。虽然今年来越南的经济增长速度很快，但由于基础薄弱，从整体经济来看，越南仍然属于经济落后国家。

根据技术溢出理论来分析中国—东盟农业领域的相互直接投资对技术创新的贡献。技术溢出理论是由麦克多加（Macdougall）、科登（Cooden）、达斯（Das）

① 吴新敏：《我国企业在东盟自由贸易区内的直接投资研究》，中国地质大学（北京）硕士学位论文，2006 年 5 月。

等相继传承发展而来的。该理论认为：外国直接投资可以通过示范传播和竞争等途径对东道国产生技术溢出效应，从而引起当地技术和生产力的进步。外国直接投资技术溢出有三条途径。

1. 示范—模仿效应

内资企业可以通过向外资企业进行模仿和学习，开阔国内企业产品开发和生产的思路。通过了解尖端产品的基本特性和设计方向，进而通过引进技术、逆向工程等方式开发和生产类似的产品，并针对本土市场加以改进，使之更能适合本土的消费群体，从而提高自身技术开发能力。

新加坡、文莱的园艺技术和水产养殖技术处于国际领先地位，食品深加工技术也遥遥领先。我国企业在新加坡、文莱两个国家多采用垂直投资合作的方式，由外商提供资金和技术，中国进行原料生产和初步加工，半成品运到新加坡、文莱进行深加工，产品满足新加坡、文莱国内需要或向第三方市场出口。中国在新加坡、文莱农业领域直接投资的产品多为园艺作物。如花卉、食用菌、其他观赏性植物等。由于 FDI 的技术溢出效应，在长期的合作中，中国企业在直接投资国家的子公司可以了解到产品深加工的基本技术和投资母国优秀同行的产品特性。从而结合投资企业自身环境进行适合的改进，发展符合地方需求的高附加值新型产品。

2005 年，自中国昆明国际花展成功举办后，新加坡圆圃园集团与中国西南投资促进中心、昆明卓源亿进出口贸易有限公司、云南裕龙科工贸有限公司、云南信亿进出口贸易有限公司在昆明国际会展中心举行了签约仪式。签约的主要内容是在新加坡建立“云南（圆圃园）中心”，长期展示云南的鲜切花、茶叶等优势农产品。由圆圃园把云南的花卉经过加工后，再以新加坡圆圃园的品牌转口出口到世界各地。新加坡圆圃园集团成立于 1911 年，是一家集园林、花卉及水景喷泉的设计建造为主，结合休闲、旅游与美食为一体，全方位综合发展的新型园艺集团公司①。昆明的企业通过和圆圃园集团的合作，通过对其生产流程的观摩和模仿，吸收对方的优势，提高农产品深加工技术，结合自己种植经济作物的区位优势，开拓出适合本土生产加工的新技术流水线。

中国与第二层次国家农业领域相互投资的示范—模仿效应大多数具有互补性。对于双方的技术创新贡献较为明显。英国经济学家拉奥（Sanjaya Lall）在对印度跨国公司的竞争优势和投资动机进行了深入研究之后，提出了关于发展中国家跨国公司的技术地方化理论。拉奥认为，发展中国家在进行对外直接投资时，对现有的技术和产品进行了消化、改造和创新，使他们的产品能够更好地适应当

① 投影大全网，新加坡圆圃园与“云花”联姻开拓国际市场，http：//www. bjldbzj. gov. cn/flower/20051025231213717. htm。

地消费者多样性的需求。也就是说，这种技术知识当地化的内在创新活动给欠发达国家企业带来了独特的竞争优势，使其具有以相对比较优势参加跨国生产和经营的可能性①。

泰国的冷冻肉类加工体系很完善，泰国企业正大集团旗下的 CP 以经营冷冻速食肉类而闻名。但泰国的家禽家畜喂养技术不高，受季节性影响很大，导致原材料供给不足。

安徽滁州官方公布的消息显示，2008 年 11 月 6 日，滁州与泰国正大集团签署协议，正大集团将以滁州为中心，投资 20 亿元建设 100 万头生猪产业化示范项目。协议内容显示，正大集团一期将建设 1 座曾祖代猪场和 2 座祖代猪场；二期建立 20 座父母代猪场和年出栏 100 万头优质商品猪育肥基地；三期建设生猪屠宰和食品加工厂，进而打出品牌，销往国内外超市②。

正大集团副董事长谢毅表示，正大集团抓住中国推进新农村建设的机遇，将产业从饲料生产向养殖和食品加工两头延伸，打造一个“从养殖到餐桌”的完整产业链，推进新的投资和发展。正大集团在养猪业动作频频，2009 年 7 月，正大集团与山东即墨市政府签署协议，正大集团计划用 5 年时间，总投资 10 亿元在即墨建设年加工 50 万头生猪的产业化项目，包括新建祖代种猪场 2 个，父母代种猪场 20 个，100 万头生猪食品加工厂 1 个。在即墨项目签约的同一个月，正大集团还与秦皇岛抚宁县签订协议，投资 10 亿元建设 100 万头生猪养殖加工一条龙产业化项目，产业链的第一个项目“1200 头曾祖代猪场”已正式进入施工阶段，整个项目 2010 年初投产，2015 年达到年出栏 100 万头生猪的规模③。

中国政府和企业提供或注入资金创新发展养殖技术，正大集团为了提高产品质量，为中国的企业组织相应冷冻技术的培训和帮助。正大集团与中国本土企业合作，促成了家禽家畜饲养技术和冷冻食品加工技术的强强联合。中国企业在冷冻食品市场上竞争力将加强，而泰国的家畜产出量就可以满足加工商的需求。

由于我国与第三层次国家在生态环境和自然资源等方面具有很大的相似性，适宜微生物农药、兽用疫苗、人工种子、新型饲料等高科技农产品出口，这些产品的出口有利于这些国家在模仿的基础上创新农业技术。对发展中国家，进口先进农业设施是获得高新技术的捷径。越南、老挝、柬埔寨、缅甸都是传统农业国，越南每年需进口 3～4 万台小型发动机、约 4 万辆拖拉机、15 万台水泵，以

① 舒晓婷：《我国企业对东盟直接投资研究》，厦门大学硕士学位论文，2009 年 4 月。

② 凤凰网，正大集团年内 40 亿元圈地生猪养殖业，http：//finance. ifeng. com/roll/20091110/1446506. shtml。

③ 南阳市新瑞佳暖通设备有限公司网，正大集团年内 40 亿元圈地生猪养殖业，http：//www. nyxrj. com/ShowNews. asp？ id =86。

及其他农业机械。进口中国农机产品的比例最大，越南每年农药市场容量约1.2亿~1.5亿美元，中国占到30%~40%的市场份额[①]。越南通过合资的方式引进我国的农机制造企业，政府对合资企业投入研究经费，在我国机械制造的良好基础上，研究提升。

我国对越南、老挝、柬埔寨、缅甸这些国家在农业领域的直接投资通过境外示范项目，建立技术合作基地，生态技术园等对投资母国也形成了规模巨大的示范—模仿效应。

2. 竞争效应

外国直接投资的进入和对本地市场的争夺，对本地企业造成很大的竞争压力。为了保持原有的市场份额，在外资企业的冲击下，寻求发展壮大。本地企业被迫加大研发力度，加速生产技术、设备的更新换代，在管理模式上审视自己的弊端，减少资源浪费。竞争效应中，中国和东盟三个层次的国家都面临性质相同的商业竞争。近年来备受关注的中粮集团和新加坡丰益国际公司在粮油市场上的对阵便是很典型的例子。

2006年底，丰益国际公司以27亿美元收购了新加坡郭氏集团旗下的嘉里粮油（公司下称“嘉里粮油”），并与其在中国的子公司益海集团合并，成立益海嘉里投资有限公司（下称“益海嘉里”）。在合并的当年，就有媒体称益海嘉里和中粮掌握了国内油脂价格的控制权，益海嘉里成为当之无愧的中国食用油寡头。到2007年，丰益公司在中国的食用油粗炼和精炼厂共24家、特殊油脂生产厂5家、罐装油生产厂20家、大米厂2家、面粉厂5家。目前，益海嘉里正在形成布点广泛、布局合理、规模宏大的优质生产体系；建立了中国庞大的经销网络，经销商数目已经超过2000家，遍布全国400个大中城市，销售网络已覆盖中国除台湾地区以外的所有省区市。来自中华粮网的内部数据显示：益海嘉里占有国内整个食用油市场的40%，中粮集团占12%，九三油脂集团占10%。而在国内小包装食用油，益海嘉里的市场占有率超过50%，中粮集团占有30%的份额[②]。

在丰益集团进军中国市场之前，中粮集团在我国粮油市场上的占有率具有较高的份额。自2006年后，随着丰益集团的扩张，凭借其合理的布局，高效率的决策，快速抢占市场份额。在强大的生存压力下，作为中国唯一有能力与丰益集团抗衡的粮油集团，中粮集团从2008年初开始，就与天津方面接触，计划在物流条件优越的天津建立粮油综合基地，并在粮油加工技术研究等方面投入大量资金，以提高生产效率。此外，中粮集团还制定出“打通从田间到餐桌需要经过的

① 张臻：《中国对越南投资前景分析》，《广西大学学报》（哲学社会科学版），2007年第29卷第2期，第7-10页。

② 食品商务网，食用油：外资中外合资占过半，http://www.21food.cn/html/news/35/402610.htm。

种植采购、贸易、食品加工、分销物流、品牌推广和销售的全部环节，打造‘全产业链’食品公司”的长远发展战略。

据中粮方面介绍，整个粮油综合基地计划总投资40亿元，项目投产后，中粮集团在天津地区的油脂油料加工能力将达到600万吨，主要辐射中粮在华北、西北地区的粮油市场。同时，该基地每年还可以为华北及周边市场供应230万吨的植物蛋白、90万吨的食用油等①。

在与外国企业的竞争中，本土企业必须不断提升自身能力，寻求更适合的经营模式，才能在商业战争中有立足之地。

3. 人才流动造成的技术溢出效益

由于人员流动引起的外商直接投资的溢出效应有时也被称为劳动力溢出效应。它的主要表现为，跨国公司对其当地雇员一般都会给予多方面、多层次的培训，一旦这些员工离开跨国企业去其他公司就职或开设自己的公司，他们在跨国公司学习的技术就会受益于本地企业。跨国公司对东道国管理技术的提高是有贡献的。这种贡献体现在：跨国公司十分擅长培养和发展管理人员的技能，经过一段时间后，部分经过培训的管理人员加入其他类型的企业工作从而使这种技能得以扩散，体现为对本土企业产生了溢出效应②。

第一层次新加坡、文莱两个国家教育水平高，国家开放度大，国家政府和企业都十分重视员工培训。据统计，1979～2004年期间，新加坡政府从技能发展基金中拨出19亿新元，提供了970万个培训名额；2005年有16.6万人获得技能发展基金的资助，报读提升技能的课程。另外，还有技能再发展基金、职工总会的教育与训练基金等也为确保民众终身受雇的能力而参加培训提供资助。企业将员工培训看作是提高竞争力的重要手段。据了解，新加坡企业在员工培训方面的投入已占员工总薪金总额的4%，特别是新加坡航空公司每年的员工培训投入占员工薪金总额的比重高达12%③。这种国家性的企业文化随着外商直接投资，在跨国企业依然存在。在中国的新加坡企业的员工大部分必然是中国本土人员。在受到了全面和与时俱进的技能培训后，能力提升，在其转移工作的时候，外国技能随着员工的能力也转移出来，本土企业从中获益。因为新加坡和文莱的平均经济水平、教育水平都高于我国，中国与第一层次国家农业领域直接投资由于人才流动造成的技术溢出效益主要是高新技术和理念由外国企业流入本土企业。

① 中国新闻网，中粮董事长否认多元化传闻、立足于全产业链企业，http：//www.chinanews.com.cn/kong/news/2009/05－04/1675178.shtml。

② 张敏：《现代农业利用外商直接投资问题研究》，东北师范大学硕士学位论文，2005年12月。

③ 爱读爱看网，新加坡考察报告之经济篇，http：//press.idoican.com.cn/detail/articles/2009021229224/。

第二层次泰国、马来西亚、菲律宾和印度尼西亚4个国家对我国企业技术外溢方向则分为两个阶段。过去我国人才主要是单方面流向跨国公司在华企业。2002年起，人才从跨国公司在华企业向内资企业、科研机构和大专院校的流动开始较多出现，随着国内企业体制改革的不断深化，逐步完善的用人机制及人才待遇吸引更多的外企工作人员或流入国内企业或自主创业，跨国公司的先进技术和管理经验随之外溢。我国对这些国家的直接投资的跨国企业由于外国雇员的流动同样也形成技术外溢效应。

第三层次越南、老挝、柬埔寨和缅甸4个国家科教水平落后，国家闭塞落后，对外直接投资的主要目的是获取先进技术。近年来，第三层次的国家积极推出优惠政策吸引外国对其进行农业直接投资。这些东盟国家引进外资的主导思想有两点：一是促进国内资本形成，弥补“储蓄缺口”和“外汇缺口”；二是引进先进技术和管理经验，促进整个产业的技术进步。

自1994年8月至2004年底，内地纺织企业共在柬埔寨设立企业189家，协议投资总额4.097亿美元，排在马来西亚、美国、中国台湾之后，为柬埔寨第四大外资来源地，且已连续3年为柬最大FDI（外国直接投资）输入国。2005年，我纺织服装企业在柬投资大幅度增长，仅上半年即注册成立19家服装企业，投资总额3050万美元，已超过2004年全年水平①。外资企业的注入，吸引了一大批原以传统务农为工作的农民进入其加工厂工作。经过简单的培训后，农民便可以进入车间工作。在工作的过程中，不断接受新的技术和知识。农民接受的知识技能通过和本地同行接触交流或通过退出外资企业进入本土企业工作，形成技术溢出效应。

此外，与越南、老挝、柬埔寨、缅甸的技术合作交流，如农作物制种、提纯、示范推广、技术人员培训、品种交换、代培留学生等项目，也通过人才流动扩大了技术溢出效应。

四、对产业结构升级的贡献

产业结构是指在社会再生产过程中，一个国家或地区的各部门产业之间的比例构成和它们之间的相互依存度、相互制约的联系。产业结构有两方面的含义，从量的方面来看，产业结构是指国民经济中各产业之间和各产业部门内部的比例

① 南博网，中国纺织业在柬埔寨现状及分析，http：//www.caexpo.org/gb/news/special/zhongfangzai-jian/index.html。

关系。这种量的关系至少可以从三个层次来考察：

（1）国民经济中的第一次、第二次、第三次产业的构成等；

（2）三次产业的内部构成；

（3）三次产业内部的行业构成，即产品结构。

从产业质的方面来看，产业结构是指国民经济各个产业的素质分布状态[①]。

美国经济学家罗斯托在总结完成工业化国家经济增长的经验基础上，把国家和区域经济的增长分为六个阶段：传统社会阶段、为起飞创造前提条件阶段、起飞阶段、向成熟推进阶段、高额消费时代阶段、追求生活质量阶段（刘再兴，1995）。在传统社会阶段，三次产业之间的关系大致为第一产业 > 第三产业 > 第二产业；到起飞前的准备阶段，将变为第一产业 > 第二产业 > 第三产业；到起飞阶段，将变为第二产业 > 第一产业 > 第三产业，以及第二产业 > 第三产业 > 第一产业；到向成熟推进阶段，将是第二产业 > 第三产业 > 第一产业，以及第三产业 > 第二产业 > 第一产业。

日本学者小岛清认为，国际贸易是按比较成本优势进行，而对外直接投资应以比较劣势行业开始，因此，一国应将在国内处于比较劣势的产业通过对外直接投资转移至该产业仍具有发展潜力的东道国。美国哈佛大学的弗农教授提出的产品生产周期论，也与小岛清的边际产业扩张论有类似之处。他把产品生命周期分为四个阶段：产品导入期、产品增长期、产品成熟期、产品衰退期。在产品衰退期，由于技术垄断优势的丧失，为了降低生产成本，应将此类产品转移到劳动成本低的国家进行生产。

1. 产值结构：三次产业结构日益合理

我们选取在农业领域相互投资比较多的东盟4国，泰国、马来西亚、越南和菲律宾与中国的广西壮族自治区和重庆市作三次产业结构升级分析。

表6.4　广西、重庆两地三次产业总产值构成表　　单位：亿元

年份	两地生产总值	第一产业	第二产业	第三产业
1996	2885.37	822.44	1061.68	1001.25
1997	3177.49	889.95	1154.15	1133.39
1998	3351.86	887.59	1226.16	1238.11
1999	3463.40	853.88	1257.32	1352.20
2000	3683.20	842.25	1356.59	1484.36

① 廖东声：《广西外向型经济发展与产业结构调整机理研究》，中国商务出版社，2008年版。

续表

年份	两地生产总值	第一产业	第二产业	第三产业
2002	4513.74	919.86	1627.86	1966.02
2003	5093.93	997.84	1905.18	2190.91
2004	6126.31	1245.93	2366.50	2513.88
2005	7146.24	1375.90	2769.80	3000.54
2006	8280.65	1418.85	3379.53	3482.26
2007	10078.16	1723.74	4317.40	4037.02
2008	12268.24	2029.30	5471.01	4767.93

自1996年起，广西和重庆的三次产业产值构成经历了第二产业>第三产业>第一产业变为第三产业>第二产业>第一产业。2008年，因受金融危机的影响，第三产业比重下降，不纳入经济发展常规考虑。

从2000年开始，第二产业产值开始超越第三产业，2002年以后第二产业与第三产业的产值距离迅速拉大。三次产业在GDP产业结构中的比重顺序的演变过程表明，广西和重庆2002年开始由起飞阶段跨向成熟推进阶段。促成这种演

表6.5　广西、重庆两地三次产业总产值构成表　　单位:%

年份	两地生产总值	第一产业	第二产业	第三产业
1996	100	28.50	36.80	34.70
1997	100	28.01	36.32	35.67
1998	100	26.48	36.58	36.94
1999	100	24.65	36.30	39.04
2000	100	22.87	36.83	40.30
2002	100	20.38	36.06	43.56
2003	100	19.59	37.40	43.01
2004	100	20.34	38.63	41.03
2005	100	19.25	38.76	41.99
2006	100	17.13	40.81	42.05
2007	100	17.10	42.84	40.06
2008	100	16.54	44.59	38.86

变的重要原因是2001年中央明确提出实施“走出去”战略，加大力度吸引国外投资，鼓励国内企业“走出去”，在国外建厂办企业。2002年11月4日，中国总理朱镕基和东盟10国领导人共同签署了《中国—东盟全面经济合作框架协议》，在经济合作方面，双方商定将以农业、信息通信技术、人力资源开发、投资促进和湄公河流域开发为重点，并逐步向其他领域拓展。这标志着中国与东盟的经贸合作进入了一个新的阶段。在2002年7月，重庆市政府就与广西凭祥市建立了口岸“大通关”协作机制，此后，重庆和广西相互携手，与东盟的合作成为两地经济主体。由此可见，两地产业结构的优化，与东盟的相互投资有着密不可分的联系。

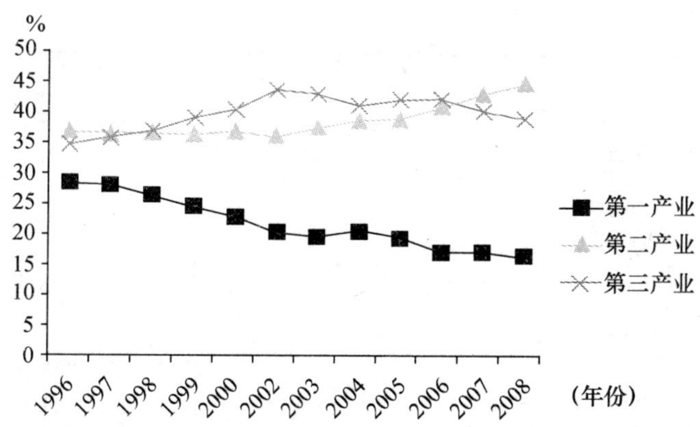

图6.2　广西、重庆两地三次产业总产值构成趋势

表6.6　东盟四国总产值三次产业构成　　单位：百万美元

年份	总值	第一产业	第二产业	第三产业
1996	390493	50471.71	160552.9	179468.4
2000	319431	42409.82	131445.9	145575.3
2002	333860	42903.13	136416.9	154670.3
2003	365968	47093.71	151091.5	157975.2
2004	418592	51301.75	174982.2	192353.6
2005	465888	55861.75	194996.4	215082.8
2006	542413	62814.97	227103.9	252287.5
2007	651507	73728.81	270968.7	306562.8
2008	753814	86892.74	310599.3	356321.9

表 6.7　东盟 4 国总产值三次产业构成　　单位:%

年份	总值	第一产业	第二产业	第三产业
1996	100	12.93	41.12	45.96
2000	100	13.28	41.15	45.57
2002	100	12.85	40.86	46.33
2003	100	12.87	41.29	43.17
2004	100	12.26	41.80	45.95
2005	100	11.99	41.85	46.17
2006	100	11.58	41.87	46.51
2007	100	11.32	41.59	47.05
2008	100	11.53	41.20	47.27

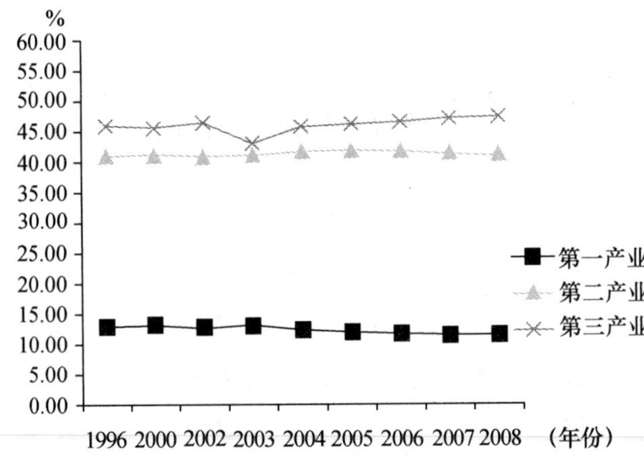

图 6.3　东盟 4 国三次产业产值构成走势

从图 6.3 我们可以看出，东盟国家 1996 年已经跨入成熟推进阶段。1998 年，受东南亚经济危机的影响，第一产业产值所占比例上升，第三产业产值所占比例下降。2000 年后第一产业产值比例由 15.45% 开始逐渐下降，到 2008 年第一产业产值比例为 12.975%，下降了 2.475 个百分点。第二产业和第三产业的比例都有所上升。从 2000 ~ 2008 年第二产业上升了 0.725 个百分点，第三产业上升了 1.75 个百分点，产业结构逐步优化。

2. 农业内部结构的调整

外商直接投资农业，不但有利于三大产业的结构调整，还有利于农业产业内部产品结构升级。外商直接投资流入农业，通过生产和销售高附加值的农产品不但可以改变和引导东道国居民的消费结构，而且可以促进农业产业结构的优化。近年来，随着中国—东盟自贸区建设步伐加快，中国与东盟相互投资不断扩大。截至2008年年底，东盟国家对华实际投资520亿美元，占中国吸引外资总额的6%。同时，中国积极实施“走出去”战略，对东盟的投资也出现快速增长态势。2008年中国对东盟直接投资达21.8亿美元，比上一年增长125%。随着《投资协议》的签署和实施，中国与东盟之间的相互投资和经贸关系必将进入新的发展阶段。中国向东盟国家提供的“中国—东盟投资合作基金”，一方面着力解决中国与东盟互联互通问题，比如公路、铁路、通讯网络、油气管线和输电设施，支持东盟加快一体化进程，加深和融合中国与东盟的经贸关系；另一方面用于对农业项目和制造业的结构调整与提升做一些安排，使中国和东盟的产业发展，得到更多资金支持[①]。“两廊一圈”的建设更加大了中国与东盟区内的相互投资，越南与广西由于地理区位优势，农业投资对于农业产业结构调整的贡献就更为显著了。下面以越南和广西为例，研究农业产业内部结构调整。

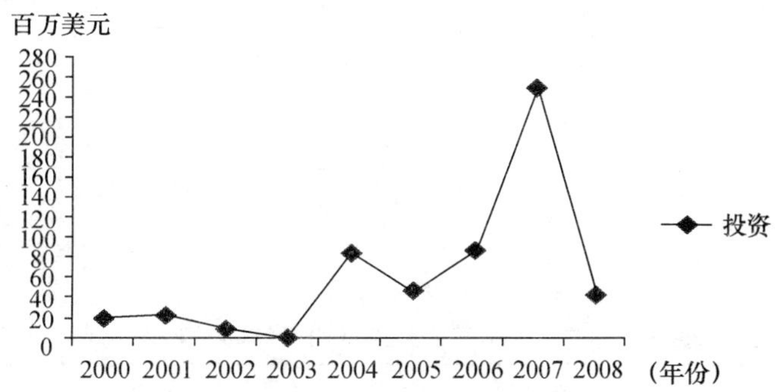

图6.4　中国对越南直接投资情况

数据来源：《东盟统计年鉴2008》。

从图6.4可以看出，中国对越南的直接投资除2003年受“非典”影响和2008年的金融危机影响外，总体趋势是向上的。中国在不断加大对越南的投资，而投资的行业也多数为农业或涉农产业。

由表6.8、表6.9、表6.10我们可以分析，传统的种植业、捕捞业、林业所占比例不断下降，初级农产品所占比例下降，而二级农产品鱼类养殖业、畜牧业产品所占比例则不断上升。这说明越南的农业正从简单传统农业转向产品技术含量较高的畜牧养殖业。且优化的趋势与我国对其直接投资趋势相近。中国对越南

① 中国网，中国—东盟自由贸易区将在2010年全面建成，http://www.china.com.cn/international/txt/2009-08/17/content_18347407.htm。

在农业领域的直接投资在一定程度上促进了越南农业产业结构调整。近年来，越南农药业、饲料业，发展迅速，尤其是纺织业，已成为越南主导产业之一，共创造了220万个就业机会，占工业领域就业总数的35%。我国纺织业由于生产过剩，早已成为我国的“夕阳产业”，通过对越南的直接投资，将已经处于产品衰退阶段的纺织业转移到越南，不但促进了我国的产业结构调整，越南的农产品（丝、棉等）加工业同样得到技术提升，进而优化产业结构。

表6.8　越南农业产业产值结构（2000～2009年）　　单位：%

年份	种植业	畜牧业	服务业
2000	78.2	19.3	2.5
2001	77.9	19.6	2.5
2002	76.7	21.1	2.2
2003	75.4	22.4	2.2
2004	76.3	21.6	2.1
2005	73.5	24.7	1.8
2006	73.7	24.5	1.8
2007	73.9	24.4	1.7
2008	71.4	27.1	1.5
2009	71.4	26.9	1.7

数据来源：《越南统计年鉴2009》①。

表6.9　越南林业产业产值结构（2000～2009年）　　单位：%

年份	林业	木产品	服务业
2000	14.7	81.3	4
2001	13.2	82.8	4
2002	13.9	81.5	4.6
2003	14.4	79.5	6.1
2004	15	79.2	5.8
2005	14.8	79.5	5.7
2006	14.4	79.9	5.7
2007	13.5	80.8	5.7
2008	14.2	80.2	5.6
2009	14.2	80.1	5.7

数据来源：《越南统计年鉴2009》②。

① 2009年数据为初步统计。

② 2009年数据为初步统计。

表 6.10　越南渔业产业产值结构（2000～2009 年）　　单位：%

年份	捕捞业	养殖业
2000	55.6	44.4
2001	47.7	52.3
2002	42.7	57.3
2003	39.8	60.2
2004	36.5	63.5
2005	35.8	64.2
2006	33.8	66.2
2007	32.9	67.1
2008	37.9	62.1
2009	38.5	61.5

数据来源：《越南统计年鉴 2009》[①]。

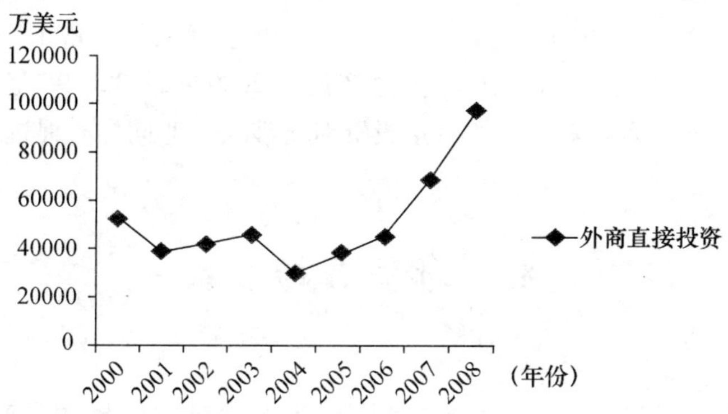

图 6.5　广西外商直接投资折线

数据来源：《广西统计年鉴 2009》。

由图 6.5 可以看出，外商对广西的直接投资总体上呈上升趋势，2004 年以后，上升幅度加大，主要原因是 2004 年 11 月 6 日首届中国—东盟博览会和中国—东盟商务与投资峰会的成功举办，极大地促进了东盟国家对广西的直接投资。

① 2009 年数据为初步统计。

表 6.11 广西农林牧渔业产值构成（2000～2008 年） 单位:%

年份	农业产值	林业产值	牧业产值	渔业产值	农林牧渔服务业产值
2000	50.6	4.6	33.2	11.6	—
2001	50.4	4.5	33.5	11.6	—
2002	50.8	4.4	33.4	11.4	—
2003	48.6	5.2	33.3	11.2	1.7
2004	48.1	4.5	35.6	10.3	1.5
2005	49.1	4.3	35.3	9.9	1.4
2006	49.8	4.9	33.3	8.4	3.6
2007	47.9	4.9	35.1	8.8	3.3
2008	46.3	5.2	36.5	8.7	3.3

数据来源：《广西统计年鉴 2009》。

由表 6.11 可以看出广西农业产值 2000～2008 年下降了 4.3 个百分点，林业基本保持在 4.5%～5% 以上，牧业产值比例不断上升，渔业产值比例下降。首先，值得注意的是，从 2003 年后，农林牧渔业开始在农业总产值中占一定比例，所占比例不断上升。这说明东盟对广西农业领域的直接投资促进了广西农业多元化发展。其次，以农产品为原料的轻工业总产值由 2000 年的 320.95 亿元上升到 2007 年的 1137.09 亿元，东盟对广西的直接投资对于涉农产业同样有促进作用。

五、对贸易的贡献

中国和东盟是世界两大人口分布区，巨大的人口数量带动农产品的需求量。巨大市场潜力，成为外国投资中国和东盟的动因。同样，中国—东盟农业领域相互投资在很大程度上也促进中国—东盟农产品进出口贸易。我国企业通过直接投资于东盟 10 国，充分利用在东盟生产的有利条件，以较低的成本将更多的产品出口到在我国出口可能会面临障碍的其他国家或地区，有效地实现稳定和扩大产品市场的目的。特别是东盟地区的老挝、缅甸、柬埔寨都属于落后国家，享有欧美发达国家对世界上最不发达国家特殊的出口政策。我国企业通过在这些国家的直接投资，利用这些优势获取更好的出口条件。而东盟国家通过对我国的直接投资，也获得了进入具有 13 亿人口的大市场的“许可证”。

下面我们通过计量经济学模型分析中国—东盟农业领域直接投资与贸易的

关系：

以东盟主要农产品出口额为被解释变量 y，以中国对东盟的直接投资为解释变量 x，构建对数回归模型如下：

$\ln(y) = \alpha + \beta\ln(x) + \varepsilon$

其中 α 为常数项，β 为解释变量的系数，ε 为随机误差项。

回归结果显示：

$\ln(y) = 6.472256 + 0.544344\ln(x)$

t (5.8229) (3.4722)

p (0.0011) (0.013) $R^2 = 0.6677$

方程 R^2 为 0.6677，基本通过统计检验。方程表示我国对东盟国家直接投资每增加 1 个百分点，东盟农产品出口就增加 0.544344 个百分点。中国对东盟的直接投资促进了东盟农产品出口。

表 6.12　东盟农产品进出口总额及中国对东盟的直接投资额（2000～2008 年）

单位：百万美元

年份	进口	出口	直接投资
2000	6376	16750	994.9
2001	6111	15187	-267.3
2002	6672	17474	441.8
2003	7001	22027	415.5
2004	9857	29033	1168.2
2005	10422	30594	1124.1
2006	11230	37511	2295
2007	16140	48826	2849.3
2008	21160	65181	2116.8

资料来源：《东盟统计年鉴 2008》、《东盟统计年鉴 2004》。

由图 6.6 可以看出东盟主要农产品进出口总额与中国对东盟的直接投资从 2000 年开始，总体趋势都是不断上升，且趋势相近。我国对东盟农业领域的直接投资推动东盟农产品贸易的发展。

此外东盟第二产业中，涉农产业占 80% 左右①，2003 年涉农产业的进出口贸易总额为 5277.04 亿美元；2004 年为 6859.82 亿美元；2005 年为 7839.30 亿美元，较 2004 年增加 14.3%；2006 年比 2005 年增加 14.7%，为 8990.76 亿美元；

① 数字由《东盟统计年鉴 2008》工业企业构成表计算。

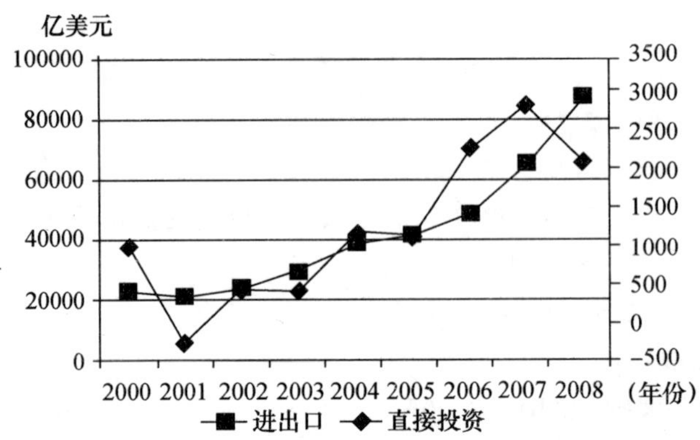

图 6.6 东盟主要农产品进出口总额与中国对东盟的直接投资走势

2007 年的贸易总额为 10309.04 亿美元①。中国对东盟农业领域的直接投资有力地推动了东盟涉农产业产品贸易的发展。

2004 年东盟对中国直接投资为 30.36 亿美元；2005 年为 30.10 亿美元；2006 年增加了 11%，为 33.51 亿美元。

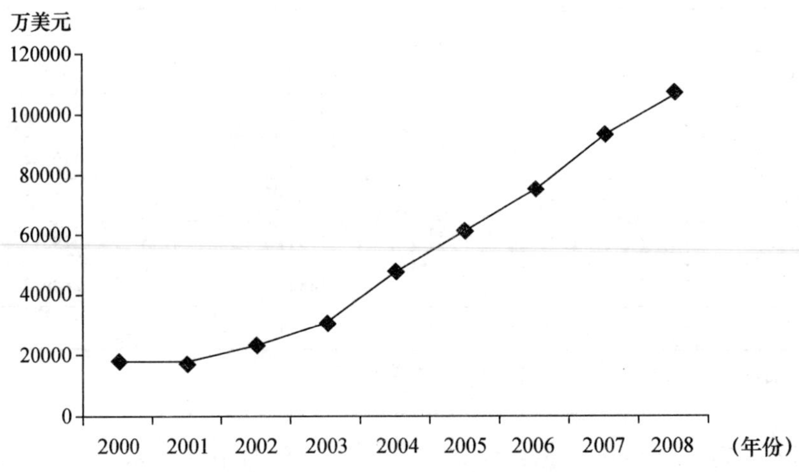

图 6.7 中国对东盟出口贸易额走势

由图 6.7 可看出自 2001 年开始，中国对东盟的出口贸易总额不断增加，特别是 2003 年后，更是以较快的增速持续上升。东盟对我国农业领域的直接投资同样积极地促进了我国外贸发展。

① 数据来源：《东盟统计年鉴 2008》。

第七章　中国—东盟农业领域相互投资政策分析

在中国和东盟各国的共同努力下，中国—东盟自由贸易区于2010年如期建成。中国—东盟自由贸易区建成，是中国和东盟各国共同努力的结果，将给这些国家带来更多的便利和好处。农业在中国和东盟都具有举足轻重的作用，大多数国家农业机械化和现代化水平都不高，处于相同的发展阶段，消费习惯相似。同时，由于中国和东盟分别处于不同气候带，在农产品、农业投入和农业技术等方面具有明显的差异性，多数农产品具有地区性消费的互补和互利性质，因此具有很广泛的合作基础。除机电产品外，农产品贸易居我国与东盟贸易的第二位。

随着自贸区逐渐深入，发现问题解决问题，促进各国之间的合作，发挥自贸区的优势便显得尤为重要。本章内容主要是想通过分析目前中国东盟农业领域相互投资过程中存在的主要问题，通过构建相关政策体系，建议出台有关的配套政策，起到促进相互投资的作用。

一、相互投资的主要问题和障碍

中国—东盟自由贸易区的建立，一方面使农业面临更好更多的发展机遇，另一方面各国农业市场同时也将会受到来自成员国的冲击。中国东盟促进相互间投资的进程中也遇到了一些问题和障碍。下面从基础建设、金融、相关政策及它们存在的风险来分析这些问题和障碍。

（一）投资环境有待改善，投资风险较高

1. 农业生产配套较低，投资环境较差，风险较高

（1）在一些东盟国家里电信发展落后，特别是商务社区间的电信落后，这限制了商务社区的相互联系和合作。在通信方面的成本还是很高的，一些国家互联网使用率不高而且还受到一定的限制。加上各国间交流的匮乏，涉农企业缺乏

足够的信息来源，增大了投资风险。

（2）东盟的一些国家缺乏规范的市场竞争机制，税收体系不够完善，政策变化快，政府对市场的调控能力欠佳，外汇支付能力较低，这样的投资环境可能对涉农企业带来较大的贸易、投资风险。例如，中国江苏某企业曾经根据越南柴油机散件进口关税的情况，在越南独资设立柴油机组装厂，投资半年后，企业效益很好。越南政府此后将柴油机散件进口税率由10%调整为30%，后来又进一步调至40%，使该企业陷入进退两难的境地①。与我国毗邻重要的东盟贸易伙伴缅甸、老挝等国家经济欠发达，市场规范程度较低，外贸企业较难从相关部门取得商品的原产地证明，所以，涉农企业更倾向于选择手续较为简捷的边境小额贸易，这对涉农企业充分利用中国—东盟协议优惠带来了一定影响。

（3）部分东盟国家政治环境恶化，国家政策还不够稳定，影响投资信心。各国面临着各自不同的问题和风险，这不仅影响了当地的经济发展，也打击了我国涉农企业到当地投资的信心。一些东盟国家没有专门的投资法，而吸收外来资金发展本国经济是东南亚诸国经济发展战略的重要组成部分，这造成在许多投资政策的制定和执行过程中受到“外援”的左右。加上国家的政治环境恶化使得国家政策的连续性、稳定性都不够，还有政府官僚作风和腐败等因素，决定了与这些国家进行合作存在较大经济和人身安全风险。

（4）贸易秩序比较混乱。据湖北省种子集团公司、重庆市中一种业公司等企业反映，近年来，随着进入越南等东盟国家从事杂交水稻合作的国内企业越来越多，当地市场渐渐饱和，造成当地种子供大于求，种子经营企业利润下降或根本没有利润。其主要原因是中国出口企业资质的审批门槛较低，进入东盟市场的企业良莠不齐，一些企业以低质、低价产品打入东南亚市场，扰乱了市场的正常秩序。特别是一些非农企业，不熟悉行业发展状况，不提供售后服务，缺乏专业技术人才，影响了我国种业的对外声誉。

（5）标准不够统一。中国加入世界贸易组织之后，中国依据世贸组织对限额、动植物检验检疫和食品安全等方面有了很多新的规定，而很多东盟国家在品牌质量和规范化等问题上有待提高。东盟国家对于检验检疫各有自身的标准，由不同的机构进行管理，像越南就是由农业部、科技部和卫生部负责，一些国家动检和植检时分属不同部门，几乎找不到与我国检验检疫相对接的机构，这对双方的合作造成了一定的困难。

（6）偿付能力较低。部分东盟国家经济比较落后，支付能力弱，到期难以还款案例较多，一旦产生经贸纠纷后缺乏有效和必要的司法仲裁手段，与之合作

① 黄卫平、杜涛：《越南外资政策的变化及对越投资建议》，《当代亚太》，2007年第4期，第38－42页。

成本较高，风险较大，投资回报时间较长。例如，中国出口缅甸的汽车、农机等大型成套机电产品，多数提供卖方信贷。近年来，由于缅甸国际收支失衡，偿付能力下降，无力支付到期货款，且缺少有效追偿渠道。

（7）而对于我国来说，自身也是存在问题的。中国的市场机制和法制环境不健全，解决投资纠纷的效率还有待提高，例如，根据驻马来西亚商务处的统计，2000 年以来，该处共接到外商投诉 45 起，通过各种渠道反馈到国内有关部门后，目前结案的仅 14 起，正在处理之中的 19 起，其余 12 起几年过去了，没有任何答复。这些问题对东盟国家对华投资的信心和热情带来了一定伤害①。

2. 双方对农业生产要素流动存在较为严格的限制

首先是交通设施条件不够理想，道路状况差，尤其是在柬埔寨、缅甸和老挝的部分地区尤为突出。为加强各国之间的连通性，对区域内的硬件基础建设势在必行。减少非关税壁垒、提高效率、提高交通基础设施的经济效益，对于客货的跨境流动也是非常重要的。其次是在中国和东盟国家间，还存在比较严重的人员和贸易流通壁垒，人员和商品跨境流动的成本较高。在具体的生产要素流动中存在许多人员自由流动及跨境车辆、货物的无形壁垒，例如，机动车辆的入境受限，转运时耗时长和收费多，效率低下；对机动车辆的重量、大小和安全条件以及驾驶员资格标准不一；车辆过往费用高、手续繁琐；海关手续不一致，办理困难，以及限制性的签证要求等。

3. 信息渠道不畅，投资者对东盟市场缺乏了解，投资风险高

目前，我国对东盟国家的研究大多集中在发达及较发达的东盟成员国，对一些落后国家，信息资源还是较为缺乏的。我国对涉外企业的信息服务已经不能满足企业的需求，企业获得的国际信息基本上是靠自身搜集。从我国驻外农业机构看，除了一个中国常驻粮农机构代表处外，只有在美国和菲律宾设置了农业参赞，这显然不能适应我国日益繁重的农业国际交流任务。其他的像市场信息、法律分析、资源状况、风土人情等都缺乏系统权威的来源渠道。

我国的一些企业不了解中国—东盟自由贸易区相关规则，自然环境、基础设施建设、法律法规、税收体系、金融市场、政府态度等硬环境及软环境，缺乏东盟国家商务渠道，难以对东盟市场进行可行性分析，盲目投资或者是选错东盟商务合作伙伴。此外，信息资源及数据库的建立也较为滞后，不能提供全面的信息咨询服务，信息资源数据库等实用途径没能很好地利用起来，从而导致涉农企业对东盟市场的情况缺乏了解，加大了其拓展东盟市场的难度。

4. 我国农业基础薄弱，缺乏有实力的从事农业跨国投资经营的公司

目前，我国从事农业跨国投资经营的公司还很少，而且大多实力不强，难以形成

① 张鑫炜：《东盟国家在华投资现状及前景展望》，《国际经济合作》，2003 年第 12 期，第 36 – 41 页。

向东盟国家的规模化投资。我国是农业大国，但是并不是农业强国，农业基础还是相当的薄弱：农业的硬件设施投资不足，尤其是基础设施投资不足，相对于其他产业来说财政部每年对农业的财政投入是不多的。农业的产业化及市场化投资不足，直接导致了农业生产难以形成较大规模，这对于我国来说，在短时间内是很难改变的，农业市场商品的交换没有形成良好的机制，市场服务薄弱，农民的利益得不到充分的保障。还有就是科技创新投资不足，农产品科技含量低，市场竞争力不强。

5. 跨国经营的经营管理人才匮乏

企业的良好经营需要谙熟金融、科技管理、法律的人才。跨国经营企业不仅需要他们有良好的专业技能，同时需要熟练掌握外语，通晓国际法和国际商业惯例也是必不可少的。目前我国投资东盟国家的企业普遍缺乏对投资对象国的有关农业产业政策、农产品市场潜力、农村劳动力素质、风土人情等情况的深入了解，也有不少对外直接投资企业管理人员不具备跨国经营应具有的素质，缺乏国际经贸知识，在企业进行跨国投资经营活动中难以根据对象国各方面情况为企业的发展作出有效的方案。企业缺乏高素质的复合型人才影响了企业的自身发展，同时也是我国企业“走出去”的主要制约因素。

（二）金融对相互投资的支持力度不够

1. 在很多的东盟国家中缺乏商业银行网点

我国银行国际化程度不高，金融服务跟不上对外直接投资战略发展步伐。目前只有中国银行在泰国设立了分支机构，其他 GMS 国家都没有国内银行的分支机构。境外资金流入与流出，只能通过国外银行在中国的分支机构开立信用证或者通过非正常的渠道。我国中小企业的对外直接投资无论是规模还是知名度都还比较弱，国外的评级机构对我国境外投资企业评级不高，这直接影响了我国企业的融资担保、贷款条件、贷款额度和贷款期限等。

2. 自贸区内各成员国均存在资本管制，中国—东盟之间的合作遇到困难

自贸区内各国或多或少均存在资本管制，这阻碍了双方相互投资合作的顺利开展。2009 年 11 月泰国投资促进委员会决定重点保护因开放市场，容易受到外资影响的农业，拟降低外资在农业投资的股份，规定让泰国本土的植物品种像水稻、香蕉、草药和水果，在加大培养和调整的行业中占有多数的投资，并且不低于 51%，而原来可以让外国的投资者持股 100%①。

① 中国商务部网站，《泰国投资促进委员会重视保护泰国农民，在农业合资项目中降低外资股份》，http：//www.mofcom.gov.cn/aarticle/i/jyjl/j/200911/20091106637859.html。

我国的外汇管制也比较严格，国际资本流动受到我国政府的严格控制，中小企业作为体制外围的经济实体约束更多。出于防止资本外逃和监管困难等因素考虑，我国在对外投资方面的外汇管理制度较为严格。虽然在我国2006年新出台的《境外投资外汇管理规定》中规定，取消我国企业境外投资的用汇额度限制，并进一步简化手续，放宽对前期相关费用汇出的限制，但是目前享受境外投资优惠政策的主要是超大型国企，对于中小企业来说并没有获得实质上的放宽。

3. 合作项目资金来源分散，难以形成规模效益

2002～2007年，中国农业部、商务部、科技部积极开展与东盟的农业合作。但总的来看投资力度仍然比较小。虽然与东盟的农业合作项目数量多，涉及范围也比较广，但是每个项目的平均投资力度较小。2008年，农业部国际合作司在外交部亚洲合作专项资金的支持下开展了8个项目，总资金365万元，每个项目平均投资额只有45万元左右。广西执行的柬埔寨农户户用沼气示范项目投资也只有30万元①。像这样的农业合作项目数量多、涉及面比较广、单项投资力度比较低的合作方式使得投资难以形成规模效益。同时，多个政府职能部门管理项目资金还容易产生重复投资和投资互补效益难以发挥等问题。中国农业部、商务部、科技部以及江西省、湖北省都与菲律宾合作开展了水稻领域的技术合作，但这些部门之间的联系与沟通缺乏，在一定程度上造成了合作内容的重复和资源的浪费。

4. 境外投资缺少政策资金支持

目前在境外发展的农业企业，还不能享受国内对农业投资的优惠政策，企业境外投资的积极性受到影响。还未建立起一套从国家到省的完善的境外投资贷款、担保、保险等方面的法规政策体系，同时还有对外投资审批手续繁琐、外汇管理严格、出口退税慢等制约因素，如据2002年统计，云南省外贸出口长期累计退税拖欠达11亿元之多，制约了企业海外投资的积极性②。

5. 银行结算体系不够完善

对于对外贸易和对外交往来说，完善、高效的银行结算体系无疑是推进关系不可或缺的工具，但在目前中国和东盟之间的交往中银行结算体系不能充分有效地被利用起来，还存在着相当数量的边境小额贸易和边民互市贸易（不做海关统计）。广西是我国主要与东盟国家进行小额贸易的地区，长期以来与越南的边境贸易和边民贸易都很活跃。据南宁海关2010年6月公布的数据显示，1～5月，广西与东盟双边贸易额达22.1亿美元，其中以边境小额贸易方式对东盟进出口

① 陈前恒：《关于中国—东盟农业合作状况的调研》，《东南亚纵横》，2009年第2期，第56－59页。

② 中国三农信息网，《云南与东盟国家加强农业合作研究（上）》，http：//www. sannong. gov. cn/njlt/gnwz/200409290286. htm。

13.6 亿美元，小额贸易占半壁江山[①]。目前的边贸结算主要是通过银行边贸结算、现钞与个人储蓄账户结算、“地摊银行”等方式进行，其中，银行边贸结算占88%，其他方式占了12%，而且人民币是主要结算货币。目前“地摊银行”结算最能获得边民的青睐，主要是因为结算速度快、手续简单、收费少、不分工作日，随到随办等优点，对比而言，我国的银行结算就显得繁琐、不方便还收费贵，不能满足边民的要求。

（三）政府提供的服务有限，政治风险仍然存在

1. 缺乏境外投资风险评估机构

企业境外投资风险大，境外农业项目具有建设和生产周期长，受自然条件、技术适应性、农产品价格波动等因素影响大，自我发展能力不强，项目执行风险比较大的特点，还会受到投资对象国政局和国家政策等特殊风险的影响。2007年年初，吉林省与菲律宾农业部刚刚签署了在菲律宾开垦100万公顷土地的协议，9月就被宣布暂停，原因是菲律宾国内的政治因素[②]。又如，面对粮食危机和能源危机，一些国家直接宣布禁止在本国生产的粮食和用于生物燃料生产的农产品出口，导致我国一些“走出去”的涉农企业经营业绩受到了严重的打击。目前，我国很多农业企业开展境外投资以前，特别是中小企业，都未能开展全面的可行性分析研究等投资前必要准备。企业也难以得到国家方面的相关支持，我国缺乏境外投资风险评估机构，还不能很好地帮助企业有效地判断投资的风险[③]。

2. 缺乏完善的政策保险制度

涉农企业境外投资，直接参与国际经济竞争，在国际大环境下，企业要承担更大更多的风险和压力。美国、欧盟等很多国家的农业涉外项目都享有一套优惠保险体系，企业可以获得政府提供的一部分保费补贴。尽管目前我国也出台了一些相关的政策，但相对于企业所面临的风险来说，我国的保险体系不仅险种少、范围也窄，帮助企业规避风险增加竞争力的作用还很弱。目前还没有针对非常风险的农业对外投资保险险种。在国际案例中，这种险种在帮助涉农企业规避境外投资经营风险中能够起到很大作用。除此之外，农产品出口特别险承保范围也是比较窄，企业还难以获得最大限度的帮助来规避风险。为了进一步完善境外投资

---

① 新华网，《今年前5月广西与东盟贸易额强劲增长近5成》，http：//news. xinhuanet. com/fortune/2010－06/13/c_ 12218180. htm。

② 魏德才、雷羽：《论我国海外农业投资保险法律制度的构建——以中国在东盟自由贸易区的农业投资为例》，《广西师范大学学报：哲学社会科学版》，2010年第46卷第2期，第61－64页。

③ 陈前恒、张黎华、王金晶：《农业“走出去”：现状、问题与对策》，《国际经济合作》2009年第2期，第9－12页。

保险体系，支持出口企业，2001 年 12 月，我国财政部投资建立了中国出口信用保险公司，出台了农产品出口特别险，实施对出口企业提供 40% 的保费补贴的政策。但目前农产品出口保险范围比较窄，仅赔偿由于外部因素导致的农产品出口受阻部分和出口环节的损失，对生产环节造成的损失则不予受理，企业只能够独自承担生产环节的损失。对于一些实力不强的企业来说，一次打击或许就已经致命了，难以再重新站起来。此外，作为政策性保险公司的中国出口信用保险公司，其保费费率较高，我国的中小型企业投资规模小，企业本身实力也不足，高保费还是难以接受的，这也使企业没能参加境外直接投资保险，风险一旦发生了，企业就只能自负损失，同时企业得不到中信保的支持，企业也难以得到银行提供的贷款。

3. 政府管理与服务不够到位，各级政府开展的中国—东盟农业合作项目没能与“走出去”战略有效结合

2000 年，中国政府提出“走出去”的发展战略。在开展农业合作和农业“走出去”的过程中，政府和企业是重要的主体。目前我国与东盟进行的农业合作中，各级政府开展的农业合作项目还没能与企业“走出去”有效地结合起来。造成这种局面的原因主要有两个：一是政府职能定位存在一定的偏差，二是企业存在“机会主义”行为。在一些农业合作项目中，开始的时候一些企业还是很积极地参加到项目中，但当看到项目运行得不是很好，就立即甩开了项目，导致政府最后变成了完全的后续经营管理者。

据企业反映，他们在获取投资对象国政策和农业情况等方面遇到了很多困难，难以获得真实全面的信息，这不仅给他们的投资带来不便，还影响了他们的投资热情。在农业“走出去”管理中也存在着一些问题，首先，农业“走出去”管理缺少了统一的协调管理机制，由多个部门分工负责，审批程序繁杂、耗时长，造成了企业办理手续的不便。其次，农业“走出去”战略规划不够完善、科学，国家没能给企业提供足够的宏观指导。最后，农业“走出去”信息服务能力比较差，企业难以获得相关的投资信息。

4. 合作项目的可持续性值得关注

农业合作项目可持续性越强，项目产生的影响就越大、越持久，由项目辐射出来的效益就越广。而现阶段，我国跟东盟国家合作项目的可持续性亟待加强。在一次中国—东盟农业合作调研的活动中，参加座谈的人员多次提到了农业合作项目的可持续性问题。有关人员谈到四川省农业厅正在执行的“中缅农业技术合作示范园”项目就提出了该项目可持续性的问题。按照项目规划，该项目将作为引进、展示优良品种，培训农业技术人才的试验基地。当项目在合作时限范畴上结束了，示范园今后该如何生存和发展都是需要思考的问题，是在现有体制下引进企业

化管理模式，还是直接引进一家企业进行运作，都亟待各方去认真探索和研究。

二、相互投资的政策体系构建

为促进中国—东盟之间农业领域相互投资的政策，包括建立中国—东盟促进相互之间农业投资的财政协调政策、金融协调政策（含贷款、外汇、投资保险服务的协调等）、税收协调政策（关税及非关税壁垒的协调）、产业协调政策、贸易协调政策等。下面就是关于促进中国—东盟之间农业领域相互投资的政策性建议。

对于我国而言，为了吸引更多的外商在我国农业领域进行投资，各地应当加快改善农业领域的投资环境，包括加强基础设施建设和体制、政策、法规等方面的一些必要的改革、调整和完善，设法保证外商的资金投入真正见到实效并有相应的回报率，使外商投资与农业发展之间形成相互促进的良性循环效应。

（一）出台加快货物与信息流通政策，建立 CAFTA 物流中心

（1）需要重视抓好交通基础设施的建设，打通整合相邻国家的航线，并且扩大覆盖面、优化航线，加快澜沧江—湄公河流域航道建设和港口建设，打开西南部对外贸易发展过程中因交通条件差所造成的“瓶颈”，加快优化东、南向交通通道建设，连通西南、内地和越南等铁路、高速公路等。应该抓好水电等能源基础设施、通信设施建设。此外，加快构筑共同的信息互动平台，整合信息资源，使货物和信息的流通更加顺畅。

（2）出台打造南宁—新加坡经济走廊的相关政策。南新经济走廊全程连接了南宁、河内、荣市、他曲、那空帕侬、孔敬、曼谷、槟城、吉隆坡、新加坡共10个城市，可谓“一廊连十城”。该走廊还可延伸连接广州、香港，根据区域经济中的“点—轴”理论，通过南新经济走廊上这12个城市的带动，走廊沿线具有十分广阔的合作空间和发展前景，将成为连接中国南宁至新加坡两地最便捷的现代化铁路、公路运输系统。南新走廊沿途公路、铁路不仅通畅，而且大部分路段等级较高。除了越南和老挝境内的公路基本上为二、三级公路外，中国、泰国、马来西亚和新加坡的公路基本上是高速公路。南新经济走廊沿线国家的产业发展水平跨度很大，既有经济发达的国家如新加坡，也有经济较好的发展中国家如马来西亚、泰国，也有欠发达的国家如越南、老挝。新加坡的生物产业、信息产业等高新技术产业比较先进，服务业也很发达；马来西亚及泰国的制造业、热

带农业比较有竞争力；越南、老挝的农业、服装业有发展前景；中国广西的农林产品加工、机电等传统的制造业比较有优势。因此，走廊内完全可以按照各方的产业优势进行分工合作，促进产业整合、结构升级，逐渐形成结构不同的产业梯次转移体系，共同打造区域竞争力[①]。

（3）构建 CAFTA 物流中心。中国—东盟博览会永久落户于广西南宁，广西应紧紧抓住这个机遇，可以通过借助大工业和现代交通运输形成的庞大物流阵势，构建广西沿海便捷的物流通道体系、运输体系、大通关体系、商品和要素市场体系，形成物流枢纽，发展我国西南、华南、中南市场与东盟市场连接的大通道经济。不断提升信息、资金结算、人员出入境及工商事务等方面的服务能力，加快建成 CAFTA 的物流中心[②]。这不仅对于加快促进 CAFTA 的物流系统建设和完善，同时对加快广西现代化建设的步伐具有重要意义。

（二）完善财政金融政策支持体系，降低企业境外投资风险

（1）建立补贴制度。建立农业“走进东盟”专项基金，用于涉农企业拓展国际市场的各种补贴、贴息和紧急援助。国家可以通过借鉴设立境外风险投资基金的做法，和境外投资经营企业共同出资建立投资风险基金，为境外投资企业提供税收和资金供给等方面的相应优惠，如建立“海外投资损失费制度”、“税收控制制度”等。同时，应鼓励金融机构为企业投资东盟提供一定的优惠贷款、担保及保险等多种服务。还可以通过建立农业合作贷款和专项补贴基金，加大对农业投资合作的资金支持，帮助解决或缓解企业融资的难题。

（2）完善外汇管理体制，适度放宽对境外投资用汇的限制。对于中小企业可以适度降低标准，扩大放宽境外投资用汇的辐射面。可以根据具体情况考虑规定年度境外投资额度，在允许的额度内，对符合境外直接投资鼓励政策的一些企业或者投资项目，可以考虑适度放宽外汇管制，简化用汇审批等手续，允许企业开立专门用于境外投资的外汇独立账户，使企业境外投资用汇更加地自由便捷。可以尽量简化境外投资外汇管理程序，集中职责权限，外汇风险和外汇来源审查可以归并到主管审批部门的职责范围内。在企业进行境外投资的初始阶段，可以考虑对其取消利润汇回保证金，提高外汇留成比例，为企业提供资金便利，间接为企业降低了投资风险。

（3）加强与东盟成员国之间的信息交流，促进中国—东盟间在金融业的交

① 广西新闻网，南新经济走廊：泛北合作新路径、合作“共赢”谋发展，http://news.gxnews.com.cn/staticpages/20100802/newgx4c55f859－3150792－1.shtml。

② 刘秋芷：《CAFTA 框架下广西对外贸易的法律与政策问题研究》，广西师范大学硕士学位论文，2006 年 4 月。

流合作，特别是跟一些欠发达成员国的合作，在金融体制改革、金融监管、信息统计等方面的合作都需要做进一步的推进。加强金融信息、商业银行的资信信息、人员信息、金融业务中的违法行为及防范措施的信息等方面的交流整合。还可以建立双边委员会，达成货币兑换方面的共识。就目前而言，针对人民币还不能合法汇入、汇出的问题，我国可以逐步与越南、缅甸、老挝建立开放人民币投资和人民币结算的试点，加快资金和货物的流通，使贸易渠道更加畅通。对于“地摊银行”我国应该与各成员国携起手来，给予积极有效的引导，将其“扶正”，规范管理，将其纳入可监管的范围。

（4）政府要充分发挥财政资金、政策性金融及保险机构的作用，解决涉农企业融资及风险问题，支持更多的企业投资东盟。借鉴国际上较为成功的经验，结合自身情况，对现有的扶持政策进行改革或完善，灵活运用各种金融工具有效地帮助企业解决资金“瓶颈”问题。一般来说，中小企业融资所面临的是信誉和抵押物不足的问题，政府可以为符合条件的中小企业争取投资基金，并可以帮助符合条件的中小企业申请中国—东盟投资基金、中小企业国际市场开拓资金等。同时也可以使用带资承包、BOT 项目融资、保函性质的备用信用证等方式，充分利用国际资金。

（5）建立信贷担保体系，引导商业银行进入境外投资领域。积极鼓励边境地区的外汇指定银行，努力提高自身条件，走出国门，在条件成熟的地区，在遵守邻国法律制度和相关政策的前提下，设立分支机构，给予适当的政策性扶持，如税收优惠或财政补贴，增强银行的积极性。随着东盟国家经济的发展，企业投资的发展，境外业务必将成为银行新的利润增长点，同时还能产生良好的正外部经济效应和社会效益，不仅可以持续地解决一些中小企业的融资贷款问题，还有助于建立稳固的银行支持体系。

（6）切实加大对涉农企业对外直接投资资金支持的力度，简化审批程序，使企业在投资时能够更加便利；同时政府应积极避免企业对外直接投资的纳税双重负担，切实让企业获得相应的税收减免优惠，避免因双重征税和企业等待退税所造成的负担。

另外，在出口信用保险方面，也可以对中小企业加大支持，适当降低出口信用保险的门槛，完善企业直接投资方面的保险品种。可以分别对大企业和中小企业设立专门的保险品种，为各种类型的企业提供专门的服务，增强企业信心。同时对于某些特别产业还可以给予相关的保费补贴，如资源开发及种植替代项目等。

（7）从目前来看，我国还没有一部专门调整境外投资保险关系的法律层面的规范，没有针对海外直接投资的政治风险实行保险的专门规定。为切实保护境外投资者的权益，我国须尽快建立一套境外投资保险制度，并使这一制度与中国和外国签订的双边投资协定及《多边投资担保机构公约》相配合。境外投资保险不同于一般的民间保险，只承保政治风险。对于符合国家经济发展战略但政治风险较高的境外投资项目，国家应建立一定数额的境外投资风险基金，降低企业境外投资风险。

由于中国在境外投资保险机制的建立上缺乏国际经验，各方面现在都还不够完善，可以多参照发达国家的做法。例如，日本通商产业省贸易局建立了海外投资损失准备金制度和海外投资保险制度，海外投资损失准备金制度是对企业投资海外欠发达国家的制造业、矿业、农林业和建设项目发生的损失进行补贴。海外投资保险制度是为企业投资国发生战争、动乱等政治风险提供保险服务。德国政府《海外投资担保准则》规定海外所有类型的投资都可以获得担保，担保的风险包括东道国征用、毁约险、战争险、资本自由流动等方面①。

（8）在获得政府帮助的同时，涉农企业也应该主动出击，积极与当地华人华侨沟通和联合，争取获得当地的资金政策支持。在东盟国家里很多的投资、结算没有按照正常渠道走，而是有一些地下做法，因而当地华人资源能帮助企业熟悉当地的市场贸易规则，不仅能够获得资金支持还可以减少信息风险。

虽然我国的海外投资保险制度还未正规完善，但在面对一些东盟国家有较高的政治风险时，企业还是可以通过参加一些海外投资保险获得赔偿，分散风险带来的损失。海外投资保险的范围一般限于特定的政治风险、外汇风险，如国有化风险、征用风险、战争风险等。中国出口信用保险公司的海外投资保险业务，对中小企业在海外投资可能面临的国有化、征收、汇兑限制等风险进行保险，以减少企业风险给企业带来的损失。有利于降低涉农企业的投资风险，也会促进企业获利后的再投资力度。

（9）建立高效、快捷的地区银行结算体系。自中国—东盟自由贸易区建立以来，中国与东盟在各个产业的合作越来越多，贸易业务日益频繁，高效便捷的结算体系无疑是一个很好的工具。同时人民币汇率相对稳定，且具有较大的可获得性与偿还性，被边民广泛认可，在边境贸易中，就可以建立区域内的以人民币为结算体系的一揽子货币的银行结算体系，区域内各国的货币可以直接进行结算，这样减轻对美元的依赖，减少交易成本和汇率波动所带来的影响，从而促进自贸区内投资贸易的进一步发展。

（三）进一步完善税收协调政策，突破关税和非关税壁垒

（1）完善自贸区成员国的税收协调政策。中国与东盟各国的税收协调属于

① 王丹：《我国中小企业在 GMS 国家直接投资风险防范对策研究》，昆明理工大学硕士学位论文，2008 年 3 月。

国际税收关系协调，是中国分别与东盟10国之间在维护各自国家主权的基础上，对跨国纳税人行使税收管辖权所产生的冲突进行协调的行为。中国和东盟各国的税收协调主要是以消除贸易障碍为主，目的在于减少区域内阻碍商品自由流动的税收扭曲因素，协调重点为增值税，增值税属于商品税。根据国际税收理论，由于各国对商品税的课征可以实行产地原则和消费地原则，如果有关国家不对其课税原则进行协调，很容易发生商品的国际重复征税。为避免重复征税，各国实行统一消费地原则更有利于提高经济效率。针对中国和东盟各国实际存在的差异，在税收协调过程中，可以分国分阶段开展，先在经济发展水平和税收制度差异小的国家之间进行协调：如在商品税方面，可以先在东盟新成员国之间进行协调。首先进行商品税征管的合作，中国与东盟国家需要建立税收征管合作机制，建立自贸区成员国的税收情报交换机制，以保证税收信息能得到充分、经常性交换；然后是商品税税基的协调，中国与东盟成员国之间税制结构及增值税税基存在较大差异，阻碍商品正常流通，干扰资源有效配置；最后是商品税税率的协调，在实际操作中，可以制定有关间接税税率允许变动的范围。在所得税方面可以先在东盟老成员国之间进行协调，允许东盟新成员国有一段过渡期①。在关税方面，东盟老成员国的经济发展水平大都比较高，提出自由贸易的时间早，关税税率普遍较低，关税水平较为接近，可以率先实现协调，而新成员国要实现关税协调还需要较长时间。

（2）突破自贸区内关税和非关税壁垒。农业在各国的基础性地位以及农产品自身的敏感性决定了农产品在中国与东盟贸易中的特殊地位。一直以来，农产品在东盟各国敏感产品总数中占的比重都是比较大的，特别是在高度敏感产品中，有些国家农产品在高敏感产品中的数量比例甚至超过了一半。这些作为重点保护的高敏感度产品在有些国家中很少降税，甚至不降税，就各国的现阶段国情来看短期内这是难以改变的。但是随着中国—东盟自由贸易区的建立，双方应该进一步减少敏感清单的农产品数量，突破关税壁垒。

除此之外，中国和东盟自由贸易区还需要进一步削减非关税壁垒，消除歧视性措施和市场的准入限制，真正贯彻落实投资贸易自由化规则。中国—东盟自由贸易区建立以前，双方无论是在贸易还是在投资上都不是很大，因此自贸区建立以后贸易对投资的替代效应和互补效应仍有可能发生。从长远来看，贸易自由化对直接投资带来的创造效应将大于转移效应，削减非关税壁垒能够加强自贸区内的直接投资或者是吸引更多的区外直接投资。

在非关税措施中，反倾销措施、动植物卫生检验检疫、进口许可证和进口配

① 许欣：《中国—东盟自由贸易区税收协调问题研究》，《北方经济》，2008年第12期，第73－74页。

额是中国和东盟主要的非关税壁垒，中国—东盟自由贸易协定需要进一步重申WTO中的反倾销、抵消关税和紧急保障措施有关规定所承担的权利和义务，对于区内非WTO成员也应作出明确规定，原则上应该和其他的成员国享有相同的权利和义务。在不违反竞争政策协议规定的前提下，自由贸易区应该达成可以使用反补贴和紧急保障措施的协议，同时还应该限定使用这些措施，不能滥用这些协议措施，以免造成贸易保护。

对现行的农产品质量标准体系和检验检测体系，要全面实行统一的国际化标准。建立农产品原产地证书和标识制度，在生产流通等各个环节严把质量安全关；加快实施"无公害食品行动计划"，大中城市要实行农产品市场准入制度，推行标准化生产示范；尽快制订和完善农产品卫生安全标准，发布供出口企业参考的国际标准；实施农产品出口企业食品安全风险管理制度；增加对农业技术推广、动植物防疫、质量检测的资金投入，建设一批符合国际卫生检疫标准的优质安全农产品出口基地；尽快完善农产品检疫法律法规，修订现行检验标准，提高动植物检疫技术装备水平，加快引进口岸速检设备和检测试剂，对农作物种子实施检疫审批制①。

投资便利化和投资自由化使成员国之间的投资合作能够顺利开展，但如果没有对投资的安全与利益予以保护，那么投资合作的效果仍为零。那么自贸区的存在就没有了它的现实意义。实现服务贸易的自由化就是服务贸易协定所要达到的目标。成员国应给予其他成员国国民待遇和最惠国待遇，不应采取歧视措施，对于成员国事先同意和承诺的给予另一国进入本国市场的条件不任意加以限制，但我们可以看到在现阶段要完全消除歧视性措施和市场的准入限制是不切实际的，投资自由化并不意味着一步到位，而应以分阶段、分步骤逐步实现投资自由化为原则，逐步实现自贸区内真正自由的投资贸易。

（四）调整产业、贸易政策，提高相互投资效益

在中国—东盟自贸区内各成员国应该根据实际情况调整农业产业结构，增强贸易的互补性，提高相互投资的效益。我国与东盟国家在产业结构上有很多相似点，应该按照比较优势和国际分工进行产业结构的调整，增强双方贸易的互补性，以避免不必要的激烈竞争。

（1）在产业政策上，我国应更多地支持本国优势产业的发展。针对我国的情况，我国可以大力发展具有比较优势的温带水果蔬菜及农产品深加工产品，依靠科学技术提高自身的实力。同时还可以在同东盟各国协商的基础上，建立农业

① 潘明：《云南—老挝农业合作研究》，昆明理工大学硕士学位论文，2006年7月。

产业协作体系，加强自贸区内各成员国之间的交流合作，最大范围地优化自贸区内的资源配置及生产要素的效率。

（2）实施农业集团化，优先扶持农业领域的龙头企业。广泛吸引国际、国内民间资本和国际资本参与，鼓励大中型企业进入农业领域投资，带动乡镇企业加快技术进步，增强管理能力，帮助其发展壮大，培育出龙头企业，形成产业链；同时可以鼓励农村种养业大户向农业企业转变；在大企业进行跨国投资时，将其产业链中的中小企业一起带入，在东道国形成一个以大企业为核心的产业集群。这样不仅可以让大企业在东道国能够顺畅发展自己的产业，避免产业链脱节的问题，还可以节省在东道国重新寻找企业合作形成产业链的时间和成本；同时为规模小、资金短缺的中小企业降低了风险，让龙头企业带动该行业的境外投资发展。同时加大宣传我国优势农产品，深入贯彻“两种资源，两个市场”的战略，抓住机遇，主动争取利用资源赢得市场。

（3）认真研究我国与东盟各国的比较优势，扩大双向投资。一方面要吸引较为发达的东盟国家到我国进行资金或技术的投资；另一方面我国要积极引导国内优势产业走出国门，开拓更广阔市场。

对于高收入国家，例如文莱和新加坡，由于绝大部分农产品依赖进口，因此：一方面我国应注意不断提高中国农产品质量，扩大品种，把农产品出口提升到新的水平，对这些国家以开拓市场、促进农产品输出为主，努力提高出口产品的附加值。积极发展中国的优势农业，打响品牌。另一方面我国应加大引进他们的资本进行投资，利用他们的资金发展我国的农业。

对于中等收入国家，未来双方农业合作应以投资合作和制度组织合作为主，通过引进外资促进我国农业生产管理水平的提高、制度的完善、组织的发展。这些国家与中国发展阶段相似，在产品上既有互补性，也有一定的竞争性，因此要细分市场，找出相似之中的差异点，发挥自身优势。另外，这些国家的一些资源还是比中国的丰富，因此也要充分利用这些国家的自然资源，为中国的农业发展服务。例如，在农业技术水平上泰国等国在许多方面比我国高，中国可以积极地与泰国合作，鼓励支持企业间的合作，加强技术交流，学习他们的先进技术，增强我国的农业竞争力。菲律宾完善、高效的农业技术推广体系、农产品运销体制、农业合作社协会，都是很值得我们去学习的。

对于低收入国家包括越南、缅甸、老挝、柬埔寨，未来双方的农业合作应以投资合作方式为主，双方可以共同研发、生产，共筹资金、共享市场。相比较而言，这几个国家资源较为丰富，而中国技术、劳动力与资金则相对充裕，因此，中国可以多鼓励和组织有实力的农业企业集团到这些国家投资合作，这有利于我国剩余劳动力的转移、农业产业结构的调整，扩大东盟市场，共同开拓第三国市场，避免相互之间的竞争，共同促进自贸区的发展。

（4）我国还应加强与东盟国家开展多种形式的农业合作，培育跨国农业经贸合作实体。中国—东盟目前合作的深度和广度与战略伙伴关系的定位尚有差距。大部分合作还停留在情况交流、经验分享和人员培训等较浅的层次。中国企业投资东盟应开展多种形式的农业合作，紧紧围绕农业经济活动，增加对东盟国家的农业投资，同时还可以派遣农业专家和技术工人带动中国优良农畜产品、农业机械和农业技术出口。在政府间举行的各类合作项目中可以邀请相关企业共同参与实施。这不仅使农业合作项目有了可持续性，还有可操作性，切实进行合作研究应用。由此可见，未来中国东盟自由贸易区的挑战就是如何配合政府与企业的合作，以共同推动中国东盟自由贸易区经济合作的发展。

三、相互投资的服务体系建立

促进中国—东盟农业领域相互投资服务体系，包括投资规则，投资咨询服务体系，投资过程服务体系，跟踪服务体系及争端解决机制。例如，可以建立一套科学的风险分析，法律法规基本培训及指导等企业发展过程中的一些支持体系，善于运用信息时代里的高科技通信，从企业有意对东盟国家投资时就及时有效地为企业提供很好的信息咨询，为企业提供“一条龙”服务。

（一）明确中国—东盟投资合作规则，细化《投资协议》内容

2009 年 8 月 15 日，第八次中国—东盟经贸部长会议上，自贸区各成员国共同签署了中国—东盟自贸区《投资协议》。该协议通过双方相互给予投资者国民待遇、最惠国待遇和投资公平公正待遇，提高投资相关法律法规的透明度，为双方投资者创造一个自由、便利、透明及公平的投资环境，并为双方的投资者提供充分的法律保护，从而进一步促进双方投资便利化和逐步自由化。面对复杂的国际环境，自贸区内各国应该坚决执行《投资协议》，同舟共济，携手抗击金融危机，反对贸易和投资保护主义，继续推进自贸区内贸易和投资自由化。同时，要根据实际情况，灵活地逐步推行国民待遇。双方的投资合作规则应从市场准入、投资待遇、当地股权、业绩要求、利润汇回、投资保护和争端解决等方面，根据实际情况逐项谈判并细化，制定一套具有明确指导性和操作性较强的投资合作规则体系细则。

（二）完善法律法规建设和国际政策协调体系

根据经济发展的需要和可能，结合国际市场投资环境的变化，政府应尽快完善对外投资法律法规存在的缺陷，使其具有系统性、长期性、稳定性和必要的灵活性。目前，我国对外投资的法律法规严重滞后，从我国已出台的有关法律法规来看，多是针对企业建立前的审批管理，而没有完整的对外直接投资行为管理的法律法规。所以，我国应当尽快制定完善的符合当前发展要求的能够有效服务对外投资企业的法律政策协调体系。内容应包括从对外投资项目的审批、事后监管，到对外投资的促进、服务措施以及国有资本、民营资本对外投资的监管、监控、监测，以便有关政府部门在管理对外投资经营活动时能够有法可依。同时也可以进一步规范我国企业的境外投资活动，这样对外投资的管理才有法可依，并对我国境外投资企业给予更有效的保护。

（三）培养和引进跨国经营人才

东盟国家语言文字的多样性，信息交流渠道不畅，资料匮乏，是了解东盟国家投资环境的最大困难，也是进行农业直接投资合作的最大困难。因此，首先要培养一大批精通东南亚小语种的专门人才，以便于开展与东盟各国管理当局的沟通与交流，并直接获取第一手投资环境信息资料。在此基础上，对外直接投资必须以人为本，进行组织制度、管理体制以及用人机制等方面的改革与创新，国家应该注重培养和选拔熟谙技术、外语、经济商务、涉外政策的复合型人才和具有国际金融、国际投资、高新科技、法律、财务会计等知识的专业人才，组建一支适合国际化经营的人才队伍。各企业可在东盟国家引进通晓外文、国际金融政策、税收法、劳工法以及对经营对象国的政治、法律、经济社会情况熟知等方面的人才。对引进的各类人才，既要通过给予高薪、股份的物质激励方式，又要重视精神激励方式，使他们充分发挥个人的创造性。与此同时，通过培训，提高现有人才适应跨国投资的需要，企业要定期对员工进行文化培训、技能培训，确立终身学习的思想，使他们认识到网络经济时代知识更新的重要性、跨国经营竞争的残酷性，如不进取就有被淘汰的严重性①。

（四）建立健全信息咨询和社会服务体系

自贸区各成员国政府有关部门应建立健全信息咨询和社会服务体系，为企业获取资金、市场、人才、信息等提供便利。

---

① 王丹：《我国中小企业在 GMS 国家直接投资风险防范对策研究》，昆明理工大学硕士学位论文，2008 年 3 月。

（1）建立风险预警机制，设立针对东盟投资的风险评估机构及信息咨询服务机构。深入研究东盟国家投资环境，及时跟踪其投资环境及政策变化，为企业提供参考。设立企业对外投资综合服务中心，对于一些想投资东盟市场的企业，政府可以派专业人员给予企业专门的指导，对东盟投资市场进行细致的可行性分析，如产品定位、细分目标市场和目标顾客群、营销战略、当地法律体系、当地宗教信仰、民情风俗等，以充分保证投资安全。通过国家行政机关和驻外使领馆所设的经济信息情报中心，向企业提供东道国的经济情报及“走出去”的前期服务。建立“投资机会”数据库，设立投资交流项目，组织企业到东盟各国进行投资前考察，与当地人士进行交流研讨等，以帮助其作出正确的投资决策。在国内，可考虑建立更有效的长期机制性的投资促进平台，如在外资相对饱和且在投资促进方面有一定经验的沿海城市设立投资援助中心，配备经验丰富的专职工作人员和专家，为投资者提供一揽子与投资相关的洽谈、咨询、宣传、调查等服务。还可以考虑全国重点建立几个具有相当规模和水准的信息网络平台，使投资者便捷地掌握各地投资的完整、真实的信息，享受人性化在线服务，及时获得有关问题的答案。

（2）加快对行业协会的培育。行业协会是介于政府和企业之间的桥梁和纽带，是行业发展走向的引导者。它产生于这个行业，服务于这个行业。目前我国各地也建有一些相应的行业协会组织，但这些组织的作用还是比较小，还无法起到作为政府和企业的桥梁纽带作用，因此在行业协会的建设上政府应该发挥一定的作用，督促和帮助加强行业协会在行业自律、价格协调、应对贸易纠纷、抵御海外风险等方面的作用，培育一批优秀的行业协会为政府和企业服务。

（3）自贸区成员国政府强化外交服务手段，将农业相互投资合作纳入国家双边或多边经贸谈判框架中，通过外交手段解决人员签证期限较短、劳务人员限制、入境生产资料关税过高、产品返销国内征税过高、双重征税等问题。尽快制定境外农业资源开发合作规划，包括重点支持品种、重点投资国别和重点支持内容，增强可操作性。

（五）建立公平、公正、高效的争端解决机制

自贸区各成员国经济发展一体化是大势所趋，客观上需要制定各成员国共同遵守的法律规则。同时，各成员国应当通过磋商构建自贸区投资争端解决机制，制定共同遵守的国际公约，从而使自由、便利、透明并具有竞争力的投资机制目标得以实现，促进自贸区各国经济的合作与发展。

涉外案件往往要了解外国法律，对外国法律了解与否在一定程度上影响裁判的公正性及裁判执行的效果，而外国法律进行查明无论是对于裁判者还是争端的

当事人都十分困难。因此，对于中国—东盟各成员国之间的投资争端解决应当通过磋商，求同存异，对司法协助体系分类建立共同遵守的自贸区公约，建立统一的司法协助体系。各成员国之间相互提供法律和司法实践信息，深入透彻地对各国法律进行查明与理解。在中国—东盟自贸区内应该设立解决投资争端的常设机构，统一确定争端解决途径，跟踪争端的解决及执行情况，设置救济程序，机构的设置及职能应以公约的形式予以确定，这样才有利于争端的公平、公正及高效解决。

我国农业企业在东盟国家开展投资合作，由于中国—东盟自由贸易区有 11 个成员国，各国在政治制度、经济发展、文化信仰等方面都存在着巨大的差异，争端在所难免，这些争端可能是政府与政府之间、政府与企业之间、企业与企业之间的争端，如果出现争端，要按照《争端解决机制协议》的程序办。2004 年 11 月 29 日我国与东盟在老挝万象签署了《争端解决机制协议》。该协议包括 18 个条款及 1 个附件，是规范我国与东盟双方在《全面经济合作框架协议》下处理有关贸易、投资争端的法律文件，各成员国就《全面经济合作框架协议》中规定的权利和义务关系所产生的争议均可以通过该协议来解决。

（六）继续加强中国—东盟友好合作关系

中国政府要继续加强中国与东盟国家的友好合作关系，为中国企业进入东盟市场保驾护航。实践证明，保持和增进中国与东盟的友好关系既可扩大和促进两国经贸合作，又可以为国家信誉作担保，以维护我国企业在东盟的合法利益。由于东盟大部分国家属于欠发达国家，缺乏规范的市场运行机制，政策变化快，外汇支付能力弱，政府对市场的调控能力差，使企业在这些国家的投资存在较大的风险和制约。我国政府与东盟高层沟通中，在探索扩大合作领域的同时应敦促其进一步改善投资环境，保持政策稳定性，落实项目配套资金，保证签约项目的正常实施，促进双边服务贸易与投资自由化，为中国企业开拓东盟市场营造良好的国际环境和争取更大的市场空间。[①]

① 江莹凤：《中国对东盟直接投资研究》，广西大学硕士学位论文，2007 年 5 月。

第八章　中国—东盟农业投资特区构想

2007年4月18日在广西南宁市召开的中国—东盟中小企业投资发展论坛上，国务院研究室农村司司长叶兴庆指出，早期收获计划的实施，给中国农民带来一定影响，但我国在看到竞争的同时也应看到互补性，鼓励更多的中国企业到东盟国家建立农业生产基地。他认为，东盟国家土地肥沃，气候适宜，雨水充沛，具有得天独厚的自然条件，应鼓励我国的中小企业投资东盟农业。对于中国企业来说，应立足长远，到东盟建立农产品生产基地。中国加入世界贸易组织以后，农业对外开放空前提高，现在农产品关税已经下降到15.3%，这个水平远低于世界平均水平，而对东盟农产品是零关税，这给中国农业的发展提出了很大的挑战①。因此，中国企业投资东盟农业，将面临激烈的竞争，同时也存在极大的互补性。

对于中国—东盟农业投资特区的初步设想，是在中国—东盟自由贸易区内各相接壤的国家或地区在形成合作共识的基础上，彼此在相关法律的约束下，按照一定的合作方案，在边境附近共同划出相应面积的土地，作为吸引自贸区内各成员国对其进行农业投资的特定区域，对于这个区域，在双方中央和地方政府的大力支持下，赋予该区域特殊的投资、财政、税收、金融、贸易、物流以及其他配套的农业经济政策，区内部分地区进行跨境海关特殊监管，以优惠的园区政策和良好的发展环境，吸引人流、物流、技术流、资金流在这一区域内聚集，以利用两国或多国资源和市场，扩大农业建设规模，实现该区域的发展和繁荣，从而促进边境地区经济的跨越式发展。在这个特区内，按照“优势互补、合作共利，创新发展、先行先试，研究协调、循序渐进，企业主导、政府推动”的原则，着眼于投资合作双方的农业产业发展，把投资特区建成引进农业资金、技术、人才和管理方法的示范样板，以及某些鲜活农产品及加工品的出口基地，自贸区成员国联手拓展国际农产品贸易市场的协作区。

---

① 农网快讯，中国企业投资东盟农业正当其时，http：//www.ahnw.gov.cn/2006nwkx/html/200704/{99761839 - A8DF - 46A6 - B152 - D38B21C2D8FF}.shtml。

一、农业投资特区的立足点

从总体来看，除新加坡外，东盟其他国家都是农业国家，其生产结构以农业为主。泰国在农业方面具有一定的优势，而越南、老挝、缅甸、柬埔寨这些东盟国家经济发展水平相对落后，农业机械设备和基础设施比较陈旧，农业科技水平较低，但这些国家农业资源非常丰富，人均耕地面积远远大于中国。与这些国家相比，中国的农、牧产业拥有自身的鲜明特色，具有一定的互补性，利用这一互补性，可开展农业投资合作。因此，中国和东盟国家可凭借各自的比较优势，调整农业产业结构，在农业投资领域实现互动发展。

（1）资源优化整合的示范效应。中国农业人口多，但耕地少，存在着大量的富余农村劳动力，特别是有一定农业开发专长的专门人才，而东盟国家还有一定的土地资源潜力可挖，但这些国家人力资源相对不足，尤其是缺乏农业技术人员。中国与东盟国家的农业文化、农业结构和方式等方面存在很多的相似之处，但是作为直接生产者的农民，缺乏相互之间的沟通与交流。因此，通过农业投资特区的示范带动效应，自贸区成员国的农业生产者可以有效地进行沟通与交流。

（2）技术优势的差异与相互学习借鉴的需要。中国和东盟国家由于自然环境及历史等原因，农业方面存在着很多相似之处，也面临着很多的问题，但由于在研究过程中的诸多因素影响，各方形成了不同的相对优势。例如，广西在杂交水稻、综合养殖、疫病防治、苗种繁育等农业先进实用技术上具有优势，而东盟国家则在农产品开发等方面有着许多经验和技术值得中国学习和借鉴。在农业投资特区中的农业技术试验示范区，是中国和东盟国家展示各国农业技术实力，争取自贸区成员国的信任，推动农业科技成果输出和促进农业经贸合作的重要形式。对于东盟大多数国家来说，中国的许多农业技术和设备是价廉物美，实用而且易于推广，深受东盟国家的欢迎，通过在农业投资区建立试验示范区开展农业技术交流与输出，扩大对东盟国家的影响力，为中国农业“走出去”战略打下了基础。因此，通过农业投资特区的建设，可以加强和扩大各方的农业技术交流与合作，相互学习和彼此借鉴，共同提高技术水平，促进农业科技创新，并增加各方的农产品品种和技术手段。

（3）产业内分工和合作的需要。对于中国与东盟主要国家来说，双方都需要对本地丰富的农产品进行加工增值，这既能增加农产品的附加值，又能发挥劳动力资源的比较优势，因而双方存在共同的农业发展目标。通过协调与合作，根据各自的自然资源特点和相对优势，建立中国东盟农业投资特区，进行产业内分工，开展产业内贸易与产业内投资，可加强双方的合作。从原料上来看，中国与东盟国家在热带农作物与亚热带农作物上资源禀赋不同，各有所长。从加工技术上看，双方各有优势可以进行合作与交流。例如，泰国木薯原料生产能力较强，中国以木薯作为原料生产变性淀粉的技术较高，双方合作可以通过进口泰国木薯或木薯淀粉，在中国深加工变性淀粉出口国际市场[①]。因此，要运用各国的高新技术改造传统产业，提高纺织品、粮食、农副产品和农业机械商品的质量和技术含量，推动这些产业由初加工、粗加工向深加工、精加工转变，提高单位出口产品的附加值。

（4）培育区域经济新增长极。长期以来，我国和东盟各国的边疆民族地区社会生产力发展水平较低，经济文化落后，造血机能较差。西部大开发战略是针对我国西部地区实施的区域发展战略，包括广西、云南在内的 12 个省、自治区、直辖市，而这些省市大都是沿边地区。经过几年的实施，西部大开发战略虽然取得了成效，但也存在一些需要解决的问题。[②] 如何更好地促进西部大开发战略的实施，使沿边地区的经济实现跨越式发展，要有创新，有新的突破点，既要借助于自身的区位优势，提升扩大开放水平，又要有效地利用两种资源、两个市场，培育新的经济增长点。在国家特殊优惠政策的扶持下，边境农业投资区将着眼于增加中国与东盟各国边疆民族地区的财政收入，激活造血机制，形成自我发展、自我繁荣的能力，以农业投资区为社会经济增长的辐射源，带动沿边一线的经济增长。

（5）加快边民脱贫致富，搞好民族团结和边疆稳定。我国的边境地区大多为少数民族聚居区，处于行政区划的边境地带，也是经济发展的边缘地区。在相当长的历史时期，这些少数民族地区长期以来以农业为主，由于边境两侧的国家有不同的意识形态，奉行不同的发展路线，边境线被封闭，边境贸易停滞，只有极少量的边民往来，农业投资特区所处的地带实际上处于开发的死角，经济发展相对落后。因此，增加农民收入是摆在这些少数民族地区面前的一项重要任务。通过加快沿边地区的对外开放，大力发展边境贸易，开展与周边国家的农业投资合作，以开放带动发展，创造更多的农村剩余劳动力的就业机会，繁荣当地经济，加快当地脱贫致富，营造安居乐业的环境，为实现民族团结、边疆稳定和边境安全奠定了物质基础。

（6）促进边境地区农村经济发展，营造合作共赢新环境。我国政府一向重视

---

① 曹珂：《广西与东盟经济互动方式研究》，广西大学硕士论文，2007 年 6 月。

② 李光辉：《中越跨境经济合作区：背景、意义与构想》，《国际经济合作》，2009 年第 4 期，第 46－48 页。

处理好与周边国家的关系，为我国的经济发展创造一个良好的周边环境。我国谋求发展与周边国家的平等、互信、互利的新型外交关系，“睦邻、富邻、安邻”成为我国处理与周边国家事务的指导方针。因此，建立中国—东盟农业投资特区对实现周边外交战略，促进与我国相邻的自贸区成员国的经济发展，促进我国沿边对外开放意义重大。

二、农业投资特区的功能定位

1. 农业投资特区的功能定位及目标

农业投资特区的规划：这里讲的“农业”是“大农业”概念，包括了农业产前、产中与产后的相关产业，必须估计农业生态环境的适应性。因此，投资区的规划是将一些边境地区划出一片区域定为“农业投资特区”，实行产业倾斜政策即凡在此区域内举办的与农业相关的技术先进和生产性的项目，均可享受投资区的优惠政策。

根据中国与东盟国家的农业特点，农业投资特区的功能定位于以科技开发为依托，以农业利用外资项目和出口创汇为导向，通过引进资金、良种、技术，着力发展名、特、新、优、稀等农副产品，发展高效、优质农业，在农业结构优化上，创出一条切实可行的路子。并且坚持以出口食品加工为方向，以科技为支撑，以引进国内外粮油、果品、蔬菜、畜牧等农副产品精深加工企业为重点，形成农副产品精深加工企业集聚地和先进技术成果的吸纳、消化中心。以建设中国—东盟农业投资特区为契机，整合目前各成员国已有的各类特殊的农业合作，形成统一的管理模式，并赋予一揽子先行先试的特殊优惠政策，将农业投资特区建设成发展迅速、政策最优、经济规模较大、经济效益最好和较强区域影响力的区域性国际农业投资合作实验特区。

农业投资特区的目标：边境开放区发展开放性农业的“示范”，是增进东盟各国经贸关系的“纽带”，实现世界和平的“桥梁”。通过农业投资特区的建立推进农业产业结构外向转换，带动整个国民经济持续、稳定、健康、协调发展。建立“两国一区、境内关外、自由贸易、封闭运作”的运行模式，可在农业投资试验区基础上完善投资环境，吸引东盟各国外资、引进农业先进技术并进行消化创新为枢纽，鼓励外商开辟以农业为主的多层次投资领域，拓展多元化经济技术合作，同时促进农业投资、技术转移以及贸易等各类活动的发展。

2. 农业投资特区的总体布局

一般来说，一个功能完善、结构合理的中国—东盟农业投资特区，在空间结构上的布局分为三个层次：

（1）核心区。是整个中国—东盟农业投资特区的中心区。中国与东盟各国的龙头企业、专家学院、科研开发、科技培训中心和信息中心都集中在核心区。核心区在园区运作体系中属于农业科学技术开发、引进、转化及农业科技产业化示范基地与技术信息源、新知识传播源、新技术的扩散源。集中体现在园区内各国政府共同指导、企业运作、中介参与。核心区有完整的边界和明确的范围，一般规模的农业投资特区的核心区的面积可考虑在5平方公里范围内。

核心区是同时具备专用口岸、保税区等“功能整合、政策叠加”的区域，是推动中国与东盟农业投资合作规范化、规模化、市场化和国际化的跨国高端合作平台。除具有农产品生产方面的功能外，还具有两个方面的特殊功能：一是物流服务功能。依托口岸优势和国际大通道的建设，发挥其物流中转站功能，使东盟国家农产品快速进入中国国内市场以及中国国内农产品快速出口到相邻东盟国家，又可以方便地转口去其他国家，有利于涉农企业降低经营成本和提高竞争能力。同时通过产生聚集效应，使众多大型涉农企业的物流中心集结在此，带动区域仓储业、运输业、贸易业、金融业、信息业等多种服务业的发展。二是货物交易功能。在跨境农业投资合作特区可建立大型的农产品展示场馆，使中国国内客户不出国门就可以在区内直接地观摩东盟各国的涉农商品，并可以在看样后当即签订合同，办理进口手续；东盟国家的客户也可以在区内看样后与中国国内企业签订出口合同。商贸结合型或单纯贸易型的涉农企业都可以利用跨境农业投资合作区的区域优势和物流设施开展进出口贸易和转口贸易等业务。

（2）示范区。是中国—东盟农业投资特区的农产品生产基地和农业科技成果的试验基地，它还是核心区的农业产业化的带动基地，是中国—东盟农业投资区的主要示范平台，核心区的直接作用对象。一般示范区紧靠核心区的附近，其面积大约是核心区面积的3～5倍（15～25平方公里），适合新区农业科技成果示范应用的放大，示范区吸纳核心区传播的新技术和新品种，在核心区龙头企业的带动下进行农产品标准化生产和示范，探索和开拓现代农业产业化经营模式，并通过核心区的技术支撑，在示范区孵化新的产业和企业家，是农业新技术、新品种和管理机制创新应用的样板，率先起示范作用。在示范区内发展涉农产品加工制造业，主要包括原材料在东盟以及市场在自贸区的农产品加工工业。涉农企业可以在跨境农业投资合作区内方便地使用内地的技术、资金和境外的原材料组织生产，而产品则可以供应中国内地和邻国及东盟两个市场。

（3）辐射区。辐射区一般离核心区的距离较远，它并不在中国—东盟农业投资区的界域内，没有完整的边界和明确的范围。它是园区核心区的主导产业涉及和影响到的周边的农业生产与农村经济区域，或在地理环境、资源特点、生产与经济特征相近的同类型的农业区域。就是通过核心区、示范区的示范作用，对周边区域的农户产生扩散效应和牵引效应。辐射区还是各种农产品、农用机械、各类涉农产品的交易市场。

以建立中越跨境农业投资特区为例，中国与东盟各国的农业投资特区类似。“中越跨境农业投资特区”是建立在两国特定边境口岸地区的农业投资区，区内实行货物贸易、服务贸易和投资的自由开放政策，主要目的是吸引国内外企业根据毗邻国家和国内市场的需求到投资区投资，发展农业，形成内建基地和外辟市场相结合的格局。因此可以说，“中越跨境经济农业投资区”是边境贸易的一种提升形式，是中国—东盟自由贸易区的“试验田”。中越跨境农业投资特区的目标：中越跨境农业投资区最终将建成中国—东盟自由贸易区、泛北部湾等区域性农产品加工业，农林牧渔业及其服务业，农产品、农用机器的物流中心，具有鲜明特色的东盟国际农业投资区。

建立中越跨境农业投资区的步骤。在中越跨境区域农业投资特区的推进过程中，要分阶段地进行。从现有的情况分析来看，可以分为两个阶段：第一个阶段是 2010 ~2011 年，双方完成本国内区域的规划、基础设施建设。在这个过程中，双方的规划要能够对接，按照建立中越跨境区域农业投资区的规划进行，规划要具有互补性。第二个阶段是 2012 ~ 2015 年，实现跨境区域农业投资区的目标。通过第一阶段的准备工作，从 2012 年开始双方要推进跨境农业投资区的建设，到 2015 年完成跨境农业投资区的建设。总之，通过建立中越跨境农业投资区，可以对中国—东盟自由贸易区的建设起到强有力的推动作用。

三、农业投资特区的主要问题

中国与东盟农业投资特区的建设是一个全新的课题，没有经验可以借鉴，是时代的创新。同时，农业投资特区的建设是一个复杂的系统工程，决定了跨境农业投资特区建设面临诸多问题和障碍。

（1）主权让渡的敏感性。农业投资特区在跨境经济合作区的基础上深化、专业化和发展，设立和建设涉及两国主权让渡的问题。这种跨境的农业投资合作区是两国接壤边境地区间的一种紧密合作机制，在突破边境对生产要素流动障碍的基础上进行的经济合作涉及人流、物流的管理，涉及海关监管和检验检疫管理，必然会需要国家间主权的相互让渡；而国家主权的让渡十分敏感和困难，这需要以国家间友好的政治关系和高度的相互信任为保障，这就增加了跨境农业投资特区建设的难度。

（2）跨境运作的复杂性。中国与东盟农业投资特区既不同于国内的特殊经济区域，也不同于一般意义上的次区域合作和跨境经济合作区域。这一特殊性使跨境农业投资合作特区的建设和运作涉及多方面的复杂问题，在海关有效监管、产业发展规划、标准一致化、行政司法管理等方面没有先例可以遵循，尤其需要两国或多国间达成一致，需要在摸索中逐渐解决。如果程序过于繁琐，增加行政和交易成本，束缚生产要素的自由流动，不能显现合作特区的建设效应。跨国合作所涉及的规范和框架太多，权力关系过于复杂，出现纠纷解决过于繁琐。

（3）国家战略与地方推动之间的矛盾性。建立中国与东盟农业投资特区是中国与东盟 10 国的国家战略，但是具体实施主要由地方政府来推动，由于涉及两个或多个国家，决策层面主要由国家来决定，地方政府只是积极的推动者和执行者，这就存在决策者与执行者之间步调不协调的问题，制约跨境农业投资合作区建设的进程。

（4）中国与东盟国家经济、法律制度和政策的差异性。中国与东盟国家的法律规章制度、工作方法、管理方法有很多区别。跨境经济合作区涉及两国或多国的外交、海关、边防检查、检验检疫、交通、经贸主管部门等，这些部门的政策和规章制度与跨境农业投资特区的要求相差甚远，加大了跨境投资特区合作和协调的难度，特别是现在仍没有建立起有效的协调、合作机制。

（5）基础设施建设的滞后性。一般来说，边境地区的基础设施建设都较为落后，以与越南接壤的广西边境县市凭祥、东兴为例，经济总量不大，财政收入都不多，难有多余的财力投入城市基础设施及口岸建设。对于凭祥，由于有广西区政府的高度重视，广西财政已投入 3 亿元用于凭祥中越边境经济合作区的前期建设，已经完成 2.73 平方公里的边境贸易区配套监管设施、5.77 平方公里的凭祥国际物流园和友谊关电子口岸前置核放区及其他附属工程的建设。但东兴口岸基础设施建设还仍显得很落后①。

（6）服务体系的有限性。入驻边境地区的农业企业大多规模小、风险大、社会负担重、信用能力低、技术力量薄弱、获取市场信息能力有限，而边境贸易的大部分份额要靠这些企业去完成。因此，农业投资特区重要功能之一是尽快建立开放型贸易服务体系，为企业参与东盟国际市场竞争提供法律、筹资融资、贷款担保、技术支持、人才培训等方面的服务，加强企业的竞争能力。

① 刘建文、雷小华：《广西中越跨境经济合作区的前景、问题和对策》，《东南亚纵横》，2010 年第 6 期，第 32 – 35 页。

四、农业投资特区的管理体制

在中国与东盟农业投资特区内将实行“两国一区、境内关外、自由贸易、封闭运作”的管理模式。加大改革创新力度，大力推进通关制度、科学技术、管理制度和发展模式创新，同时积极探索采取两国或多国共建等灵活多样的合作方式，实现合作规划、合作开发、共同受益，推进中国与东盟各国农业的紧密合作、融合发展，构建多方农业直接往来的重要快捷通道，推进各国农业交流合作先行先试，打造中国与东盟各国农业合作的跨境特别试验区。该跨境合作区将按照“小政府、大服务”的原则设立合作区管理委员会，在合作区入口处设立查验通道，实行“两国一区、封闭运作、境内关外、自由贸易”的管理模式，中国与东盟人员可凭认可的有效证件自由出入合作区，免办签证手续。此外，目前对有关进出合作特区产品的关税、增值税政策，以及投资政策、金融政策、行政和司法管理政策等也都给予相应的优惠条件。

（一）成立对农业投资特区管理的专门机构

针对目前对其他跨境合作区的多头管理、政出多门的现象，建议成立一个专门的国家级的对农业投资区统一管理的专门机构。鉴于农业投资特区是由海关监管的特殊区域，将机构设立在海关会比较好。该机构的作用：一是帮助各职能部门对农业投资特区进行管理，协调解决处理政策冲突和矛盾；二是解决农业投资特区作为地方的行政区域与地方各项发展政策协调的问题。

各职能管理部门要统一认识，修改完善政策、规定上的不足之处。明确农业投资特区作为海关特殊监管区域所具备的功能特点，统一各职能部门对农业投资特区内涵的理解，针对实践中对检验检疫、农产品及机械运输、配额许可证的贸易管制等反映比较集中、急需解决的问题，以及产品内销问题，寻找解决办法。对于产品内销问题，就目前来看，关于放开涉农产品内销限制的要求不会得到国家在政策上的扶持与让步。涉农产品内销加征进口环节关税，是为了保护国内相关产业，维护国内经济秩序，如果不加以限制，既能在原料国国内采购、享受出口退税，同时产品又能在国内市场销售，不缴纳关税，这对于追求利润最大化的企业来说自然是理想的经营环境，但如果这样农业投资特区就失去了其存在的意义。再者，如果破坏了市场的公平性，从而对区外企业产生挤出效应。对区内企业涉农产品国内销售管理和限制比较宽松，因此有些涉农企业利用这种方便，进行违法走私贸易，如果加强管理和限制，可能对引资产生影响，对于涉农产品内销问题也处于两难之中，没有找到一个比较好的解决途径。对于农业投资特区国家不会在此问题上放松管制，但是有些政策还是可以平衡调整的。例如，对区内区外加工贸易企业涉农产品内销补征关税征收标准不统一的问题，就可以考虑统一按产成品征税，这样才可看到区内企业的政策优势，有利于鼓励企业入区，也符合 WTO 的国民待遇原则和无歧视原则①。

此外，要健全和完善中国—东盟农业投资特区的准入标准、退出机制。运用国家宏观调控手段、市场竞争机制，健全和完善中国与东盟农业投资特区的准入标准、退出机制，对农业投资区的设立和淘汰进行科学规范，才有利于推动农业投资特区的健康有序发展。

（二）建立中国—东盟农业投资特区产业链式集群管理体制

中国—东盟农业投资特区产业链式集群是指园区农产品从生产者到最终消费者的流通过程，也就是从田头到餐桌的链条，可以分解为一系列独立但又相互关联的增值环节。每个环节的活动由一个或若干个企业来完成，企业之间根据投入产出技术联系进行市场交易，组成的链接，形成建立在产业链和价值链基础上的链式集群。产业链条中与农产品生产密切相关的产业群，包括为农业生产做准备的种子、农资等产前部门；种植农作物、饲养农畜、农禽等产中部门；以农产品为原料的加工业、运输、储存、销售等产后部门，进行复杂的和密切的技术经济联系。各环节之间的关系，主要有两种：一是外部交易关系（市场交易关系），即链式集群是一个贯通需求市场和资源市场，由为农业产业化产前、产中、产后提供不同功能服务的企业或单元组成的网络结构，进行着集群创新演进；二是内部交易关系，即各个环节纵向一体化为一个企业，一个企业完成所有的活动，目前具有这部分功能的企业为企业集团。农业作为一种传统产业，在中国—东盟农业投资特区中进行升级换代，需要更新观念，要引入现代高新技术，树立“大农业”的思维方式，不仅在农产品的生产阶段，而且要在其产后的加工阶段和营销阶段，乃至产业链的所有环节上都要考虑增加技术投入，赋予高科技含量。中国—东盟农业投资特区的产业通过集群创新演进构建出链式发展模型，中国—东盟农业投资区产业链的主要环节为产前、产中、产后的种子种苗产业、种植养殖产业和加工储藏产业。这三个主要环节构成农业产业链的主链，缺少一个主要环节都无法使该产业链变得完整。而主链中的农产品的加工、储藏、销售产业则是中国—东盟农业投资特区的龙头产业。中国—东盟农业投资特区的运输、中介组

① 李阳：《我国出口加工区发展概况及对策》，山东大学硕士学位论文，2006 年 4 月。

织和科技、政府则是这条产业链上的辅助环节，有些可以发展为产业链的支链，如运输企业、科技培训、科技服务、信息咨询等中介服务企业形成的第三产业，与主链有机结合，形成企业集群，进行集群创新①。

中国—东盟农业投资特区的各产业通过集群创新演化，以市场为导向，立足本地资源优势，确立支柱产业和主导产品，按照供产销一条龙、种养加相结合、贸工农一体化的原则，实行区域化布局、企业化管理、一体化生产、社会化服务，形成市场带“龙头”，“龙头”带基地，基地连农户的生产经营、农业产业化新格局。

（三）建立农业可持续发展技术创新与技经结合的合作机制

要在中国与东盟农业投资特区中建立健全农业可持续发展技术创新、技经结合、技贸结合的合作机制。农业可持续技术创新是指农业技术创新活动在功能上首先必须是符合农业可持续发展要求的，即以不危害生物多样性，不破坏农业及自然生态环境为前提的，同时又能提高资源产出效率和单位农业资源效用满足程度的农业技术创新活动。农业可持续发展技术创新主要包括加强退化农业生态系统的恢复和重建技术创新工作，农业资源的综合开发利用创新，农业减灾、抗灾技术创新，农业生态环境保护技术创新，如农业生产中产生的秸秆、动物粪便、废水等废弃物的处理技术，高效、低毒、低残留的地膜、农药的技术创新等。农产品加工技术、加工设备创新。目前，我国农产品的加工技术还比较落后，今后要加快农产品加工技术的开发和应用技术的创新。如冷速冻、无菌包装、真空包装、保鲜、微波技术的开发利用；加强保健食品、绿色食品的开发生产技术创新；农产品的深加工技术创新及加工设备的研究等。

要在农业投资特区中建立技经结合、技贸结合的合作机制，实行政府扶持、市场化运行模式，构建科学高效的合作平台。包括建立东盟农业科技合作成果、农作物引种示范推广基地。切实做好技术引进及其消化、吸收、发展和创新工作，尤其要抓好大项目的实施，创造一个优越的技术引进创新的环境。创造宽松的国际农业科技合作环境，鼓励更多的科技人员有机会直接或间接地与东盟各国接触。同时，要建立对外农业科技人员培训基地。着力培养从事东盟国家农业技术合作、技术培训、技术咨询的专业人才，推动科技人员对外交往、学术交流和智力输出。设立专项基金，鼓励并扶持农业科研单位、企业在发挥自身优势、双方优势互补的基础上出国兴办产业，共同开发有市场潜力、技术含量高的农产品。园区选址可在现有各类边境开发区、跨境经济合作区中筛选或另辟有发展潜

① 杨敬华：《农业科技园区创业与创新发展机制与模式的研究》，中国农业科学院博士论文，2005年5月。

力的新址。目前，在中越边境地区已经在考虑建设3个跨境经济合作区：一是凭祥—同登跨国经济合作区，这个合作区主要是服务于越南与中国中部和东部发达地区的合作；二是河口—老街跨国经济合作区，这个合作区主要是服务于越南与中国西南和西部地区的合作；三是东兴—芒街跨国经济合作区，这个合作区主要是服务于越南与中国珠江三角洲和北部湾沿海地区的合作①。制定相关系列政策，鼓励农业科技成果转让和中外农业企业投资，保护知识产权。选择东盟若干地区开展农业新技术示范基地建设工作。由政府引导“企业化运作”，在东盟选择部分国家建设若干特色鲜明、示范意义显著的先进农业技术示范基地，以基地为纽带集聚我国先进技术并与东盟国家农业需求实行有机结合扩大农业技术合作的扩散力②。

（四）农业投资特区整体管理方式

农业投资核心区是各国边境海关共同特殊监管的区域。在“一站式”通关的基础上，中国与东盟各国将“一关两检”进出境查验机构退至跨境农业投资特区核心区入口处，进行“二线”管理，充分体现“一线放开、二线管住、区内自由、入区退税”的政策。成立管理委员会，由边境所属国公安、海关、边防、交通、检验检疫、口岸、商务等单位共同组成。边境所属国管理委员会实行经常性会晤，相互配合，协调有关部门的工作，解决农业投资区内的问题。示范区的管理采取立足本区域的开放管理模式。扩展区不封闭，允许人流、物流在区域内外自由进出，跨境按正常手续办理。

（1）行政司法管理。农业投资特区各自边境所属国的司法管辖，适用本国现行法律及有关国际条约。边境各自成立相应的管理机构，负责落实扩展区内的各项政策措施，并与各方开展经常性的会晤和协调。

（2）车辆人员管理。中国与东盟国家公民及车辆可以在农业投资特区内跨境自由流动。中国与东盟国家公民凭借各成员国认可的有效证件，可免签在农业投资特区核心区内停留15天，但不得进入该特区以外的地方。辅助建设边境公路运输电子联网系统，对进出特区的车辆情况记入系统，便于各自交通管理部门随时查询和监管。

（3）货物往来管理。对中国与东盟国家各自从国内进入农业投资特区的货物视同出口，实行退税；对从农业投资区进入各自国内的货物视同进口，按一般

① 刘建文、雷小华：《广西中越跨境经济合作区的前景、问题和对策》，《东南亚纵横》，2010年第6期，第32–35页。

② 于平福、梁贤：《构建广西与东盟农业科技合作平台及对策研究》，《科技情报开发与经济》，2004年第14卷第4期，第102–103页。

贸易税收管理规定办理。对农业投资区展示的进口商品，海关按保税货物进行监管，不受展示时间限制，不需交纳关税抵押金，只需在海关登记备案即可。对农业投资区与境外之间进出的货物，除实行出口被动配额管理外，不实行进出口配额、许可证管理。区域内商品之间交易不征收消费税和增值税。在投资区生产的商品，若加工增值超过40%，则按照中国—东盟自由贸易区原产地规则，中国与东盟国家认定为各自国家产品，免税进入各自国家销售，并可进入第三国市场。其余进出口货物，则按正常手续办理①。

（4）产业合作管理。产业合作坚持“统一规划”，在原有特殊经济园区的基础上发展“特色产业园区”。参照境外经济贸易区的做法，各成员国政府达成协议赋予“特色产业园区”产业发展的促进政策和优惠待遇。

（五）农业投资特区的海关监管

农业投资特区政策在执行过程中需要进行不断改进，外国投资者在农业投资区投资，既可以享受在国家级经济技术开发区投资的优惠政策，还可享受农业投资区的特殊优惠政策。在农产品加工贸易管理机制上，强化对企业开展的农产品加工贸易业务的整体管理，简化对逐个合同的管理，取消保证金台账制度，实行电子账册管理；在货物通关管理上，简化办理通关的手续，强化对进、出区货物在进出农业投资特区卡口时的实际监管，逐步满足跨国公司零库存生产的需要。

参考设立出口加工区的监管原则，海关在区内实行新的加工贸易监管模式，方便企业通关，简化有关手续，实现农业投资特区货物在主管海关“一次申报，一次审单，一次查验”的通关要求。为企业创造良好的经营环境，为农业投资特区的健康发展提供优质服务。海关对农业投资区管理的具体措施如下：

（1）对农业投资区采用计算机管理的模式；海关与区内企业实行计算机联网，进行电子数据的传输和办理通关手续；农业投资区主管海关与口岸海关实行计算机联网，实施“属地申报、口岸验放”通关监管模式；建立和推广信誉审单，全面推广预审价、预归类、联网报关、网上支付制度。

（2）对农业投资特区采取“全封闭、卡口式”管理，海关“全天候、无假日”值班和24小时预约通关制度，卡口分别设立货物和人员进/出通道。

（3）对区内与境外之间进、出的货物，实行“备案制”管理，区内与区外之间进、出的货物，实行正常“报关制”管理。

（4）对区内企业开展的加工贸易业务，不实行加工贸易银行保证金台账制度，取消《登记手册》，改用电子账簿进行管理，海关对企业实行每半年一次的

① 袁晓慧、徐紫光：《跨境经济合作区：提升沿边开放新模式——以中国红河—越南老街跨境经济合作区为例》，《国际经济合作》，2009年第9期，第45－49页。

总量扣减核销制度。

（5）农业投资特区与口岸、农业投资特区与农业投资特区之间进/出的货物、物品，采取直通式或转关运输的监管模式，一律在农业投资特区主管海关报关并在卡口查验、放行。实施口岸与海关特殊监管区之间“一次申报、一次查验、一次放行”快速直通模式①。

五、投资特区的政策框架

由于中国与东盟农业投资特区是在两国或两国以上的邻近区域建立的经济特区，在该区域内，各国或地区划出相应面积接壤的土地，整合成一个相对封闭的空间，吸引自贸区成员国的资金，从事涉农产业的生产，实现共同认可的经济政策，它是经济合作区的一种特例，是合作区更高层次的模式。中国与东盟农业投资特区是全新事物，内涵的开发空间宽，发展潜力巨大，但也因其是新事物，几乎很多东西都需要自己探索、借鉴，参考少，没什么先例可循，但有一点是明确的，即权利对等和利益共享是核心原则，农业投资特区的设立和废止是由成员国决定的，因此必须尽快对相关规范、协定和政策进行设计和论证。可以考虑，中国与东盟农业投资特区既具有跨境经济合作区的功能，也具有出口加工区和保税区的功能，同时也具有农业科技园区的特点。因此，在政策框架的构建上，可考虑在参考这几个园区的优惠政策基础上，赋予特殊优惠政策，将跨境农业投资特区建设成发展迅速、政策最优和较强区域影响力的区域性国际农产品进出口加工中心、国际农产品贸易基地和国际农产品物流中心。

（一）农业投资特区实行的税收优惠政策

任何一个经济特区、经济合作区的发展，国家税收政策的支持是必不可少的。中国与东盟国家税务部门根据国际投资与贸易的有关税收政策和成员国税收法律法规，研究制定有利于中国与东盟投资特区发展的税收政策。建议在合作区建设时期，从境外进入农业投资特区的涉农商品，其进口关税和进口环节税，除法律行政法规另有规定外，可考虑按照下列办法处理：区内生产性的基础设施建设项目所需进境的机器、设备和建设生产厂房、仓储设施所需的基建物资，区内企业生产所需进境的机器、设备及其维修用零配件，区内企业、行政管理机构进

---

① 韩宝昌：《重庆出口加工区功能定位的研究》，重庆大学硕士学位论文，2008 年 5 月。

境自用的办公用品，均予以免税；农业投资特区生产的涉农商品销往境内区外，可考虑按以下办法处理：对在投资区内加工增值超过20%的产品免征进口关税和进口增值税；对区内形成的税收以转移支付方式全额返还给各投资区用于基础设施建设。农业投资特区销往境内区外的涉农商品，应由区外企业按进口货物的有关规定报经外经贸主管部门批准后，办理进口报关手续，海关一律按制成品征税。涉及许可证（件）管理的商品，应向海关出具有效的进口许可证（件）。对特区内农业产业项目在投资总额内进口自用先进技术设备，除国家规定不予免税的商品之外，免征关税和进口环节增值税。对投资企业的农产品销往国际市场，在出口配额、出口退税等方面优先提供和办理。对个人取得的从事种植业、饲养业、养殖业、捕捞业的所得，暂不征收个人所得税；对从事种植、养殖和农林产品初加工企业取得的所得，暂不征收企业所得税；从事农业机耕、排灌、病虫害防治、农牧保险以及相关技术培训业务，水生动物、家禽、牲畜的配种和疾病防治业务的，从事技术转让、技术开发业务和与之相关的技术咨询、技术服务业务取得的收入，经相关税务部门批准，免征营业税①。

（二）农业投资特区实行的财政优惠政策

国家财政每年在农业发展资金中适当安排部分资金，用于投资区基础设施建设，扶持投资区农业企业发展。凡在本地以外引进资金在农业投资特区新注册的农产品加工项目，经营期在10年以上，由当地财政采取“以奖代返”的方式，前3年按缴纳地方企业所得税额的100%奖励返还给企业，后两年按缴纳所得税额的50%进行奖励。留给地方的25%的增值税，3年内每年由当地财政按50%奖励给企业。对投资特区科技含量高，带动辐射面广的一些企业和项目所需流动资金申请贷款，经相关部门批准后，在规定优惠利率的基础上，在农业发展资金中给予适当贴息补助。对进入农业投资特区内的高技术、高投入、高附加值的涉农生产性项目，自企业生产经营投产达效后，由企业申请，经管委会论证，可优先列为科技风险投资和中国与东盟投资基金扶持项目，凡符合条件的可由特区管委会积极推荐申报列入国家、省市政府各项扶持计划项目，取得政府资金支持及上市融资。

（三）农业投资特区实行的土地优惠政策

与涉农产业相关的工业用地，原则上按土地成本价或基准地价的70%确定出让金。但投资者到投资区创办科研院所、技术开发咨询中介机构及所属的新农

① 韩宝昌：《重庆出口加工区功能定位的研究》，重庆大学硕士学位论文，2008年5月。

产品（试验）基地，或经相关主管部门确认，所办的企业属新技术产业化项目或高新技术的，根据实际所需的生产用地和投资规模大小，地价另议。凡从事农业开发的外商除支付给土地使用权者的租金外，不再收取其他费用并协助做好土地使用权流转的相关服务。凡在投资区进行农业生产经营开发项目的，土地使用期限最长可达 50 年，利用荒山、荒地进行开发的，土地使用期限最长可达 50 年。对投资从事退耕还林、开发荒山育林、进行经济林生产的，经营期可达 50 年，经营期间可以继承和转让。经认定的项目在试验区规划范围内用地，作为园地、林地、设施农业用地、农产品加工用地、牧草地以及畜禽养殖用地、农村道路用地、养殖水面、坑塘水面、农田水利地等，均视为农业结构调整用地，免办农用地转用手续，免交新增建设用地有偿使用费、耕地占用税和耕地开垦费。落地项目所需的农业设施建设，在没有改变地形地貌的情况下不用报批。

（四）农业投资特区实行的物资进出口政策

企业生产的农产品允许自行组织出口，其中涉及出口配额或出口许可证的，由企业向有关部门申请解决，属于专营产品的，由有经营权的部门收购或代理出口。委托外贸公司代理出口的，除按协议交纳代理费外，外汇收入全部留给生产企业，用于发展生产。农业企业进口本企业生产所需的耕作、种植、养殖及农产品加工设备和其他必需的技术投资，进口本企业的生产设备，企业外方常驻人员在取得长期居留证件后进口除海关有明确规定不能免税的以外的合理数量的安家物品和自用物品，免征关税和进口环节增值税。企业进口种子、种苗、种畜、饲料、动植物保护药物，经农业、林业主管部门批准和出入境检验检疫局检疫后，均免领进口许可证，由海关监管，凭企业进出口合同验放。投资特区内进口的良种、种苗、种畜、化肥、饲饵料、动植物保护药物及为培养良种、良畜和发展种、养、捕及其产品加工所需的加工机具、技术设备、包装物料，不论外汇来源，一律免征关税和进口产品税或增值税。试种试养的项目，从获利年度起 5 年内免征一切税收。

（五）农业投资特区实行的融资及货币结算优惠政策

投资特区的建设、企业的创新活动离不开资金的支持。只有多渠道、多源头地筹集资金，园区才能健康发展。要不断深化投融资体制改革，加快建立投资主体多元化、投资决策程序化、融资渠道商业化、项目管理专业化、政府调控透明化、中介服务社会化的新型投融资体制。一是要畅通金融信贷渠道，争取信贷支持。协调金融机构支持园区的建设和区内企业农业产业化项目发展，适时向金融机构通报区内企业的财务信用信息和具体项目运行情况，推荐企业与金融机构频繁接触，增进彼此的了解，切实解决目前金融机构想给企业贷款而又不敢贷的问题。金融机构要加强金融产品创新，简化贷款手续，灵活调剂支农及中小金融机构专项再贷款、再贴现限额，合理投放再贷款、再贴现，支持特区中小涉农企业、“三农”等弱势经济组织和涉农产业的发展。二是畅通政府投资渠道，用足用活中国与东盟各国的各项扶持政策。通过立项积极争取国家国债资金、国家和政府专项资金，当地政府应主动从税收中筹集一部分资金，用于园区的建设和企业项目开发。三是要畅通国际投资渠道，吸引国外资金。开展国际经济技术合作，用好外国投资、国际组织的资金和技术援助。四是要畅通民间投资渠道，广泛开展项目的社会融资。此外，在园区基础设施建设上，中国与东盟各国政府应与金融机构达成某种以园区税收偿付贷款的承诺，让金融机构放心参与到园区基础设施建设项目的融资，畅通资本市场融资渠道，提高项目融资的效率，按照国际有关中小企业创业板块股票上市的有关规定和培育符合条件的企业，并做好上市的组织申请工作，争取有更多的区内企业实现上市。

在农业投资特区内实行人民币国际化的前期试点，放宽取现和购汇的条件和额度限制，中方同一金融机构中外方账户间的转账视为跨境结算；外方企业、个人以人民币在中方区内的生产经营性投资视为外商投资，享受外商投资待遇。在货币结算上，中国与东盟农业投资特区的货物（商品）及服务贸易的资金支付和转移，遵循经常项目可自由兑换的原则办理；在币种的选择上，以中国人民币、越南盾或自贸区成员国银行规定的可兑换外币计价结算；继续推行国家财政部和国家税务总局出台的“以人民币结算办理的国家一般贸易出口货物给予出口退（免）税”政策，具体是以人民币银行转账方式结算的，按应退税额的100%办理退税，以人民币现金方式结算的按应退税额的40%退税。

（六）农业投资特区实行的信息服务政策

农村信息化是创新技术传播的重要技术平台，也是推动农业市场发展的一项关键性措施。创新技术的传播始于信息的传递，农业投资对新技术的理性判断需要依据市场价格、技术特性、政策等方面的信息做出，农产品价格机制调节作用的充分发挥需要完备的信息支持。这样，农业市场化发展和农业科技进步的内在要求就决定了农村信息化在现代农业投资发展中具有重要的战略意义。加强对境外投资涉农企业的统计和信息服务工作，有关部门应对出口和进口贸易项目进行统计，为对外投资国别和项目提供详细的数据信息服务。设立海外市场信息服务中心，为到东盟投资的涉农企业提供咨询服务，以便减少中国企业与东盟国家企业合作的盲目性。有关信息部门要了解搜集有关东盟国家投资环境的情况，建立对外直接投资信息咨询服务系统。加速建立政府主导的对外投资国别地区项目库，为希望对外投资的企业提供及时的有价值的信息，如东盟国家政治、经济等投资环境，当地政策法规、投资条件、投资程序、合同形式及其他基础信息，还可提供介绍合作伙伴、合作项目等直接促进服务①。

农业信息技术和应用要进行创新。一是要加强农业信息化基础设施的建设，农业信息资源特别是软件的开发和应用等。二是要加快农业管理信息系统和决策支持系统技术创新，建立农业信息数据库，为农业生产提供预测、预报、咨询管理服务。三是要以电子、信息技术为手段，建立农业技术开发中心，组建农业信息网络体系，迅速收集和传递中国与东盟农业市场、技术信息。

（七）农业投资特区实行的人才引进政策

建立区域性人才开发合作机制，多渠道、多形式、多层次地引进急需紧缺人才。一是要创新人才机制，要大胆引进人才，大胆使用人才，在人才引进方面尽可能地减少主观偏见的影响，严把引进人关口，高质量地引进各类人才，创新制度和文化，保证人才进来后能留得住、用得好，切实尊重人才和保护人才，充分发挥人才的积极作用。二是要实施柔性引进人才政策。对农业投资特区发展所需要的高层次人才和紧缺人才，对不转关系、不转户口、以柔性流动方式到特区工作且符合条件的人员，均可办理人才居住证，并在职称评审（考试）、人才奖励、科技成果转化、社会保险、公积金缴存、子女入托入学、购房购车等方面，享受当地户籍人才的同等待遇。三是为外籍有关来华人员提供入境居留便利。对需多次临时入境的外籍高层次管理人才、高科技人才、执行政府间无偿援助协议人员和投资者，根据实际需要发给有效期 1～5 年的多次入境有效"F"签证，对需在华长住外国人，可发给 1 年以上最长不超过 5 年居留许可。对在投资特区内直接投资数额达 50 万美元的外国籍投资者和高层管理人员，对投资区建设有重大突出贡献或国家特别需要的外籍人才，其本人及配偶和未满 18 周岁的未婚子女，经报公安部批准同意可授予外国人永久居留资格。四是积极推进中国—东盟区域性人才资源开发合作培训试点，重点吸引国内外著名培训机构到投资区合作建立培训基地，不断提升人才教育培训的层次。深入实施专业技术人才知识更新工程，以培养高层次创新型专业技术人才为重点，开展大规模的继续教育活动。积极扶持投资区内产业工人本地化培训工作。②

① 李阳：《我国出口加工区发展概况及对策》，山东大学硕士学位论文，2006 年 4 月。

② 广西钦州保税港区，关于促进广西北部湾经济区开放开发的若干政策规定，http：//www. qzftpa. gov. cn/eport/site/c_ qzftpa/zcfg/2009 - 01 - 15/51396. html。

第九章　结论与探讨

作为本研究的最后部分，将对全部研究结论进行总结与归纳，以期获得部分主要的研究结论，同时提出需要进一步研究和探讨的问题。

一、主要结论

（1）中国与东盟农业投资合作具有良好的资源基础，包括农业资源互补性、粮食种植产业的互补性、热带经济作物和果蔬的互补性、海洋水产资源和渔业产业的互补性、农业生产人力资源的互补性等方面。中国与东盟农业投资合作具有厚实的经济基础，包括经济发展水平的互补性、产业结构的互补性、技术互补性等方面。中国与东盟农业投资合作具有扎实的社会基础，包括农业生产及农业市场的需求、在 CAFTA 建立的背景下相关农业领域的文件签署、中国与东盟国家人文与地理上的邻近等方面。

（2）东盟对中国的直接投资经历了初步发展阶段、快速发展阶段和调整阶段。在初步发展阶段，东南亚华商主要在经济特区进行尝试性投资，随后将投资区域扩展到整个沿海开放地区乃至内陆地区，东盟在华投资的规模相对较小。在快速发展阶段，中国社会主义市场的初步形成提高了东盟对大陆投资的兴趣，一些著名的跨国公司和外籍华人纷纷到中国大陆投资。在东盟对中国投资的调整阶段，由于东南亚金融危机的影响，导致这些国家和地区的对外投资能力大大下降，削弱了对大陆的直接投资能力，东盟对中国的直接投资停滞不前，投资额一直在 30 亿美元左右徘徊，占外商在华实际投资比重也逐渐下降。

（3）虽然中国与东盟国家目前的相互投资规模还比较小，但是在农业资源和需求的互补方面存在巨大的优势，决定了相互投资作为中国与东盟农业合作的一个重要方式，必然会优化中国—东盟自由贸易区的出口分工，推动区内各国农业生产的发展。

（4）在过去很长的一段时间内，中国和东盟之间的直接投资都是单方面的，即主要由东盟向中国进行投资。随着中国开始实行“走出去”的经济策略和本身经济实力的不断增强，中国在东盟的投资已经呈现出不断增加的趋势。尤其是自20世纪90年代中期以来，中国对东盟国家的直接投资总额迅速增长。如今中国企业已经把东盟作为对外投资的首选地和重点地区之一。

（5）中国对东盟直接投资具有投资总额迅速增长但总体规模偏小、投资行业和投资形式不断拓宽、投资在东盟各国分布极不均衡三个比较鲜明的特点。

（6）东盟地区资源比较丰富，加工制造业相对落后，劳动力成本低，投资空间很大，东盟各国政府制定了吸引外资的优惠政策，为中资企业营造良好的政治氛围和外部环境。独特的区位优势，各具不同的需求和比较优势，使中国的企业开始到东盟进行投资与开发，东盟已成为中国涉农企业“走出去”投资办厂的首选目的地。

（7）中国对东盟投资的重点集中在农资产品的生产、农产品加工、农业种植等方面。由于国内市场趋于饱和，竞争激烈，在饲料、化肥、农机生产方面，中国的农资生产企业具有优势。企业将资金转向泰国、菲律宾、柬埔寨等国家从事农机产品的生产、组装和维修等方面的投资，取得了可观的效益。

（8）从历年中国对东盟投资存量的行业分布情况看，农、林、牧、渔业的投资数量较少，主要分布在越南、老挝、泰国、柬埔寨、缅甸、印度尼西亚、菲律宾等国家。而由于这些国家大多数为农业国家，且如老挝、越南、柬埔寨、缅甸等这些国家的农业科技水平不高，并且农业机械化水平低，这就促进了中国加大对这几个国家的农业投资。自从中国与东盟建立自由贸易区以来，在双方投资不断增长的同时，在农业领域方面的投资也不断地增长，特别是中国与东盟国家接壤的省份，如广西、云南、海南等。

（9）中国与东盟各国都签订有《双边贸易协定》、《经济技术合作协议》等经贸交往协议，跟许多国家订有《互相鼓励和保护投资协议》或《避免双重征税协定》，为相互投资提供了国家政策保障。中国与相邻的东盟国家都订有农业合作协议（或备忘录），与泰国、菲律宾、越南等国在农业技术合作上已有很好的基础，并与缅甸、老挝、柬埔寨在这方面大有发展余地。

（10）在中国，农业是国民经济的基础。改革开放30年来，国家一直将农业作为重点鼓励外商投资的领域之一。农业利用外资从无到有、从小到大、从点到面地逐步发展，已经成为中国筹措农业资金的重要来源。在起步阶段、推进阶段和一体化阶段农业利用外资政策的侧重点有所不同。东盟各国都制定有鼓励外商投资农业的优惠政策。不同发展阶段其鼓励投资的重点也有所不同，总体趋势越来越开放。中国与东盟合作的制度安排始于20世纪90年代，经过多年的努力双方关系已基本实现规则化、制度化，为双方在各领域的合作提供了制度保证。

（11）在投资准入制度方面，中国和东盟国家都会根据本国的利益和实际情况作出关于外商投资的规定，即明确宣布列为鼓励、允许、限制、禁止的领域、项目。不同国家在不同时期管理的宽严程度有所不同。在投资待遇与优惠方面，《投资协议》的签订，中国东盟双方都承诺相互给予投资者国民待遇、最惠国待遇和投资公平公正待遇，提高投资双方法律法规的透明度，并为双方的投资者提供充分的法律保护，从而进一步促进双方投资便利化和逐步自由化而共同努力。在投资监管方面，中国和东盟国家同样对外来投资坚持行政监管、立法管辖和司法管辖，对外资的态度相当务实，注重将优厚的鼓励和适当的限制相结合。在税收政策、土地使用等方面，中国和东盟国家都对外商投资给予一定程度的优惠待遇。

（12）中国与东盟各国相互投资的制度安排形成原因：一是投资成本比较优势。东盟市场相对于其他国际市场而言在原材料、劳动力、房地产、租税、公共收费等方面具有比较优势，东盟市场中的绝大部分国家整体国民经济水平在当前以及未来较长时期仍然处于发展中国家的行列，中国与东盟各国双边贸易的快速发展有其必然性，其中与双方在自然资源禀赋方面各有所长是分不开的。成本因素是中国涉农企业直接投资东盟市场选择的重要外在诱因。二是合作共赢。中国和东盟多数国家同属发展中国家，农业是国民经济的基础，农村发展和农民增收是共同面临的问题。越南、老挝、柬埔寨、缅甸、菲律宾、印尼等国有大量的可供开发利用的土地，农业发展前景广阔，但目前这些国家的粮食还不能自给。中国农机行业先行的一批企业投资东南亚的实证经验表明，中国有比较适合东南亚的产品、技术和管理经验，而东南亚有丰富的资源和广阔的市场，双方互补性很强。三是经济全球化。东盟国家正与部分发达国家进行 FTA 的谈判，通过在东盟的投资，还可发挥地缘优势，突破发达国家对中国实施的贸易保护壁垒，扩大中国商品的出口。各种情况都表明东盟国家的投资制度环境正趋向优化，从而为中国涉农企业开拓东盟市场铺平了道路。

（13）相对于中国—东盟自由贸易区而言，农业投资主体主要是指从事跨国农业投资活动的各国政府、企业及自然人。也就是说，农业相互投资主体是指在中国—东盟自由贸易区内，具有独立投资决策权和资金来源、从事跨国农业及涉农产业投资的法人和自然人。

（14）中国与东盟农业企业对外相互直接投资的动因可以概括为资源利用型投资、市场寻求型投资和技术合作型投资三种类型。资源利用型投资是指中国和东盟国家农业企业为寻求稳定、廉价的资源（包括自然资源和劳动力资源）供应进行的对外直接投资。市场寻求型投资是指中国和东盟国家企业的相互投资的目的在于避开各类贸易保护壁垒，直接或间接进入当地市场，从而达到巩固和扩大原有市场，开辟新市场的目的，特别是在制造业或服务业的对外投资中，投资国大多数是以东道国市场为目标。技术合作型投资是中国与东盟国家间有自主知识产权的农业企业的对外投资。

（15）中国与东盟国家相互直接投资的方式主要有跨国并购和跨国新建。跨国并购是指中国和东盟国家的跨国公司通过一定的程序和渠道进行兼并或收购，并依照东道国的法律，取得现有企业的部分或全部所有权的投资方式。跨国新建则是指中国和东盟国家的企业通过直接投资在国外目标市场创建新企业或新工厂，形成新的生产经营单位和新的生产能力的投资方式。新建从形式上又可以分为独资、合资和合作三种形式。由于中国—东盟经济贸易快速发展的时间还不是很长，国内农业企业对于投资在东盟国家经营风险的评估还不够准确，所以中国对东盟直接投资的方式一般选择合资比较稳妥。

（16）从农业投资合作方式选择来看，中国与东盟第一层次国家新加坡、文莱和马来西亚这三国农业资源禀赋差异大，农产品贸易的互补性较强，目前双方主要是以农产品贸易合作为主，以中国出口优势农产品为主。但从发展前景来看，未来双方农业合作转向垂直合作为主，即以投资合作和建立综合农业合作实验区为主。东盟第二层次国家泰国、印度尼西亚和菲律宾与中国尤其是西南地区农业资源禀赋既有相似也有差异，目前双方开展了互访、交流、农产品贸易、农业技术示范的合作。从发展前景来看，未来双方农业合作应以投资合作和制度组织合作为主。东盟第三层次国家包括越南、缅甸、老挝、柬埔寨。中国的西南省区与越南、缅甸、老挝毗邻，自然条件相似，经济发展水平比这些国家高，农业研究与开发水平也有较好基础。因此，目前双方的互访、交流，农业技术培训和示范合作较好，农产品贸易合作最多。从发展前景来看，未来双方的农业合作应以投资合作方式为主，双方可以共同研发、共同生产、共筹资金、共享市场。

（17）近年来，中国政府与东盟国家的农业投资合作形式日趋多样化，主要有政府间的互访、交流和高层会晤，签署涉及农业投资的协议，举办农业技术人员培训、农业技术交流与示范合作等。

（18）中国—东盟农业领域相互投资的方向包括种植业、林业、畜牧业、水产业、农机、饲料、化肥及农产品加工业等。中国与东盟农业投资合作的重点主要集中在以下领域：粮食种植领域，经济作物种植领域，农村能源领域，林业和药用植物领域，养殖业领域，跨境动物疾病防控领域，农机、农药、化肥、饲料领域，农产品加工领域，批发市场、保鲜、仓储物流领域。中国—东盟农业领域相互投资的优先顺序的确定原则有两条：一是以合作协议为基础，优先考虑双方都鼓励投资的行业。在农业合作谅解备忘录中，将杂交水稻种植、水产养殖、生物工艺、农场产品和机械等方面列为中国与东盟在农业科技方面长期合作的重点，优先加以考虑。二是以相互需求为导向，优先考虑双方资源互补性强的产品。中国和东盟国家在农业领域拥有各自的比较优势，无论是以相对优势标准还是以相关产业的辐射效应标准来衡量，中国都应优先考虑加大对东盟国家的农业和食品领域的投资。

(19) 中国对东盟农业领域的直接投资促进了东盟经济持续增长，市场机制的不断完善，在一定程度上弥补了东盟国家国内资金的不足，提高了居民的生活水平。回归结果也表明中国对东盟农业领域的直接投资对东盟的 GDP 增长起促进作用。中国—东盟农业领域的相互投资，为双方提供了很多就业机会，提高农业人口的生活水平，对于拉动中国—东盟劳动力市场有积极作用。东盟国家的农民文化素质普遍偏低，随着中国投资的注入，一些新型现代的农业技术也进入到东盟国家。通过示范种植，示范加工，简单的技能培训等，促进提高了东盟国家农民素质。

(20) 在投资对技术创新的贡献方面，首先，示范—模仿效应。中国与东盟国家的内资企业可以通过向外资企业进行模仿和学习，开阔国内企业产品开发和生产的思路。同时，中国对越南、老挝、柬埔寨、缅甸这些国家在农业领域的直接投资通过境外示范项目，建立技术合作基地，生态技术园等对投资母国也形成了规模巨大的示范—模仿效应。其次，竞争效应。外国直接投资的进入和对本地市场的争夺，对本地企业造成很大的竞争压力。为了保持原有的市场份额，在外资企业的冲击下，寻求发展壮大。本地企业被迫加大研发力度，加速生产技术、设备的更新换代，在管理模式上审视自己的弊端，减少资源浪费。再次，人才流动造成的技术溢出效益。跨国公司十分擅长培养和发展管理人员的技能，经过一段时间后，部分经过培训的管理人员加入其他类型的企业工作从而使这种技能得以扩散，体现为对本土企业产生了溢出效应。最后，与越南、老挝、柬埔寨、缅甸的技术合作交流，如农作物制种、提纯、示范推广、技术人员培训、品种交换、代培留学生等项目，也通过人才流动扩大了技术溢出效应。

(21) 中国与东盟农业领域的相互投资，不但有利于三大产业的结构调整，还有利于农业产业内部产品结构升级。外商直接投资流入农业，通过生产和销售高附加值的农产品不但可以改变和引导东道国居民的消费结构，而且可以促进农业产业结构的优化。中国对东盟国家直接投资每增加 1 个百分点，东盟农产品出口就增加 0.544344 个百分点。中国对东盟的直接投资促进了东盟农产品出口。

(22) 中国与东盟农业领域的相互投资的主要问题和障碍有：一是基础设施不配套，政治环境有待改善。包括农业生产配套较低、投资环境较差、风险较高，双方对农业生产要素流动存在较为严格的限制，信息渠道不畅、投资者对东盟市场缺乏了解，投资风险高，中国农业基础薄弱、缺乏有实力的从事农业跨国投资经营的公司，跨国经营的经营管理人才匮乏。二是金融对相互投资的支持力度不够。包括在很多的东盟国家中缺乏商业银行网点，自贸区内各成员国均存在资本管制、中国—东盟之间的合作遇到困难，合作项目资金来源分散、难以形成规模效益、境外投资缺少政策资金支持、银行结算体系不够完善等问题。三是政府提供的服务有限，政治风险仍然存在。包括缺乏境外投资风险评估机构，缺乏完善的政策保险制度，政府管理与服务不到位、各级政府开展的中国—东盟农业合作项目没能与“走出去”战略有效结合，合作项目的可持续性值得关注。

（23）促进中国—东盟之间农业领域相互投资的政策，包括建立中国—东盟促进相互之间农业投资的财政协调政策、金融协调政策（含贷款、外汇、投资保险服务的协调等）、税收协调政策（关税及非关税壁垒的协调）、产业协调政策、贸易协调政策等。

（24）在改善投资的硬环境方面，要重视基础设施建设和整合，加快货物与信息的流通，建立 CAFTA 的国际物流中心。需要重视抓好交通基础设施的建设，打通整合相邻国家的航线并且扩大覆盖面优化航线，加快澜沧江—湄公河流域航道建设和港口建设，加快优化东、南向交通通道建设，连通西南、内地和越南等铁路、高速公路等。还应该抓好水电等能源基础设施、通信设施建设。同时，出台打造南宁—新加坡经济走廊的相关政策，构建 CAFTA 物流中心。此外，加快构筑我们共同的信息互动平台，整合信息资源，使货物和信息的流通更加顺畅。

（25）促进中国—东盟之间农业领域相互投资的财政金融协调政策方面，包括要建立补贴制度，完善外汇管理体制、适度放宽对境外投资用汇的限制，加强与东盟成员国之间的信息交流、促进中国—东盟间在金融业的交流合作；政府要充分发挥财政资金、政策性金融及保险机构的作用，解决涉农企业融资及风险问题，支持更多的企业投资东盟；建立信贷担保体系，引导商业银行进入境外投资领域；切实加大对涉农企业对外直接投资资金支持的力度，简化审批程序，使企业在投资时能够更加便利；尽快建立一套境外投资保险制度，并使这一制度与中国和东盟各国签订的《双边投资协定》及《多边投资担保机构公约》相配合；建立高效、快捷的地区银行结算体系。

（26）在税收协调政策方面，要突破自贸区内关税和非关税壁垒。包括完善自贸区成员国的税收协调政策，避免企业对外直接投资纳税的双重负担，突破自贸区内关税和非关税壁垒。在调整产业、贸易政策方面，要提高相互投资效益。包括在产业政策上，中国应更多地支持本国优势产业的发展；实施农业集团化，优先扶持农业领域的龙头企业；认真研究中国与东盟各国的比较优势，扩大双向投资，一方面要吸引较为发达的东盟国家到中国进行资金或技术的投资，另一方面中国要积极引导国内优势产业走出国门，开拓更广阔市场；中国还应加强与东盟国家开展多种形式的农业合作，培育跨国农业经贸合作实体。

（27）促进中国—东盟农业领域相互投资服务体系，包括投资规则，投资咨询服务体系，投资过程服务体系，跟踪服务体系及争端解决机制。一是明确中国—东盟投资合作规则，细化《投资协议》内容；二是要完善法律法规建设和国际政策协调体系；三是要培养和引进跨国经营人才；四是政府有关部门应健全信息咨询和社会服务体系，为企业获取资金、市场、人才、信息等提供便利；五是建立公平公正高效的争端解决机制；六是继续加强中国与东盟友好合作关系。

（28）农业投资特区的立足点包括资源优化整合的示范效应、技术优势的差异与相互学习借鉴的需要、产业内分工和合作的需要、培育区域经济新增长极、加快边民脱贫致富，搞好民族团结和边疆稳定、促进边境地区农村经济发展，营造合作共赢的新环境等。

（29）一个功能完善、结构合理的中国—东盟农业投资特区，在空间结构上的布局分为三个层次：即核心区、示范区和辐射区。核心区是整个中国—东盟农业投资特区的中心区。中国与东盟各国的龙头企业、专家学院、科研开发、科技培训中心和信息中心都集中在核心区。核心区在园区运作体系中属于农业科学技术开发、引进、转化及农业科技产业化示范基地与技术信息源、新知识传播源、新技术的扩散源。核心区是同时具备专用口岸、保税区等“功能整合、政策叠加”的区域，是推动中国与东盟农业投资合作规范化、规模化、市场化和国际化的跨国高端合作平台。示范区是中国—东盟农业投资特区的农产品生产基地和农业科技成果的试验基地，它还是核心区的农业产业化的带动基地，是中国—东盟农业投资区的主要示范平台，核心区的直接作用对象。辐射区是通过核心区、示范区的示范用，对周边区域的农户产生扩散效应和牵引效应。辐射区还是各种农产品、农用机械和各类涉农产品的交易市场。

（30）农业投资特区的主要问题有主权让渡的敏感性，跨境运作的复杂性，国家战略与地方推动之间的矛盾性，中国与东盟国家经济、法律制度和政策的差异性，基础设施建设的滞后性，服务体系的有限性等。

（31）在中国—东盟农业投资特区内将实行“两国一区、境内关外、自由贸易、封闭运作”的管理模式。在“一站式”通关的基础上，中国与东盟各国将“一关两检”进出境查验机构退至跨境农业投资特区核心区入口处，进行“二线”管理，充分体现“一线放开、二线管住、区内自由、入区退税”的政策。要成立对农业投资区管理的专门机构，建立中国—东盟农业投资特区产业链式集群管理体制，建立农业可持续发展技术创新与技经结合、技贸结合的合作机制。

（32）在农业投资特区要实施税收优惠、财政优惠、土地优惠、物资进出口、融资及货币结算优惠、信息服务、人才引进等方面的政策来促进投资特区的经济发展。

二、需要进一步探讨的问题

尽管中国—东盟农业领域相互投资问题极具有研究价值，本人对这个问题尽量作了系统的分析和研究，但由于学识水平、研究时间、结构与篇幅的限制，有些重要问题被忽略，因此，本文尚存在许多不足之处，以下问题有待进一步研究与探讨。

（1）在对中国与东盟农业领域相互投资的概况进行分析时，由于数据来源的困难，没有对相互投资的区域、行业、品种结构进行分析，只是采用案例说明在涉农产业的各个领域都存在相互投资，这种分析难以准确预测涉农投资的走向，对鼓励政策的制定会产生一定影响，有待日后进一步深化研究。

（2）在进行农业投资主体行为的分析时，重点分析了企业和政府的投资行为，没有对自然人的投资行为进行分析，而且在后面章节的分析中，也仅对企业的投资行为进行了分析。在进行中国—东盟农业领域相互投资方向、重点领域及优先序分析时，对优先序的确定没能制定一个标准或做出一个模型进行定量分析，影响了分析的准确性，有待日后的补充与完善。

（3）在建立计量经济模型对现阶段中国—东盟农业相互投资的绩效进行实证分析时，由于难以获取准确的数据，不得不作了较多的调整与折衷，采用中国—东盟的相互直接投资的数据来代表中国—东盟涉农领域的相互投资的数据来进行分析，然而，这种调整与折衷又可能影响实证分析的准确性。同时，只考虑了相互投资对中国与东盟经济发展的贡献，没有考察其可能产生的负面影响，如外商投资的挤出效应，也没有考虑到外资对国家经济安全的影响。在未来的研究中，本人将尝试使用面板数据进行更深入、全面的考察，使作出的研究结论更具解释力。

（4）在本研究的分析中，仅分析了中国与东盟之间的农业领域相互投资问题，而没有分析到东盟内部国家之间的相互投资问题；虽然提出了促进中国与东盟农业领域相互投资的思路和对策建议，但是，在中国—东盟自由贸易建立的进程加快以后，对东盟的不同国家，以及对不同行业和产业应选择的对策与措施，还有待以后继续进行研究。

参考文献

1. ［日］北原淳等著：《东南亚的经济》，刘晓明译，厦门大学出版社，2004 年版。

2. ［日］小岛清著：《对外贸易论》，周宝廉译，南开大学出版社，1987 年 1 月，第 1 版。

3. ［泰］西里卢·玛斯威里耶军：《泰国和中国的大湄公河亚区域战略性经济发展 1992—2003 年》，《南洋资料译丛》，2004 年第 4 期，第 11－22 页。

4. 《云南与东盟国家加强农业合作研究》课题组：《云南与东盟国家加强农业合作研究》，《经济研究参考》，2004 年第 58 期，第 33－43 页。

5. 《云南与东盟国家加强农业合作研究》课题组：《云南与东盟国家加强农业合作研究》，车志敏主编：《云南发展研究》，云南民族出版社，2003 年。

6. 《对外经济贸易年鉴》编辑委员会：《中国对外经济贸易年鉴 1984》，中国对外经济贸易出版社，1984 年版，第 188－192 页。

7. 蔡锋：《40 亿美元布局中国 APP 做强纸业龙头》，《国际金融报》，2003 年 7 月 4 日，第 1 版。

8. 曹坷：《广西与东盟经济互动方式研究》，广西大学硕士论文，2007 年 6 月。

9. 陈宝森：《新世纪跨国公司的走势及其全球影响》，《世界经济与政治》，2002 年第 2 期，第 32－35 页。

10. 陈池波：《农业投资决策主体行为分析》，《计划与市场》，2000 年第 9 期。

11. 陈海玲：《中国给菲律宾农业注入活力》，《国际商报》，2007 年 6 月 19 日，第 7 版。

12. 陈丽华：《马来西亚政府努力振兴农业》，《中国社会报》，2006 年 3 月 16 日第 4 版。

13. 陈敏姬：《试论中国东盟自由贸易区下的广西边境农业贸易》，《法制与社会》，2007 年第 6 期，第 575－576 页。

14. 陈前恒、吕之望：《中国与东盟农业合作状况与展望》，《东南亚研究》，

2009 年第 4 期，第 46 – 50 页。

15. 陈前恒、张黎华、王金晶：《农业“走出去”：现状、问题与对策》，《国际经济合作》2009 年第 2 期，第 9 – 12 页。

16. 陈前恒：《关于中国—东盟农业合作状况的调研》，《东南亚纵横》，2009 年第 2 期，第 56 – 59 页。

17. 芳菲、罗惠娟：《投资泰国农业前景乐观》，《广西日报》，2007 年 8 月 30 日，第 6 版。

18. 甘庆华：《新加坡的都市农业》，《老区建设》，2007 年第 9 期，第 62 – 63 页。

19. 宫葩昌、孙鹤：《老挝产业结构及国民经济调整情况介绍》，《云南农业大学学报》，2008 年第 2 卷第 1 期，第 18 – 22 页。

20. 顾闽峰、郭军、祖艳侠、吴永成：《越南南定省农业概况及其与中国江苏省农业合作》，《世界农业》，2008 年第 9 期，第 59 – 62 页。

21. 广州市经济研究院：《华侨简史与华人经济》，中国经济出版社，1999 年版，第 213 页。

22. 郭宽：《加快云南与东盟国家的农业合作》，《云南科技管理》，2003 年第 6 期，第 28 – 31 页。

23. 郭铁志：《中国对泰国投资行业分析明》，《国际经济合作》，2005 年第 7 期，第 44 – 48 页。

24. 韩凯：《中国化肥进军缅甸适逢良机》，《国际商报》，2008 年 11 月 4 日，第 6 版。

25. 郝利、类淑霞、姜凤宝：《改革以来我国农业利用外资的状况分析》，《财贸研究》，2006 年第 6 期，第 145 – 146 页。

26. 呼书秀：《中国与东盟发展相互投资的法律机制研究》，北京大学出版社 2005 年版，第 8 – 9 页。

27. 胡佳佳：《论加强云南与大湄公河次区域国家的农业合作》，《曲靖师范学院学报》，2005 年第 3 期，第 49 – 53 页。

28. 胡庆彬：《我国农业利用 FDI 主要方式及效应分析》，同济大学硕士学位论文，2007 年第 12 月。

29. 黄昌银：《柬埔寨农业现状及发展机遇》，《农家科技》，2008 年第 4 期，第 53 页。

30. 黄凌军、何 政：《广西与东盟农业合作的分析与展望》，《广西农学报》，2007 年第 22 卷 5 期，第 62 – 64 页。

31. 黄书权、刘忠群、刘莉娜、肖海斌：《中国东盟 10 + 1 框架内实行公共农业政策的思考》,《新疆农垦经济》,2007 年第 11 期。

32. 江莹凤:《中国对东盟直接投资研究》,广西大学硕士学位论文,2007 年 5 月。

33. 漆思剑:《柬埔寨外国投资法律政策研究》,《河北法学》,2008 年第 26 卷第 2 期。

34. 蒋和平、辛岭:《中国种植业生产的现状与政策建议》,《世界农业》,2008 年第 11 期,第 34 - 37 页。

35. 蒋兴红:《走向 21 世纪的中国与东盟经贸关系》,西南财经大学硕士毕业论文,2003 年 4 月。

36. 金春丽、李嘉、文萍:《透视中国与东盟农业产业合作前景》,《瞭望》,2003 年第 18 期,第 39 - 41 页。

37. 李健、史俊通:《我国农业投资研究》,《农业经济问题》,2005 年第 9 期,第 28 - 30 页。

38. 李露、袁媛、王家银、钟利、李学林:《云南与东盟国家开展农业合作探讨》,《西南农业学报》,2007 年第 17 期,第 115 - 121 页。

39. 李光辉:《中越跨境经济合作区:背景、意义与构想》,《国际经济合作》,2009 年第 4 期,第 46 - 48 页。

40. 李慧英:《中国直接投资东盟新四国的区位分析与对策研究》,《河北法学》,2009 年第 27 卷第 1 期,第 179 - 181 页。

41. 李建伟:《中国对东盟直接投资的策略选择》,《东南亚纵横》,2008 年第 10 期,第 52 - 56 页。

42. 李世泽、李焕:《面向东盟的广西农业跨国经营》,《广西经济管理干部学院学报》,2009 年第 4 期。

43. 李雪侠:《浅析中国与东盟在国际直接投资方面的合作》,《宁夏大学学报(人文社会科学版)》,2006 年第 3 期,第 101 - 103 页。

44. 廖东声:《CAFTA 背景下中国企业投资东盟农业的 SWOT 分析》,《东南亚纵横》,2009 年第 12 期,第 46 - 51 页。

45. 廖东声:《广西外向型经济发展与产业结构调整机理研究》,中国商务出版社,2008 年版。

46. 刘稚:《云南与东盟国家农业合作的前景与思路》,《东南亚》,2004 年第 1 期。

47. 刘合光:《中国农业利用外资现状与展望》,《农业展望》,2009 年第 11 期,第 35 - 36 页。

48. 刘建文、雷小华:《广西中越跨境经济合作区的前景、问题和对策》,

《东南亚纵横》，2010 年第 6 期，第 32 - 35 页。

49. 刘秋芷：《CAFTA 框架下广西对外贸易的法律与政策问题研究》，广西师范大学硕士学位论文，2006 年 4 月。

50. 刘曙光、竺彩华：《中国—东盟相互投资：特点、问题与前景》，《国际经济合作》，2004 年第 12 期，第 9 - 14 页。

51. 刘增科、朱舜：《中国企业投资东盟 SWOT 分析》，《亚太经济》，2007 年第 5 期，第 32 - 35 页。

52. 卢肖平：《中国—东盟农业合作》，中国农业科学技术出版社，2006 年版，第 35 - 47 页。

53. 吕玲丽、王娟：《中国与东盟国家农业合作的模式选择》，《改革与战略》，2006 年第 11 期，第 71 - 73 页。

54. 吕玲丽：《广西与东盟国家次区域农业合作的现状及措施》，《东南亚纵横》，2004 年第 12 期，第 19 - 23 页。

55. 吕玲丽：《中国与东盟农产品比较优势分析》，《中国农村经济》，2004 年第 9 期，第 20 - 25 页。

56. 马艳芳：《中国大陆、台湾与东盟之间投资相关性研究》，厦门大学硕士学位论文，2009 年 4 月。

57. 梅 冰：《中国对东盟直接投资的战略选择》，《中国金融》，2003 年第 16 期。

58. 梅园芝、顾幼瑾：《中国到 GMS 国家直接投资的路径选择分析》，《商业研究》，2008 年第 2 期，第 9 - 11 页。

59. 苗珊珊：《我国农业利用外资问题研究》，西北农林科技大学硕士学位论文，2006 年 6 月。

60. 聂槟：《试析东南亚各国的投资环境及中国企业对东南亚的投资》，《东南亚纵横》，2009 年第 2 期。

61. 潘金娥：《“早期收获”方案对中越农产品贸易的影响》，《当代亚太》，2004 年第 7 期，第 37 - 41 页。

62. 潘明：《云南—老挝农业合作研究》，昆明理工大学硕士学位论文，2006 年 7 月。

63. 彭茵：《中国东盟农产品贸易问题研究》，华东师范大学硕士学位毕业论文，2006 年 9 月。

64. 蒲文彬：《云南与东盟国家农业合作的互补性和竞争性研究》，《东南亚纵横》，2005 年第 5 期，第 64 - 69 页。

65. 丘文敏：《越南投资官员答中国企业问》，《大经贸》，2007 年第 2 期，第 87 页。

66. 权巧：《中国企业对东盟直接投资研究动因及效应分析》，《东南亚纵横》，2007 年第 9 期，第 12 – 16 页。

67. 荣平、柯银斌：《华人跨国公司成长论》，国防大学出版社，2001 年版。

68. 森布提妮：《中国企业在柬埔寨的投资现状分析》，对外经济贸易大学硕士学位论文，2006 年 6 月。

69. 邵国安：《东盟吸收直接投资的差异分析及对我国直接投资的启示》，对外经济贸易大学硕士学位论文，2007 年 4 月。

70. 舒晓婷：《我国企业对东盟直接投资研究》，厦门大学硕士学位论文，2009 年 4 月。

71. 宋帕婉：《老挝吸引外资研究》，吉林大学硕士学位论文，2004 年 5 月。

72. 孙林、李岳云：《中国与东盟主要国家农产品的贸易、竞争关系分析》，《世界经济研究》，2003 年第 8 期，第 81 – 85 页。

73. 孙樱铭：《中国投资菲律宾前景分析》，《经理日报》，2007 年 12 月 12 日第 B03 版。

74. 覃芸：《中国对东南亚的农业与农业技术贸易问题研究》，华中农业大学硕士论文，2004 年 5 月。

75. 唐盛尧：《中国与东盟农业合作的战略选择》，《世界农业》，2008 年第 12 期，第 3 – 6 页。

76. 唐盛尧：《中国—东盟农业比较优势与合作战略研究》，中国农业科学院博士学位毕业论文，2008 年 12 月。

77. 田屹：《我国农业投资主体法律研究》，《法学杂志》，2009 年第 9 期，第 85 – 88 页。

78. 田佳妮：《中国农业利用外资研究》，中国农业科学院硕士学位论文，2009 年 7 月。

79. 王丹：《我国中小企业在 GMS 国家直接投资风险防范对策研究》，昆明理工大学硕士学位论文，2008 年 3 月。

80. 王国敏、马慧吉：《农业投资主体结构的嬗变与思考》，《天府新论》，2004 年第 6 期，第 54 – 56 页。

81. 王望波：《改革开放以来东南亚华商在中国大陆的投资研究》，厦门大学博士学位论文，2004 年 4 月。

82. 王修志、谭艳斌：《CAFTA 框架下中国—东盟相互投资的新进展与推进策略》，《国际经贸探索》，2008 年第 6 期。

83. 王永春、王秀东：《推进中国—东盟农业合作促进中国农业发展》，《世界农业》，2006 年，第 12 - 13 页。

84. 维帕赛：《东盟国家利用外资问题研究》，华中师范大学硕士学位论文，2007 年 8 月。

85. 魏德才、雷羽：《论我国海外农业投资保险法律制度的构建——以中国在东盟自由贸易区的农业投资为例》，广西师范大学学报（哲学社会科学版），2010 年第 46 卷第 2 期，第 61 - 64 页。

86. 吴崇伯：《中国对东盟国家投资分析》，《南洋问题研究》，2006 年第 1 期。

87. 吴明革：《中国企业直接投资东盟市场的机会分析》，《当代经济》，2007 年第 8 期，第 83 - 85 页。

88. 吴晓涛：《中国种植业农业装备投入的结构性分析》，《农机化研究》，2010 年第 10 期，第 6 - 10 页。

89. 吴新敏：《我国企业在东盟自由贸易区内的直接投资研究》，中国地质大学（北京）硕士学位论文，2006 年 5 月。

90. 肖宏儒、梁建、吴崇友、胡志超：《菲律宾农业机械化现状与发展趋势》，《农业装备技术》，2007 年第 6 期，第 8 - 9 页。

91. 谢彩文、吕欣：《可持续发展》，《广西日报》，2007 年 11 月 5 日第 9 版。

92. 熊涓、马千里：《中国与东盟国家利用外资及相互投资分析》，《生产力研究》，2006 年第 10 期，第 164 - 166 页。

93. 许 梅、陈 炼：《越南的投资环境与中国企业在越投资情况分析》，《东南亚研究》，2008 年第 5 期，第 22 - 27 页。

94. 许丽卿：《印尼金光集团三五年内将在中国投资 30 到 50 亿美元》，[新]《联合早报》，1996 年 12 月 1 日第 27 版。

95. 许宁宁：《中国—东盟自由贸易区前景分析》，《开放导报》，2006 年第 2 期，第 38 - 41 页。

96. 许欣：《中国—东盟自由贸易区税收协调问题研究》，《北方经济》，2008 年第 12 期，第 73 - 74 页。

97. 杨东升：《论农业投资主体》，《理论与改革》，1997 年第 5 期，第 10 - 11 页。

98. 杨国川、黄寿生：《建立中国与东盟自由贸易区的前景展望》，《国际经贸探索》，2004 年第 5 期，第 51 - 55 页。

99. 杨敬华：《农业科技园区创业与创新发展机制与模式的研究》，中国农业科学院博士学位论文，2005 年 5 月。

100. 杨联民：《郭氏兄弟看好上海嘉里粮油投资再建四大油脂企业》，《中华工商时报》，2003 年 1 月 28 日，第 A3 版。

101. 杨秦：《东亚：新一轮合作将以投资为主题》，《中国经济导报》，2008 年 5 月 22 日第 B05 版。

102. 杨武：《利用互补性加强广西与越南的农业合作》，《改革与战略》，2006 年第 6 期，第 84－87 页。

103. 叶兴庆：《中国农业亦应“走出去”》，《瞭望》，2007 年第 20 期，第 50 页。

104. 于立新、王佳佳：《区域合作与投资：中国自由贸易区发展模式研究》，《经济研究参考》，2004 年第 49 期，第 8－30 页。

105. 于平福、梁贤：《构建广西与东盟农业科技合作平台及对策研究》，《科技情报开发与经济》，2004 年第 14 卷第 4 期，第 102－103 页。

106. 袁晓慧、徐紫光：《跨境经济合作区：提升沿边开放新模式——以中国红河—越南老街跨境经济合作区为例》，《国际经济合作》，2009 年第 9 期，第 45－49 页。

107. 曾小红：《越南湄公河三角洲缺乏农业劳动力和农用机械》，《世界热带农业信息》，2008 年第 3 期。

108. 张 洁：《对中国与印尼农业合作问题的几点思考》，《东南亚》，2006 年第 1 期，第 49－52 页。

109. 张臻：《中国对越南投资前景分析》，广西大学学报（哲学社会科学版），2007 年第 29 卷第 2 期。

110. 张帆：《建立中国—东盟自由贸易区贸易与投资效应分析》，《国际经贸探索》，2002 年第 5 期，第 63－66 页。

111. 张建中：《广西与东盟农业弱质性和农产品贸易竞争力研究——农产品贸易对策思考》，山东商业职业技术学院学报，2009 年第 9 卷第 6 期，第 6－10 页。

112. 张敏：《现代农业利用外商直接投资问题研究》，东北师范大学硕士学位论文，2005 年 12 月。

113. 张鑫炜：《东盟国家在华投资现状及前景展望》，《国际经济合作》，2003 年第 12 期，第 36－41 页。

114. 张学惠：《马来西亚郭氏兄弟集团》，《华侨华人与侨务》，1998 年专辑，第 19－24 页。

115. 赵茗铭，《投资泰国的产业选择和对策分析》，《经理日报》，2007 年 11 月 26 日，第 7 版。

116. 郑一省：《中国与东盟经贸关系发展的机遇与挑战》，《当代亚太》，

2002 年第 1 期，第 50 – 53 页。

117. 周瑾瑜：《中国—东盟自由贸易区的建立对相互投资的影响分析》，复旦大学硕士毕业论文，2008 年 5 月。

118. 周文贵、陈龙江：《论 CAFTA 与 WTO 的相互认同性》，《南方经济》，2005 年第 7 期，第 68 – 70 页。

119. 周雪春：《中国东盟农业合作进展与影响分析》，《农业经济》，2007 年第 1 期，第 27 – 29 页。

120. 周雪春：《中国东盟农业合作研究》，广西大学硕士学位论文，2006 年 5 月。

121. 朱允卫：《中泰农产品产业内贸易的实证研究》，《农业经济问题》，2005 年第 7 期，第 36 – 40 页。

122. （Thailand Development Research Institute）Chalongphob Sussangkarn , The Emergence of China: Impacts on Tall And Asean And The Role of Japan , AT10 Research Comference February, 2004.

123. Dunning, J. H. , International Production and the Multinational Enterprise, London: Allen & Unwin, 1981, p. 32.

124. Framework Agreement on Comprehensive Economic Co – operation Between The Association of South East Asian Nations and The People ' s Republic of China, Phnom Penh, 4 November, 2002.

125. Hadi Soesastro & M. Chatib Basri, 2005. "The political economy of trade policy in Indonesia," CSIS Economics Working Paper Series WPE092, Centre for Strategic and International Studies, Jakarta, Indonesia.

126. Kindleberger, C. P. European Integration and the International Corporation. Columbia Journal of World Business, 1966, Vol. 1, pp. 65 – 73.

127. Lall, Sanjaya & Mohammad, Sharif, 1983. "Multinationals in Indian big business : Industrial characteristic of foreign investment in a heavily regulated economy," Journal of Development Economics, Elsevier, Vol. 13 (1 – 2), pp. 143 – 157.

128. Lall, Sanjaya, 1982. "The emergence of Third World multinationals: Indian joint ventures overseas," World Development, Elsevier, Vol. 10 (2), pp. 127 – 146, February.

129. Soesastro, Hadi; Basri, M. Chatib. The Political Economy of Trade Policy in Indonesia. ASEAN Economic Bulletin, Apr 2005, Vol. 22 Issue 1, pp. 3 – 18.

130. Vernon, R. International Investment and International Trade in the Product Cycle. Quarterly Journal of Economics, 1966, 80 (5): 190 – 207.

131. Wattanapruttipaisan, Thitapha. ASEAN – China Free Trade Area. ASEAN Economic Bulletin, Apr2003, Vol. 20 Issue 1.

132. Wells, Louis T. Third World Multinationals: The Rise of Foreign Investment From Developing Countries, Louis T. Wells, Jr MIT Press, Cambridge, Mass. 1983.

后　记

本书是在我的博士后研究报告基础上经过大量修改、补充、拓展、深化后而成的，承蒙广西民族大学国际贸易学硕士学位建设点经费资助出版。

由于我生活在南宁，每年举办的中国—东盟博览会都会给我带来许多思考，尤其是中国—东盟投资峰会，农业走出去等许多问题需要深入探讨，关于中国—东盟农业领域相互投资问题的研究，是当前也将会是未来农业经济理论的一个热点问题。

在写作过程中，对这个选题常感到难度太大，力不从心，曾有几次想放弃重新选题。在合作导师陈池波教授的鼓励和指导下，使我不断拓展思考问题的空间，逐渐形成了比较清晰的思路。出站报告的完成，从选题、资料收集、框架构建、初稿撰写、观点提炼到最终定稿，无不凝聚着导师的大量心血。导师博学、严谨、宽厚仁爱的学者风范使我终身受益。在此，我由衷地感谢我的恩师陈池波教授！

在写作过程中，我还得到了华中农业大学的雷海章教授，以及中南财经政法大学工商管理学院的严立冬教授、丁士军教授、胡立君教授、汪海粟教授的帮助，他们审阅了本文的大纲和内容，提出了许多极为宝贵的修改建议。在此谨表谢意！

在写作过程中，得到了国家软科学研究计划项目“中国—东盟相互投资的制度安排问题研究”（课题批准号：2009GXS5D119）和中国博士后科学基金课题“CAFTA 背景下的中越农业合作问题研究”（批准号：20090451094）的资助，使资料的收集和调研得以顺利完成。

在调研与写作过程中，得到了我的学生朱姝、韦升华、王云娜、林文晴、区韵莹、李其晋同学的大力帮助，他们收集了大量数据和案例，在此表示衷心的感谢！

感谢中南财经政法大学博后办的丁莉莉老师、朱新豪老师的支持和帮助。感谢我的师弟胡振虎博士、杜辉博士、聂勇博士、刘主光博士、邱兆逸博士为我提供的诸多帮助，认识他们是我人生中的一大幸事。

感谢广西民族大学支持我到中南财经政法大学做博士后研究，感谢商学院的领导们对我在站期间的关心和支持，并在学习时间上给予保证。感谢广西民族大学商学院谢焕文书记、王新哲教授、旷乾教授、高歌教授、文岚教授，广西大学商学院陆善勇教授对本书提供的帮助。

感谢我的父母，他们无私、博大的爱是我孜孜以求、努力奋斗的动力源泉。我要特别感谢我的夫人龙建明女士，没有她的鼎力支持，就没有我的博士后生活。在这3年时间里，她承担了全部的家务，默默无闻地抚育儿子、照顾老人，使我能全身心投入到工作和学习中。儿子廖振晔正值中学的关键时期，我没能给予足够的父爱和必要的关心与指导，谨表示歉意和谢意！

最后，向未能提及姓名的、直接或间接为本文的研究提供了资料和帮助的人表示衷心的感谢！

廖东声

2011年10月于美丽的相思湖畔